MW01711338

Née aux [illegible] en Angleterre, près de Bath, avec son mari et leurs deux filles. Elle a travaillé dans l'édition avant de se consacrer à l'écriture. Après *Nuits blanches à Manhattan* (Belfond, 1999), *Cul et chemise* est son deuxième livre.

ROBYN SISMAN

Née aux États-Unis, Robyn Sisman vit aujourd'hui en Angleterre, près de Bath, avec son mari et leurs deux filles. Elle a travaillé dans l'édition avant de se consacrer à l'écriture. Après [illegible] (Belfond, 1999), [illegible] est son deuxième livre.

CUL ET CHEMISE

ROBYN SISMAN

CUL ET CHEMISE

Traduit de l'américain
par Valérie Malfoy

BELFOND

Titre original :
JUST FRIENDS
publié par Michael Joseph, Londres.

Le Code de la propriété intellectuelle n'autorisant, aux termes de l'article L. 122-5 (2° et 3° a), d'une part, que les « copies ou reproductions strictement réservées à l'usage privé du copiste et non destinées à une utilisation collective » et, d'autre part, que les analyses et les courtes citations dans un but d'exemple et d'illustration, « toute représentation ou reproduction intégrale ou partielle faite sans le consentement de l'auteur ou de ses ayants droit ou ayants cause est illicite » (art. L. 122-4).
Cette représentation ou reproduction, par quelque procédé que ce soit, constituerait donc une contrefaçon sanctionnée par les articles L. 335-2 et suivants du Code de la propriété intellectuelle.

© Robyn Sisman 2000. Tous droits réserbés.
© Belfond 2002 pour la traduction française.
ISBN : 2-266-13527-9

À ma mère

1

Freya se déshabilla et contempla son reflet en petite tenue. Ce soir, elle voulait être à son avantage. Elle n'avait pas eu le temps de rentrer se changer ; il avait fallu se débrouiller dans les toilettes exiguës pour dames au-dessous du bureau, avec leur éclairage impitoyable et leur odeur de cave. Sa robe neuve était pendue à la porte du cabinet : pas la robe noire classique, ni la peau de léopard de femme fatale, mais un modèle élégant à mille dollars, d'un rose très clair, qu'une garniture de perles opalines faisait chatoyer – une robe de Cendrillon choisie pour la rendre aussi féminine et fragile qu'une poupée de porcelaine. Voilà l'allure qu'elle voulait se donner : moins *femme fatale** [1]... que *femme** tout court.

« Allons dans un grand restaurant, avait dit Michael au petit déjeuner, lundi, quelque part où l'on pourra parler. » Les questions avaient éclaté dans sa tête comme du pop-corn dans une poêle brûlante. Parler de quoi ? Et pourquoi pas tout de suite, dans l'appartement ? Freya les avait refoulées. À la place, elle avait fait plein de courses.

Mais, tout au long de la semaine, elle avait trimbalé ces mots en elle, telle une bombe à retardement au

1. Les mots en italiques et suivis d'un astérisque sont en français dans le texte.

creux de son ventre, qui faisait tic tac jour après jour. Alors, était-ce arrivé ? Était-elle sur le point de devenir Mme Tout-le-Monde, qui pesterait sur l'école et l'état de sa pelouse de banlieue ?

D'une main mal assurée, elle ouvrit le robinet et s'aspergea les joues d'eau fraîche. En avant pour les peintures de guerre : un trait de crayon pour noircir le pâle arrondi des sourcils, du mascara pour attirer l'attention sur ses yeux bleu clair. Quel rouge à lèvres ? *Femme écarlate* était passé de mode, évidemment. De même, franchement, que *Vestale*, relique de son coup de tête pour un artiste qui l'avait plaquée pour une fille de dix-sept ans. Ah ah ! *Baiser cramoisi* était plus indiqué. Elle passa plusieurs fois le bâtonnet sur ses lèvres, puis découvrit ses dents, d'une blancheur satisfaisante sur ce fond rouge. Merveilleux fil dentaire. Dieu bénisse les dentistes américains.

Et si elle se trompait ? Si Michael désirait tout simplement discuter des nouvelles charges de l'appartement, ou mettre au point leur voyage en Angleterre ? Freya pencha la tête pour accrocher une boucle d'oreille tout en considérant cette possibilité. Non. Michael était un juriste, et un homme : cramponné à ses habitudes. Chaque année, en janvier, il achetait ses costumes pendant les soldes, toujours deux, toujours des Armani, soit bleu marine soit gris anthracite. Il appelait sa mère le dimanche soir (en tenant compte du décalage horaire avec Minneapolis), attrapait son annuel rhume des foins juste après la Chandeleur et laissait toujours exactement dix pour cent de pourboire. Dieu merci, il n'avait rien d'imprévisible. S'il voulait « parler », c'est qu'il avait quelque chose d'important à dire.

Juchée en équilibre précaire sur une jambe de flamant rose, puis sur l'autre, Freya enfila des bas extrafins, se glissa ensuite avec précaution dans sa précieuse robe et la remonta sur son corps, frissonnant sous sa soyeuse opulence. Une fermeture Éclair dissimulée sur le côté colla le tissu contre ses petits seins, créant par miracle un discret décolleté. Elle casa ses pieds dans des trotteurs, avec un imperceptible soupir de regret pour les escarpins à lanières aux talons de dix centimètres qu'elle avait vus sur la Cinquième Avenue. Quel dommage que Michael ne fût pas plus grand ! Elle se rappela sombrement qu'une relation réussie reposait sur des compromis.

Quelques ajustages, un nuage de parfum, et la voilà prête. Avait-elle la tête de l'emploi ? Son cerveau était envahi de mots qu'elle n'avait jamais associés à sa propre personne : fiancée, fiançailles, lune de miel, M. et Mme..., papa et maman. Saisissant le lavabo à deux mains, elle se regarda de plus près. Un visage fin et triangulaire, un teint pâle comme du beurre, des clavicules saillantes, des membres longs – trop longs ? Elle était aussi grande que bien des hommes : à l'école, on l'appelait « la Girafe ». Se pouvait-il qu'un homme *aimât* cet être-là – aujourd'hui et pour l'éternité, amen ? Elle tapota sa nouvelle coupe courte (encore une centaine de dollars), ses cheveux si clairs qu'ils avaient l'air presque incolores à la lumière. « Freya la belle », disait sa mère, qui lui avait donné le nom d'une chaleureuse déesse nordique aimée de tous les hommes. Mais c'était quand elle avait six ans. Impossible de savoir ce que sa mère eût pensé d'elle à présent.

En se tournant de-ci de-là, pour évaluer cette inconnue, elle se rappela ces ballerines qui virevoltent mécaniquement sur une jambe dès qu'on ouvre la boîte à musique. Elle aussi pivotait sur elle-même, riant un peu, quand elle s'emmêla les pinceaux et faillit perdre l'équilibre. Le mouvement avait déplacé une boucle de cheveux et, en la lissant en arrière, elle eut la vision de sa main gauche à l'annulaire nu, ce qui la dégrisa.

C'était bon d'être désirée, dit-elle à sa jumelle dans la glace. Et merveilleux d'être aimée. Elle n'avait plus vingt-neuf ans. Serait-ce agréable de dire « nous », après tant d'années à dire « moi » ?

Oui, Michael était l'homme de sa vie, elle en était presque certaine.

Le restaurant qu'il avait choisi était un établissement nouveau et très cher à la lisière du Village, si assuré d'être un endroit à la mode que Freya passa devant deux fois avant de repérer le petit portier électronique gravé. Elle appuya sur l'Interphone, et aussitôt un angélique jeune homme aux cheveux en brosse oxygénés lui ouvrit. Puis elle se retrouva dans une salle d'attente meublée selon les derniers diktats de la mode pour donner l'impression qu'on était « chez soi » – si « on » était millionnaire. Des canapés voluptueux flanquaient une cheminée factice. Il y avait des urnes de style anglais sur son manteau, des magazines et de « vrais » livres étalés dans un savant désordre sur des tables basses, et même un échiquier apparemment délaissé au milieu d'une partie. Des marches basses descendaient à la salle de restaurant. Il en émanait des bouffées d'odeurs à la mode et la rumeur sans inhibition de gens complètement à l'aise avec leur formidable réussite. Le nom du restaurant, se souvint-elle, était *Phood*[1].

Comme le jeune homme ouvrait la voie, Freya survola les tables bondées. Juché sur une banquette bien rembourrée, un brin trop raide entre des polochons vert pomme, se trouvait Michael. Costume strict et mine austère, il relisait, sourcils vaguement froncés, un document quelconque au-dessus duquel planait son stylo – peut-être, connaissant Michael, une liste de

1. Phood = food = nourriture. *(N.d.T.)*

leurs qualités compatibles –, et il avait l'air si peu à sa place parmi ces snobinards des médias et ces gommeux de Wall Street que le visage de Freya se fondit dans un sourire tendre et mutin. Son anxiété s'effaça. Elle comprit que le choix de ce restaurant était un hommage et se jura de garder pour elle ses commentaires sardoniques. Elle serait amusante, charmante, prévenante, bref, la compagne idéale. Elle descendit les marches, attendant qu'il la remarque. Quand ce fut le cas, il parut surpris, presque choqué : très gratifiant. Fourrant ses papiers dans une poche intérieure, il bondit pour l'accueillir avec une bise sur chaque joue.

— Freya, tu es splendide !

— Je sais.

Elle lui posa les mains sur les épaules et rit de bon cœur, puis recula pour se faire admirer comme il convenait.

— C'est mon nouveau moi. Tu ne croyais tout de même pas que j'étais née en pantalon !

— Non, non. (Son exubérance sembla le déconcerter.) Tu es toujours splendide.

Il tira la table afin qu'elle puisse s'asseoir devant lui et reprit sa position. Quel adorable avocat, avec son beau visage carré, ses yeux bruns et graves, ses cheveux ondulés bien coupés. Les Anglais allaient l'adorer. Elle se demanda s'il lui avait déjà acheté une bague et, si oui, où il la tenait cachée.

Un serveur apporta les menus et retira une bouteille d'un seau à glace près de la table.

— Champagne ?

— Absolument.

Elle lui décocha un sourire étincelant.

— Qu'est-ce qu'on fête ?

— Eh bien... (Il avait l'air intimidé.) On est vendredi soir.

Freya retint sa langue. Après cinq mois de vie

commune, elle savait fort bien que ce qu'il préférait, le vendredi, c'était acheter des plats chez le traiteur, puis regarder une vidéo et s'endormir de bonne heure. C'est vrai qu'il travaillait très dur.

Tandis que le serveur emplissait son verre, Freya constata avec surprise que la bouteille était déjà à moitié vide. Ça ne lui ressemblait pas de boire seul. Il devait s'être donné du courage.

— Alors, tu as passé une bonne journée ? s'entendit-elle demander.

Oh oh ! du calme. Déjà, elle virait à la parfaite épouse.

— Pas mal. Le mois prochain, « ils » vont se réunir pour élire les nouveaux associés principaux. Fred pense que j'ai une chance.

— Fred dit toujours cela.

Freya goba deux pistaches grillées. Puis elle remarqua sa moue et ajouta vivement :

— Mais je suis sûre qu'il a raison. Tu es le roi des divorces. Hé ! regarde !

Elle désigna le menu, espérant lui faire oublier son manque de tact.

— Bourse du mendiant, soixante-dix dollars ! Qu'est-ce que ça peut être ? Des Marks fondus ?

— Un genre de crêpe, je pense, fourrée au caviar. Ça fait cher l'œuf de poisson, non ?

— Pas si c'est du béluga. Quand j'étais petite, mon père m'a emmenée une fois à Saint-Pétersbourg, à l'époque où il travaillait à l'Ermitage, et on est allés à un dîner de gala. J'avais douze ans, et c'était la première fois que je goûtais du caviar, mais je n'ai jamais oublié. Le paradis sur terre. Allons, essaie.

— Le poisson me donne de l'allergie, tu sais bien... Je vais prendre le consommé.

— Bien.

Michael était abonné au consommé.

Il y eut un silence embarrassé. Soudain, Freya se sentit affectée dans sa robe de luxe, parmi les absurdités chic de ce lieu, souriant à cet homme qui lui souriait aussi. C'était comme s'ils étaient dans une pièce et avaient tous deux oublié leurs répliques. Afin d'animer la scène, elle se lança dans une pantomime de fille pour choisir son menu. Est-ce que *ça* ne faisait pas trop grossir ? (Bien sûr que non, jamais elle ne pourrait être grosse.) Est-ce que *ça* n'était pas trop aillé ? (Quelle importance ? Il adorait l'ail.) Elle s'extasia sur le restaurant. Comment avait-il fait pour trouver de la place ? Et ces plumes dans les vases au lieu de fleurs, que c'était original ! Michael répondit distraitement et se moucha, disant qu'il était peut-être allergique aux plumes. Freya réprima un très léger agacement. Michael avait toujours été timide : il fallait le laisser avancer à son rythme.

C'était sa timidité qui avait d'abord retenu son attention, ce soir-là, dans cette galerie. Michael était venu à un vernissage avec son patron et l'affreuse épouse de ce dernier, l'une de ces glaciales femmes du monde de Manhattan qui aiment à se voir comme des amies des arts quand elles ne sont pas chez leur manucure. Freya était censée être là pour jeter un coup d'œil à la concurrence, mais elle avait déjà bien du mal à rester debout. Encore sous le coup de sa rupture avec Todd, elle se sentait faible et sans énergie. Personne ne lui parlait ; elle savait qu'elle suait la défaite et le malheur. Depuis son poste d'observation, dans un coin, adossée à un froid mur en béton, cachée derrière son verre, elle avait observé le manège poli à l'extrême de Michael, qui était tour à tour traité avec condescendance ou snobé, envoyé chercher du vin ou déposer un manteau de fourrure. Sa bonne humeur l'avait impressionnée. Elle aimait sa façon de se pencher soigneusement pour lire les titres et commentaires à côté de chaque peinture, puis de se redresser pour les contempler d'un air grave et vaguement perplexe. Loin d'elle l'idée d'une idylle : elle en avait fini avec tout cela. Mais en observant ce visage ouvert et masculin, dépourvu de cynisme, une pensée l'avait traversée : pourquoi je ne tombe jamais sur ces oiseaux-là ?

Plus tard, Michael lui avait confié que, s'il avait osé l'aborder, c'est parce qu'elle paraissait aussi seule et déboussolée que lui. Il n'était pas à son aise dans une galerie ; ce n'était pas un mondain. Quand il fut clair que les largesses du patron n'allaient pas jusqu'au dîner, Michael l'avait alors invitée. Freya ne se rappelait pas ce qu'elle lui avait répondu – rien, sans doute. Mais il avait trouvé son manteau et l'avait entraînée dans la rue enneigée, puis à l'intérieur d'un restaurant enfumé. Elle était trop maigre à son gré, et il lui avait fait manger des pâtes et boire du vin rouge jusqu'à ce que ses joues retrouvent leurs couleurs. Il ne lui avait rien demandé, lui avait juste parlé de sa famille et de son métier – conversation apaisante, sans conséquence, entre gens normaux menant des vies normales. Ensuite, il l'avait raccompagnée en taxi, roues chuintant dans la neige fondue, faisant attendre le chauffeur le temps de la conduire jusqu'à la porte de son minable appartement sans ascenseur derrière Lexington Avenue. Il ne lui avait pas sauté dessus, n'avait même pas cherché à entrer, s'assurant simplement qu'elle avait sa clé avant de prendre congé.

Il lui avait fait une cour lente, à l'ancienne, surtout à Manhattan – fleurs, expositions, promenades au parc, thé et petits gâteaux chez *Bendels*. Michael la traitait presque comme une invalide, et elle aimait cette attention. Quinze années de vie new-yorkaise lui avaient enseigné l'art d'être détachée – des ivrognes et des fous, de la crasse et du bruit, de la solitude qui venait à l'aube et des hommes qui promettaient de téléphoner sans jamais le faire. C'était bon de se sentir attachée. L'appartement de Michael sur Upper West Side était merveilleusement chaleureux et confortable. Freya y passa de plus en plus de temps, jusqu'au jour – quelle humiliation de constater qu'elle ne pouvait pas se souvenir des détails exacts – où ils étaient devenus amants. Peu après, Michael l'avait convaincue d'emménager chez lui. Cela aussi lui avait plu. Les simples plaisirs domestiques, faire les courses et cuisiner, ce moment de détente en fin de journée quand on se raconte ce qui est arrivé depuis qu'on s'est séparés, le matin, lui donnaient le sentiment qu'elle vivait enfin une relation adulte, normale. Il était réconfortant d'être avec quelqu'un qui avait envie d'écouter ses petites fadaises personnelles, et ça faisait du bien d'avoir la responsabilité d'un autre que soi, même si ce n'était pas toujours palpitant. Michael était patient et gentil, et à la longue elle avait repris du poil de la bête. Ils se chamaillaient, bien sûr – un jour, elle l'avait accusé de préférer cette triste épave qu'il avait ramassée à la galerie à son vrai moi –, mais se chamailler est normal, non ? À présent, ils se comportaient presque comme des gens mariés. Tout à fait comme des gens mariés, songea-t-elle, en réalisant que Michael lui parlait depuis un certain temps et qu'elle n'avait rien entendu.

— Alors j'ai dit : « OK, on vous fera fermer. » Ça lui a cloué le bec.

Michael leva les yeux, triomphant ; Freya aurait voulu lui ébouriffer les cheveux. Il était si sympa et direct. Ce serait un père fantastique. Non qu'elle voulût des enfants tout de suite, bien entendu. Mais l'idée d'avoir à sa disposition un robinet de sperme de bonne qualité, pour ainsi dire, était rassurante.

— Assez parlé de moi. Et toi ? Comment va Lola ?

— Elle est à Milan, Dieu merci. Au moins, grâce

au décalage horaire, les appels téléphoniques tombent l'après-midi.

Lola Preiss était la patronne de Freya, une femme aux vagues origines slaves et à la réputation légendaire, dont la galerie sur la Cinquante-Septième Avenue attirait des clients en possession d'un million ou plus à dépenser sur de grosses pointures comme Warhol, Lichtenstein ou Stella. Trois ans plus tôt, après des années à accomplir des corvées avec opiniâtreté dans la moitié des musées et galeries de New York, à apprendre un tas de choses sur les techniques d'encadrement, d'éclairage et d'impression, la publicité et les formalités douanières aux États-Unis – tout en développant son propre « œil » –, Freya avait été récompensée par une offre : monter la *Lola Preiss Downtown*, une galerie toute neuve dans un bel espace à Soho. Sa mission était de dénicher et lancer de jeunes artistes qui, un jour, seraient en mesure d'alimenter la machine à gros sous de Lola. Freya adorait son travail, et ç'aurait été un boulot de rêve sans le monstrueux ego de sa patronne, qui l'interrogeait sur toutes les décisions qu'elle prenait, la fustigeant pour ses défaillances et s'attribuant publiquement ses succès. Heureusement, Lola approchait les soixante-dix ans et passait de plus en plus de temps à visiter les demeures de ses clients les plus fortunés sur les côtes américaines et dans toutes les riches villes d'Europe. Mais son influence ne s'en faisait pas moins sentir.

— Alors, tu as passé une bonne semaine ? insista Michael. Tu as vendu des grands formats ?

Freya leva les yeux au ciel.

— Michael, la valeur d'une œuvre ne réside pas dans ses mètres carrés.

— Je sais. Tu me l'as dit assez souvent. C'était juste pour te montrer mon intérêt.

— Pardon...

Freya se mordilla la lèvre.

Le serveur apporta le vin et les mets. Par-dessus sa salade aux truffes, Freya relata à Michael son rendez-vous cet après-midi-là avec un client envoyé par Lola, l'un de ses « vieux amis », qui était arrivé avec une heure de retard et lui avait fait perdre son temps.

— Il a cru bon de m'infliger une leçon pontifiante sur le sens caché de chaque tableau : du jargon de catalogue d'art contemporain. À la fin, j'ai dû le jeter dehors pour pouvoir m'habiller. Sinon, je serais venue ici en clodo.

Elle marqua une pause, au cas où Michael aurait voulu lui faire encore des compliments. Mais non.

— Je hais ce genre-là, pas toi ? Montre Rolex et accent européen bidon, et qui te lorgne tout en parlant du rôle de l'art pour briser les tabous sexuels.

— On ne lorgne pas beaucoup à Rinertson & Klang, je le crains.

— Heureuse de te l'entendre dire ! Je ne voudrais pas que tu me plaques pour filer avec Mme Ingwerson.

— Mme Ingwerson a cinquante-quatre ans. (Le ton de Michael était froid.) Et c'est la meilleure secrétaire que j'aie jamais eue.

— Je plaisante ! sourit-elle, tout en imprimant à sa fourchette un petit moulinet plein d'humour.

Il était dur à la détente, ce soir.

— Oh ! Pardon.

— D'ailleurs, ajouta-t-elle gaiement, essayant d'arrondir les angles, on n'est pas là pour parler boulot, n'est-ce pas ?

— Non, dit-il d'un air incertain. Tiens, prends encore un peu de pain... Tu ne te nourris pas assez.

Pour lui plaire, Freya émietta un morceau de baguette dans son assiette. Par-dessus l'épaule de Michael, elle aperçut deux jeunes gens penchés l'un sur l'autre, qui se souriaient à la lueur des chandelles, jambes entrelacées sous la table. N'était-ce pas ainsi que cela devait se passer ? Elle ressentit un tremblement d'inquiétude. Pourquoi n'allait-il pas droit au but ? Elle commençait à perdre son sang-froid.

Le serveur retira les assiettes et apporta les plats principaux, tandis que Michael se mettait à lui parler, en long et en large, d'un article du *Times* traitant d'une importante controverse sur la criminalité des mineurs. Freya acquiesçait aux moments voulus tandis que son esprit filait sur une voie parallèle. L'amour n'était pas tout, se disait-elle. Lundi matin, ce couple ne s'adresserait probablement même plus la parole. Ou il lui dirait « Je t'appellerai », mais ne le ferait pas, et elle attendrait auprès du téléphone pendant quelque temps, avant de sortir s'acheter une nouvelle robe. Freya connaissait cela. C'était puéril d'espérer être emportée par la passion. Une relation adulte était fondée sur le compagnonnage et le respect mutuel, sans oublier la trésorerie et un logement agréable. Il fallait voir à long terme.

Michael continuait à radoter, comme s'il cherchait à gagner du temps avant... avant quoi ? Freya promena son poisson nerveusement dans son assiette. Un homme – *cet* homme – pendant le reste de sa vie, « jusqu'à ce que la mort nous sépare » : quelle idée effrayante ! Elle songea qu'elle avait pourtant de la chance, dans une ville où une femme seule avait plus de probabilités de recevoir un coup de téléphone salace qu'une demande en mariage. Et les gens changeaient quand ils étaient mariés... n'est-ce pas ?

Quand Michael termina son steak et posa soigneusement son couteau et sa fourchette, le cœur de Freya se mit à tambouriner. Il se racla la gorge. Oh oh ! était-ce le grand moment ? Qu'allait-elle lui répondre ?

Il se racla une nouvelle fois la gorge.

— Freya, si je t'ai invitée ici ce soir, c'est pour une

raison précise. J'ai quelque chose à te dire, et quelque chose à te donner.

— C'est vrai ?

Elle laissa échapper un rire idiot.

— S'il te plaît. C'est sérieux. Je te prie de m'écouter.

— Mais oui, mais oui.

Elle avait l'impression de se débattre désespérément comme un poisson dans un filet.

— Tu sais quoi ? J'ai encore faim. Incroyable, non ? bafouilla-t-elle. Je craque pour ces trucs au chocolat qui ont l'air irrésistibles.

— Entendu, lâcha Michael sèchement.

Il fit signe au serveur.

— Et toi ? La tarte aux cerises a l'air bonne. Ou le sorbet... J'ai toujours trouvé qu'un sorbet était...

— Je ne veux pas manger. Je veux parler.

— Ah ! Bon...

Saisissant son verre de vin, elle le vida d'un trait.

Michael lissa sa cravate sur sa chemise.

— Les mois que nous venons de passer ensemble comptent parmi les plus heureux de ma vie, commença-t-il. Tu m'as ouvert les yeux sur tant de choses : l'art, la cuisine exotique, et des coins de New York dont je n'aurais jamais soupçonné l'existence. Je te trouve formidable, je veux que tu le saches.

— Toi aussi, tu es formidable, répondit Freya dans un murmure.

Il continua à tracer son sillon comme s'il n'avait pas entendu. Elle comprit qu'il avait préparé son discours.

— Je pense à l'avenir. J'ai trente-six ans maintenant, et je sais ce que je veux ; je suis prêt à me ranger. Si j'obtiens cette promotion, je pourrai déménager... une maison hors de la ville, dans le Connecticut, peut-être, ou quelque part dans l'État de New York. Qui sait, je pourrais même me mettre au golf.

— Au golf ? s'écria Freya, qui commençait à paniquer.

— Et je veux que quelqu'un partage cette vie avec moi.

Soudain, elle se vit piégée derrière une barrière blanche avec un tablier à fanfreluches collé à la taille.

— Un foyer. Un équilibre. Des centres d'intérêt communs, psalmodiait Michael. Des mômes, un jour.

Derrière la barrière blanche apparaissait à présent une ribambelle de bambins hurleurs barbouillés de confiture, lestés de couches rebondies. Freya sentit son horloge biologique tourner à toute vitesse à l'envers. Une main plaça son dessert devant elle – une matière brune et visqueuse dans une mare crémeuse. Son estomac se souleva.

— Voilà les choses que je projette, que j'attends avec impatience, que je voudrais partager avec une femme.

Il la fixait avec intensité, presque férocement.

Vite ! Coupe-lui la route.

— On commande deux cafés ? fit-elle d'une voix sourde. Je suis un peu fatiguée.

— Une minute s'il te plaît. Ce que je cherche à te dire... (Il s'interrompit, exaspéré, au moment où elle feignait un énorme bâillement.) Bon sang, tu ne me facilites pas la tâche. J'ai quelque chose à te donner.

Maintenant, il palpait ses poches. Dans une seconde, il allait sortir la bague !

— Je n'ai besoin de rien, je te jure. Ce n'est pas mon anniversaire.

— Cesse de m'interrompre, s'il te plaît. J'ai une chose importante à te dire.

— Rien ne presse. Remettons ça à demain.

À présent, elle tripotait distraitement ses cheveux et souriait bêtement, tel un écureuil de chez Disney.

— Tu sais, je te trouve merveilleuse...

— Eh, moi aussi je me trouve merveilleuse ! Alors pourquoi est-ce qu'on...

Freya jeta frénétiquement des regards autour d'elle à la recherche d'une inspiration et tomba sur le couple qui se faisait des mamours. Elle se pencha sur la table, serrant les avant-bras contre ses côtes pour arborer un décolleté façon Grand Canyon.

— Si on rentrait à la maison ? fit-elle d'une voix câline. Pour faire l'amour divinement...

— Tu ne comprends pas.

Il avait à présent sorti ce qu'il avait dans sa poche. Il le tenait caché entre ses mains en coupe et baissait les yeux avec solennité, comme un petit garçon sur le point de lui montrer son crapaud apprivoisé.

Freya tenta une tactique différente.

— C'est trop tôt. (Sa voix évoquait une tragédie inexprimée. Elle repoussa sa main.) S'il te plaît, range cela.

À la place, Michael lui fourra de force l'objet dans les doigts – une petite boîte carrée.

Freya hésita. Autant voir ce qu'il avait choisi. Avait-elle mérité les diamants ? Ou le prévisible saphir, « pour aller avec tes yeux » ?

Elle ouvrit l'écrin. À l'intérieur se trouvait une chevalière en or gravée du monogramme MJP. Les initiales de Michael Josiah Petersen. Elle le savait parce qu'elle lui avait acheté elle-même cette bague. Les Américains aimaient ce genre de choses. Cela avait été un geste destiné à lui témoigner sa gratitude quand il l'avait hébergée.

— Ooooh... !

Elle était complètement perdue. Dans les écoles américaines, garçons et filles échangeaient des bagues aux armes de leur établissement. Peut-être était-ce une version pour adultes de ce rite ?

— Je... je ne sais pas quoi dire...

Elle sortit la bague et la tourna entre ses doigts, puis chercha une explication dans les yeux de Michael.

— On a passé de bons moments ensemble.

Sa voix était chargée d'émotion.

— Oui...

Elle baissa la tête.

— Je voudrais tant que tu sois heureuse.

— Je sais.

— Mais...

Mais ? Freya rejeta la tête en arrière. Mais quoi ? Elle avait perdu le script. Que se passait-il ?

— Mais je crois que ce serait mieux si...

— Si quoi ?

— Eh bien, tu sais...

— Non, Michael, je ne sais pas.

— Si nous pouvions...

— Oui... ?

— Je crois que ce serait mieux si nous pouvions être... seulement amis.

— Amis, fit-elle en écho. *Amis ?* répéta-t-elle plus fort.

Il y eut un *floc* sourd. C'était la bague, tombant de ses doigts sans vie dans la tarte au chocolat.

2

VERT. ROUGE. DES FEUX S'ALLUMÈRENT. Des phares l'éblouirent. Les moteurs vrombirent et rugirent. On entendit la sirène d'une voiture de police, un rap genre mitraillette provenant d'un véhicule qui passait. Freya remontait Broadway, claquant des talons et fouettant l'air de ses longues jambes gainées de cuir. Un morceau de tissu chiffonné pendait d'un de ses poings. De temps en temps, elle en cinglait l'air avec colère, tel un dompteur de lion. On s'écartait de sa route.

Salaud ! Comment avait-il osé la plaquer ainsi ! « Je te trouve *formidable* », se répéta-t-elle en secouant la tête comme une folle. Si formidable qu'il lui avait fait dépenser plus de mille dollars rien que pour lui demander d'être « amis ». Si formidable qu'il l'avait invitée dans le restaurant le plus coté du moment pour avoir le plaisir de la larguer en public. Son regard s'embua et elle traversa la rue sans s'apercevoir que les feux avaient changé.

Un concert de klaxons la fit sursauter. Machinalement, elle répondit d'un geste grossier et poursuivit son chemin. Elle renifla farouchement et essuya ses joues d'un revers de la main. Non, elle ne pleurait pas. Elle se mit à chanter très fort dans sa tête, pour noyer la voix chuchotant qu'elle était seule, qu'elle serait toujours seule, qu'aucun homme ne voudrait jamais vivre avec elle s'il pouvait s'en dispenser, qu'elle avait été une idiote vaniteuse et ridicule de croire que Michael pourrait vouloir l'épouser.

Du cran. Elle n'avait pas pleuré en public depuis l'âge de quinze ans, quand sa petite moucharde de demi-sœur l'avait espionnée par le trou de la serrure de sa chambre, avant d'aller crier sur les toits que Freya était une pleurnicheuse. Plus maintenant, en tout cas. Elle avait choisi New York parce que c'était la ville la plus dure au monde. Manhattan n'était pas comme ces cités européennes où les gens se promènent main dans la main, s'arrêtent pour s'embrasser au milieu de la chaussée et des ponts et emmènent leurs enfants et leurs grand-mères au restaurant. C'était une métropole où l'on marchait vite, en fuyant les regards. Une métropole où l'on se faisait livrer son sapin de Noël déjà tout décoré, pour le jeter l'après-midi du grand jour, où l'on traitait les chauffeurs de taxi de crétins et où l'on apprenait à cultiver cette petite lueur dans l'œil qui disait : « Tiens-toi à carreau avec moi. » Freya aimait cela ; cette ville lui convenait.

D'accord, elle était retournée à la case départ. Et alors ? Elle avait déjà connu la solitude. Elle y était habituée. C'était mieux que de rester avec un homme qui ne l'aimait plus. Tout plutôt que cela, fût-ce pour une seule nuit.

Car, après avoir énuméré les raisons pour lesquelles elle n'était pas faite pour lui – blabla psychologique sur la confiance mutuelle et la compatibilité des projets futurs –, Michael avait été assez fruste pour lui proposer de rester chez lui jusqu'à ce qu'elle trouve un nouvel appartement, et pour lui reprocher de prendre les choses trop à cœur quand elle avait refusé. C'est alors qu'elle s'était levée et avait quitté le restaurant, le coupant au milieu d'une phrase. Pas question de montrer à tout le monde combien elle prenait « les choses à cœur ». D'ailleurs, elle n'avait pas besoin de sa charité.

Elle avait d'autres possibilités que celle de traîner sur place, dormant sur le canapé de Michael et lui passant sagement le lait écrémé au petit déjeuner. « J'ai un tas d'autres amis », lui avait-elle jeté sur un ton lourd de sous-entendus.

Le hic, c'est qu'ils étaient absents. Elle avait lancé quelques appels de la galerie, où elle était retournée ôter cette stupide robe et réintégrer sa tenue de travail. Mais il n'était que vingt-deux heures, un vendredi soir, et la plupart des gens normaux étaient sortis s'amuser – même Cat, sa meilleure amie, qui s'était plainte cette semaine justement qu'elle n'était pas sortie depuis des mois. Alors, où était-elle ? Freya haussa les épaules : elle réessaierait plus tard, avec son portable. Au pire, elle pourrait toujours descendre dans un petit hôtel. Freya imagina l'œil de l'employé quand elle débarquerait dans un vestibule chichement éclairé, minable, femme seule sans bagages. Elle ralentit sa course folle. Où était-elle ?

Union Square s'ouvrait devant elle. Instinctivement, elle traversa la 4e Rue pour échapper à la circulation, monta les marches menant au parc et commença à en faire le tour pour passer le temps. C'était une nuit douce, la première du mois de juin, qui laissait poindre les prémices d'un véritable été, et l'endroit était animé. Un flot de passants sortait du métro ; certains s'arrêtaient aux kiosques à journaux, d'autres se dirigeaient vers les restaurants branchés qui cernaient la place. Sur un banc, des adolescentes se balançaient d'avant en arrière, gloussant sans pouvoir s'arrêter, tandis que deux garçons en rollers fonçaient autour d'elles en décrivant des motifs compliqués, pour la frime. Un vieillard menait son grand colley d'un arbre à l'autre, l'incitant doucement à faire ses besoins. Près de la fontaine, au milieu du square, des types avaient installé un orchestre – saxophone, contrebasse, guitare, un chanteur portant un chapeau haut de forme usagé, une boîte en carton posée dans l'herbe contenant quelques pièces pathétiques. Derrière eux, la cité s'élançait dans le ciel nocturne, étincelante comme un feu d'artifice perpétuel. La voix rauque du chanteur flotta dans le square.

Freya s'arrêta et serra ses bras fort, très fort, sur sa poitrine. Entre ses doigts, elle pouvait sentir la délicate garniture de perles de la robe rose. Si New York avait sans doute l'air de la ville la plus romantique au monde, il ne fallait pas espérer y trouver le grand amour.

Subitement, elle tourna le dos à la musique et au panorama. Son regard tomba sur une vaste poubelle métallique sur laquelle quelqu'un avait écrit grossièrement : « Jésus vous aime ». Elle marcha dans cette direction et, prise d'une impulsion sauvage et subite, fourra la robe à l'intérieur, entre journaux, gobelets en polystyrène écrasés et mégots, l'enfonçant jusqu'à ce que la délicate mousseline de soie commence à se déchirer et que la sauce tomate provenant d'un carton à pizza macule les jolies perles. Voilà pour ses sots fantasmes féminins. Elle s'essuya les mains et recula pour évaluer les dégâts. Sans doute certain marchand d'art de sa connaissance transporterait-il cette poubelle tout droit dans sa galerie pour l'exposer avec un nombre à cinq chiffres comme *Étude avec carton à pizza n° 25*. Hum, à propos de pizza...

Vingt minutes plus tard, elle était à Chelsea, plantée devant l'une des plus minables maisons du quartier, un sac en papier sous le bras. La fenêtre surplombant l'étroit jardinet était condamnée par des barreaux et voilée de rideaux, mais on voyait de la lumière à l'intérieur, et il lui semblait entendre des voix. On était bien le premier vendredi du mois, non ? Certains ne changent jamais. Freya appuya sur la sonnette.

Elle entendit une porte s'ouvrir, un cri décontracté d'homme, les pas de tennis sur des carreaux nus. Une ombre se dressa derrière le panneau de verre coloré. Puis il y eut le déclic d'un verrou, et de la lumière ruissela sur son visage. Dans l'encadrement de la porte se tenait un grand homme à tignasse blonde, un verre à la main.

Freya pointa deux doigts sur lui.

— Les mains en l'air ! C'est un hold-up !

Il haussa les sourcils, surpris. Avait-elle gaffé ? S'il était avec une minette ? Puis il s'écria : « Freya ! Quelle surprise ! » et l'attira à l'intérieur en la prenant sans façon dans ses bras. Il sentait le bourbon.

— Salut, Jack.

Elle se détacha de lui.

— Tu joues toujours au poker, n'est-ce pas ?

— Mais oui, viens, dit-il en souriant de toutes ses dents, les pigeons sont toujours les bienvenus.

— Pigeon toi-même !

Elle le suivit sur le sol en damier, se recroquevillant pour éviter un vélo calé contre le mur.

— Qui t'a soutiré un full avec une simple paire de neuf ?

Mais Jack poussait déjà du pied la porte du séjour.

— Hé, les gars ! Regardez qui est là !

La scène était si familière qu'elle hésita entre le rire et les pleurs. Au milieu de la pièce se trouvait la grande table ronde recouverte d'une nappe tachée jonchée de bouteilles de bière, paquets de cigarettes, bretzels, jetons de poker colorés, billets de banque, cendriers pleins, et – oui ! – des cartons de pizza éclaboussés de sauce tomate séchée et de fromage coagulé. De la fumée formait un nuage visible sous le plafonnier en forme de globe. Ils étaient tous là, les habitués : Al, assis à califourchon sur sa chaise retournée, se roulant un joint ; Gus, avec sa façon bien particulière de battre les cartes ; Larry, comptant ses jetons et faisant le total à l'aide d'une calculette. Il y avait aussi un autre homme, un inconnu en chemise noire, aux sourcils sombres et au regard provocateur. La scène resta figée pendant une fraction de seconde, puis s'anima comme si son arrivée avait rompu un charme.

Ce fut un tohu-bohu général pour l'accueillir. Certains allèrent chercher des glaçons à la cuisine. On lui fourra un verre dans la main. Larry sauta sur ses pieds pour l'étouffer dans ses bras, ses cheveux frisés lui chatouillant le menton. « Mince, comme tu as grandi ! » plaisanta-t-il. Tout le monde lui demanda comment elle allait, ce qu'elle avait fait pendant tout ce temps, et elle songea alors à Michael avec un regain de rancune. Comment avait-il osé l'enfermer dans son ennuyeux quotidien et ses exigences domestiques ? Les voilà ses vrais amis.

— Je ne savais pas que vous laissiez les femmes jouer...

Une voix sardonique coupa ce bavardage. C'était l'inconnu, toujours à table, qui soulageait une cigarette de sa cendre d'un doigt impatient.

Jack laissa échapper un rire énorme et désarmant, et posa un bras pesant autour des épaules de Freya.

— Les femmes, non. Freya, oui. C'est ma plus vieille amie, Léo. Freya est de la bande...

— Elle nous a enseigné le tour Cincinnati, merde ! ajouta Gus. Elle va te mettre sur la paille si tu n'y fais pas attention.

— Je fais toujours attention.

Il se leva pour lui serrer la main dans les formes : il s'appelait Léo Brannigan.

— Ainsi, c'est vous la célèbre Freya ?

Il la scrutait avec intérêt.

— Je suppose ! dit-elle en riant.

— Jack m'a beaucoup parlé de vous. Vous êtes anglaise, non ?

— Si.

— Mais vous habitez New York ?

— Oui.

C'était quoi, l'Inquisition ? Il n'avait pas lâché sa main.

— Vous êtes mariée ?

— Non. (Elle retira sa main et lui lança un regard furieux.) Et vous ?

— Bien sûr que non.

Il eut un demi-sourire amusé. Freya se demanda si c'était une rebuffade ou une façon de draguer.

— Et vous savez jouer au poker ?

— Depuis l'âge de huit ans.

— Tiens, tiens. (Ses sourcils se levèrent.) Que le meilleur gagne.

— OK, Al, à toi la donne. (La voix de Jack était soudain brusque.) Freya, tu connais les règles. (Il lui procura une chaise et compta une pile de jetons à sa place.) Un dollar la première mise, à hauteur de cinquante dollars, au choix du donneur.

Freya connaissait les règles : pas de bavardage féminin. Parfait. D'un geste vif, elle fouilla dans son sac en papier, en sortit une bouteille de Southern Comfort qu'elle posa sèchement sur la table. Puis elle jeta son sac à main et sa veste sur le grand canapé, glissa les pouces sous les bretelles de son maillot de corps et s'assit.

— Attaquez, fit-elle.

Ils commencèrent avec un jeu à cinq cartes. Dès que Freya rassembla les siennes dans sa main, elle se sentit le point de mire général, vivante, sûre d'elle. Elle aimait cet instant où le monde se réduisait à une flaque de lumière et où il n'y avait plus que le cliquetis des jetons, le bruissement et le claquement des cartes, le choc d'une bouteille heurtant un verre. Dehors, le monde vaquait à ses affaires ; ici, tout dépendait du retournement d'une carte et de sa propre concentration. « Le poker n'est pas un jeu, affirmait son père. C'est une tragédie grecque : l'homme face à son destin. Ne pas chanter victoire, ne pas gémir. » Et c'était bien son intention. S'étant servi trois doigts de Southern Comfort, elle avala une bonne rasade et y noya Michael avec l'ensemble de cette désastreuse soirée.

La chance était avec elle, et elle joua divinement, abattant des mains gagnantes comme par magie, variant son jeu pour berner l'adversaire. Chaque fois qu'elle songeait aux regards compatissants de Michael, ou au fait qu'elle n'avait nulle part où dormir cette nuit-là, ou qu'elle avait gâché sa vie, elle reprenait simplement une gorgée. Extrêmement efficace.

Les conversations masculines glissaient sur elle – sympathiques, familières, relaxantes. Les meilleures années de sa vie, elle les avait passées en compagnie des hommes. Il n'y avait pas de ces sournoises insinuations comme entre femmes ; pas de questions indiscrètes, pas de rivalité crispée ; seulement le sport, des blagues, des anecdotes, des potins, du sexe. Un moment, un débat fougueux sur le fait de savoir si l'animatrice d'une certaine émission télévisée féminine était ou non sexy mena à une discussion générale quant à ce que chacun préférait chez les femmes. La quantité, déclara Jack. De gros obus, fit Al avec de grands gestes. Le fric, dit Léo. Larry n'avait pas de préférence, du moment qu'elles n'étaient pas plus grandes que lui.

— Tu as raison, Larry, acquiesça Freya. Chacun sait que la femme idéale mesure un mètre de haut et a la tête plate, pour que l'homme puisse y poser son verre.

— Ce qui te disqualifie ! s'écria Jack en riant. Et maintenant, Votre Majesté, quel est ton idéal d'homme ?

— Un mec qui n'a pas peur des araignées. Vos gueules, tout le monde. (Elle lâcha un tas de jetons dans le pot.) Et je vous relance... de vingt.

Gus abattit ses cartes, dégoûté.

— Je me retire.

— Moi aussi, soupira Al.

— Elle bluffe ! protesta Jack. Regardez-la !

Freya arqua les sourcils à son intention. Quel gamin !

— Allez, Freya ! l'encouragea Larry. Massacre-le.

— C'est bien mon intention.

— Je te parie que non, la défia Jack.

— Je te parie que si, dit Freya en soutenant son regard.

Ils se souriaient, adorant ce moment.

Jack pointa le doigt sur elle.

— Si tu gagnes ce jeu-là, je...

— Quoi ? Tu m'expédies aux Caraïbes ? Tu me dédicaces un exemplaire de ton livre ?

— Je t'invite à dîner au *Valhalla* pour ton anniversaire.

— Mais c'est dans plusieurs mois !

— Et alors ?

— Tu auras oublié.

— Non. C'est bien le 7 novembre ?

— Faux, le 8.

— C'est bien ce que je disais. (Son regard pétillait.) Le 8 à huit heures – comment oublier ? Ce sera un *rendez-vous** spécial, comme dans ce film...

— Oui, oui, je sais. Bogart et Bacall dans *Key Largo*.

— Pas *Key Largo*. (Léo était formel.)

— C'est pas celui avec Cary Grant et cette nana... ? fit Gus.

— Peu importe, s'impatienta Freya.

Elle avait des fourmis dans les doigts. Elle était en veine et pressée de conclure.

Elle adressa un signe de tête à Jack.

— Je relève le défi.

— Qui perd paie.

— Bien sûr.

— D'accord. Vous autres, vous serez mes témoins.

Jack compta ses jetons et les plaça cérémonieusement sur la table.

— Montre-moi, dit-il.

Freya étala son jeu avec un élégant moulinet des doigts.

— Brelan de reines.

— Merde !

Jack s'effondra sur la table dans une parodie de désespoir et retourna ses cartes pour lui dévoiler un *flush* de trèfles.

Avec un cri de triomphe, Freya tendit les bras et ramena à elle le joli tas de jetons. Quel jeu ! Elle se sentait dans une forme merveilleuse.

— Je vais commander du homard, décida-t-elle. Un risotto aux truffes et du champagne, naturellement.

À son tour de donner.

Léo tira avec dédain sur sa cigarette.

— C'est un jeu de filles.

Elle tendit le bras pour lui ôter la cigarette du bec et l'écrasa dans le cendrier.

— Pas quand on le pratique à ma façon.

Au moment de la pause-café, Freya avait gagné plus d'une centaine de dollars. Elle planait, ivre d'adrénaline et d'alcool.

— Ce n'est pas juste, je perds, se lamenta Larry en pianotant sur sa calculette.

— Ne prends pas les choses si à cœur... Un petit bretzel ?

Elle se leva, étirant largement les bras pour décontracter les muscles de son dos, et alla rejoindre les autres dans la cuisine. Là non plus rien n'avait changé – placards des années cinquante écaillés, grille-pain gorgé de miettes, journaux jaunis, le dessin encadré du *New Yorker* que Jack adorait, montrant un éditeur qui disait à un auteur intimidé : « C'est du Dostoïevski, c'est du Tolstoï, c'est du Fitzgerald – mais ça *balance* pas ! » Ne trouvant pas de tasse, elle en choisit une dans la collection de vaisselle sale qui jonchait l'évier. Près de la gazinière, Jack écoutait Léo avec une vive attention. Ils formaient une drôle de paire : l'un aimablement débraillé, l'autre aussi vigilant et réservé qu'un chat. De quoi parlaient-ils ? Quand le café fut prêt, Jack promena la cafetière à la ronde, se frayant un chemin de ses grandes épaules, blaguant avec tout le monde. Il portait une chemise bleue par-dessus un jean délavé et effrangé, des tennis sans chaussettes, et avait un joint coincé derrière l'oreille. Comment arrivait-il à s'en tirer à si bon compte ? Elle ne pouvait s'empêcher de sourire. C'était bon de le revoir, même si elle ne pouvait pas le lui dire. Il était bien trop crâneur comme ça.

Quand il arriva à sa hauteur, elle s'adossa au comptoir et tendit sa tasse.

— Tu es un porc, fit-elle en désignant la cuisine.

— Je suis occupé. Mon esprit se concentre sur des matières supérieures.

— Dois-je comprendre que le roman avance ?

— Une œuvre d'art ne saurait naître de la précipitation.

— Trois ans, ce n'est pas vraiment de la précipitation. (Elle saisit son regard.) D'accord, je me tais. Parle-moi de ce Léo. C'est la première fois que je le vois ici.

— Parce que c'est la première fois qu'il vient. Je

l'ai rencontré par hasard il y a quelques semaines et je lui ai dit qu'il pouvait passer quand ça lui ferait plaisir.

Il avait le regard très vaguement fuyant. Freya se demanda ce qu'il était en train de mijoter.

— Et il fait quoi dans la vie ?

— Il a lancé ce magazine, *World*, tu te souviens ? Celui qui a publié ma nouvelle sur le petit garçon dans la tempête.

— Oui. Tu as gagné cinquante dollars et tu t'es acheté une bicyclette.

— Bon, oui... il est devenu agent littéraire, il fait gagner des millions de dollars à ses poulains... (Jack passa la main dans ses cheveux.) Il trouve que j'ai du talent.

— Bien sûr que tu as du talent. Je te le répète depuis des années. Tu as aussi un agent. Tu n'as pas l'intention de quitter Ella après tout ce qu'elle a fait pour toi ?

— Non...

Jack avait l'air dérouté. Il reposa la cafetière et plongea les mains dans ses poches.

— Comment va Mark ?

— Michael.

— C'est pareil. Il t'a laissée venir jouer ce soir ?

— Qu'est-ce que tu insinues ?

— Seulement qu'on ne t'a pas vue beaucoup depuis que vous êtes ensemble.

Croisant les bras avec défiance sur sa poitrine, elle le regarda dans les yeux, sans rien dire. L'humiliation de la soirée lui revenait en mémoire. Quelle idiote ! Mais elle n'allait pas craquer et sangloter comme une petite fille sentimentale – surtout pas en face de lui.

— Tout est toujours « super », alors ? insista-t-il, en la dominant de son sourire nonchalant.

Freya s'agrippa les coudes.

— Tu ne sais pas que plus personne ne dit « super » en Angleterre depuis 1969 ?

— Comme tu deviens revêche avec l'âge ! Ce pauvre Martin était sûrement trop content de se débarrasser de toi ce soir, pour pouvoir se pencher tranquillement sur les affaires bien reposantes de ses clients.

— Michael. (Freya lui jeta un regard furieux.) Au moins, il a un vrai métier. Certains hommes sont obligés de gagner leur vie, tu sais.

Jack eut un large sourire.

— Attention, tes narines se dilatent. On dirait un chameau très condescendant.

— Oh ! la ferme !

Elle le poussa et retourna à la table de jeu. Ce n'était pas le moment de la taquiner.

Quand la partie reprit, sa chance tourna brusquement. Peut-être était-ce l'alcool, la marijuana, ou simplement le désir brutal, masculin, de gagner, mais les hommes étaient devenus plus agressifs. Freya commença à se sentir exclue. Son tas de jetons fondit comme neige au soleil. Elle en tira de l'avance et signa une reconnaissance de dette. Elle déclara forfait au bout d'un seul jeu et alla dans l'entrée afin de téléphoner sur son portable à Cat, qui était sûrement rentrée.

« Vous êtes bien chez Caterina da Fillipo. Veuillez laisser vos nom et numéro de téléphone, et je vous rappellerai. »

Bip.

— C'est moi ! J'ai besoin de ton aide. Appelle-moi tout de suite sur mon portable. C'est urgent !

Quand elle retourna à la table, les hommes parlaient de quelqu'un qu'elle ne connaissait pas, un type qui travaillait à Wall Street et gagnait des fortunes colossales. Ils n'arrêtaient pas de gloser sur son cinq-pièces à Central Park, sa maison à East Hampton – sur le front de mer, naturellement –, ses chaussures cousues main, sa Lamborghini.

— Je ne sais pas quand il trouve le temps de bosser, déclara Al, admiratif. Il a l'air d'être toujours au *Wine and Cigar*, à boire du champagne et à envoyer des messagers lui chercher de l'ecstasy. Et vous savez comment il fête un gros contrat ? Il s'offre une « alerte rouge ». Vous savez ce que c'est ?

— Quoi ? Quoi ? fit Larry, émoustillé.

Al lança un regard prudent du côté de Freya et baissa la voix.

— Une prostituée russe. Une vraie cover-girl, à cinq cents dollars l'heure. Il dit que si elles ne sont pas russes, il n'y arrive pas...

— Connerie de macho capitaliste, marmonna Freya.

Elle avait basculé en arrière sur sa chaise, pour prendre ses distances avec ces futilités qu'ils se renvoyaient entre eux comme des balles de tennis.

— Cinq cents dollars l'heure...

Gus semblait jaloux.

— Pour lui, c'est comme s'acheter un Mars. Il gagne au moins un million et demi de dollars par an...

— Putain !

— Et par-dessus le marché, son pénis est gigantesque.

La chaise de Freya s'écrasa de nouveau sur ses quatre pieds. Ces types étaient insupportables !

— Comment ça, gigantesque ? leur demanda-t-elle crânement.

— Obscène.

— Le plus gros de toute l'histoire de la compagnie, d'après lui.

— Ce serait vulgaire de communiquer les chiffres exacts.

— J'imagine, ricana Freya.

Les hommes pouvaient être d'une vantardise si puérile. Elle se tourna vers Al.

— Au fait, comment peux-tu en être aussi sûr ?

— Il me l'a dit en privé.

— Oh ! c'est *lui* qui te l'a dit ! (Elle laissa fuser un rire plein de pitié.) Tu ne l'as pas vu toi-même ?

Ils la regardèrent tous comme si elle était devenue folle. Peut-être sa curiosité était-elle un peu scabreuse, mais maintenant qu'elle avait commencé, autant aller jusqu'au bout.

— Donc, tu ne l'as pas vu toi-même... ?

— Bien sûr que non. Ne fais pas l'idiote.

— Pourquoi pas ? Et ne me traite pas d'idiote.

— Il ne peut pas me le montrer.

— Pourquoi ?

— C'est à la banque, nigaude !

— Son pénis est à la banque ?

Les sourcils de Freya montèrent d'un cran.

Cinq secondes de silence. Cinq paires d'yeux masculins la contemplaient avec un dégoût compatissant.

Jack se racla la gorge.

— Al n'a pas dit pénis, Freya. Il a dit bonus.

— Oh !

La rougeur qu'elle avait gardée à distance pendant son interrogatoire indécent illumina son corps tel un feu de signalisation. Soudain, elle se revoyait à l'école primaire, dépassant les autres filles d'une tête et chantant un temps trop tôt à la chorale. Elle vit Léo adresser à Jack un regard qui disait : « Où as-tu déniché cette nénette ? » et fut mortifiée quand Jack répondit d'un petit mouvement des doigts : « Je sais, ne fais pas attention. » Elle se força à un gloussement désinvolte.

— Heureusement que je n'étais pas la secrétaire de Freud, hein ?

Ils se mirent à rire à leur tour, mais elle se sentait stupide. À partir de maintenant, plus question d'ouvrir la bouche – en tout cas pour parler. Sa main se tendit vers la bouteille de Southern Comfort ; ce geste ne réussit qu'à embrumer un peu plus son cerveau. Un moment, elle prit un neuf pour un six et fit toute une histoire d'avoir perdu. Elle découvrit qu'elle manquait encore de jetons et signa une autre reconnaissance de dette. La fumée lui piquait les yeux ; elle avait la peau sèche et tirée.

À la fin d'une autre partie désastreuse, Freya posa la tête sur la table et ferma les yeux. Elle se sentait très mal. Pourquoi être venue ici ? Elle s'était ruinée et ridiculisée. Tout le monde la prenait pour une idiote. Personne ne l'aimait. Personne ne l'aimerait jamais. Elle voulait aller au lit.

Au lit !

— Une seconde, dit-elle, tâchant de se redresser et de voir clair. (Quelqu'un distribuait les cartes autour de la table.) J'ai un coup de fil à passer.

Elle chercha à tâtons le téléphone et se mit à appuyer sur les touches. Rien. Elle le cogna contre la table et fit une nouvelle tentative.

— Ça marche jamais, ces saletés !

— C'est peut-être parce que vous essayez de téléphoner avec une calculette ?

La voix de Léo était sèche comme le Sahara.

Tout le monde trouva cela hilarant. Freya entendit leurs rires imbéciles. Elle vit Jack lui sourire ouvertement de l'autre côté de la table, montrant ses dents parfaites de séducteur. Enflammée par l'alcool et la colère, elle lui jeta à la tête la calculette, qui percuta son verre, l'éclaboussant.

— Freya ! Qu'est-ce qui te prend ?

— Merde, Jack. Je t'ai même pas touché.

— Elle est ivre.

— Merde, Al. Non, je suis pas ivre.

— Appelons-lui un taxi.

— Merde, Gus. J'ai pas besoin d'un taxi.

Quelque chose de bizarre arrivait à la pièce. Les murs gonflaient et dégonflaient comme des voiles. Le sol était de travers.

Quelqu'un se pencha sur elle.

— Ça va, mon chou ?

— Merde, Larry, je vais bien, marmonna-t-elle, avant de tourner de l'œil.

3

LE LIT ÉTAIT CHAUD ET MOITE. Le soleil dardait à travers les voilages. Une mouche bourdonnait quelque part. Jack grogna à travers ses lèvres sèches. Il se retourna sur le ventre et enfouit le visage dans l'oreiller.

Le bourdonnement reprit ; pas une mouche, la sonnette. Ouvrant un œil gonflé, il scruta la pendulette : presque midi. Il se retourna sur le dos et se redressa sur son séant. Après un pénible intervalle, son cerveau suivit. Hemingway s'était probablement senti ainsi une grande partie de sa vie, songea-t-il, pensée réconfortante qui lui donna la force de se lever et d'enfiler son caleçon. Il passa un tee-shirt blanc passablement propre, ratissa ses cheveux et se traîna jusqu'à la porte d'entrée. Dans le couloir, quelque chose blessa son pied nu. Sautillant et jurant, il décolla une capsule de bouteille incrustée dans sa tendre chair et poursuivit son chemin. C'est vrai que Hemingway s'était flingué, à la fin.

Sur le seuil, une jolie fille lui souriait. Machinalement, Jack lui sourit aussi. Il mit quelques secondes à reconnaître en elle l'une des étudiantes qui fréquentaient son séminaire d'écriture créative du mardi soir. La semaine dernière, ils étaient allés prendre un verre après le cours. Elle était très douée pour écouter les autres.

— J'espère que je ne dérange pas, fit-elle, timide.

Vous m'avez dit l'autre jour que si je passais dans le quartier... on pourrait travailler ma forme, vous vous rappelez ?

Elle fit un geste vers sa poitrine, qui était délicieusement arrondie, et, après un moment de confusion, Jack vit qu'elle étreignait une liasse de livres et de papiers.

— Mais j'arrive peut-être au mauvais moment... ?

— Non, non.

Une chevelure brune tombait sur ses épaules en une nappe brillante. Sa peau était lisse et son teint vermeil.

— Vous tombez à pic... entrez.

Il recula pour la laisser passer, respirant une fraîche odeur de savon qui le renvoya tout droit au lycée.

— Quel beau verre, reconnut-elle, admirant le panneau gravé de la porte. J'adore ces vieilles maisons. Elles sont si pleines de...

— Merde !

Jack recula devant les âcres émanations de la veille en ouvrant la porte du living. La scène qui frappa ses yeux, baignée d'un affreux demi-jour, lui rappelait un film de Tarantino.

— J'oubliais... (Il se frotta une joue bleuie.) Attendez une minute, d'accord ?

Elle s'arrêta docilement dans l'embrasure. Prestement, Jack tira les rideaux, puis fit le tour de la pièce en ramassant bouteilles, verres, cendriers, sachets de chips froissés et autres épaves, qu'il entassa en équilibre précaire au centre de la table. Avec une adresse née de l'habitude, il attrapa les coins de la nappe, les rassembla pour former un énorme sac et transporta tout ce foutoir cliquetant dans la cuisine. Revenu sur ses pas, il ouvrit une fenêtre, retourna les coussins du canapé afin de déloger tout ce qui pouvait y rester et tapota aimablement l'un d'eux.

— Asseyez-vous. Je vais faire du café.

Appuyée au chambranle, Candace le regardait avec

un franc amusement, un bout de langue rose recourbé contre sa lèvre supérieure.

— Qu'est-ce qu'il y a de si drôle ?

Son sourire s'épanouit, révélant des dents droites et nacrées.

— Vous.

Jack décida que c'était le bon moment pour rentrer son tee-shirt dans le jean qu'il venait d'enfiler.

— J'ai fait la fête hier soir...

— Ça se voit.

Candace alla s'asseoir en ondulant sur le divan et croisa ses jambes nues. Elle eut un soupir songeur.

— J'aime les fêtes.

— Pas ce genre-là. C'était une soirée entre garçons. Cartes, alcool et tout le reste. Vous êtes beaucoup trop jeune et innocente pour ce genre de choses.

— J'ai vingt-deux ans !

— Justement, fit Jack, qui se retira dans la cuisine, se souriant à lui-même.

Les jeunes filles sont adorables. Il tâcha de se rappeler sur quel texte elle travaillait. Était-ce le monologue de l'adolescent suicidaire ou le truc sur le loup ? Il faudrait qu'il arrête de boire autant.

Tandis que le café chauffait, il fonça dans la salle de bains, localisa les aspirines et en avala avec un grand verre d'eau. Puis il pressa le tube de dentifrice afin d'en extraire une boule de pâte, qu'il promena dans sa bouche avec la langue. Voilà qui était mieux. Le corps rafraîchi, la mémoire lui revint, et il se rappela comment Candace l'avait abordé au moment où il quittait la salle pour lui poser une question sur *Le Bruit et la Fureur*. Oui, c'est ça. Faulkner était son héros : un Sudiste, un génie, un buveur de whisky. Le fait que ce joli minois se fût aventuré au-delà du *cordon sanitaire** entourant Sylvia Plath, Toni Morrison et la bande habituelle d'auteurs politiquement corrects était excitant. Il avait voulu en savoir plus. Trois bières plus tard, il était toujours en train de pérorer sur Faulkner, le Sud, la littérature et lui-même, poussé par son attention flatteuse et le besoin d'esquiver ses questions plus alarmantes sur les problèmes de « modalité » et de « sémiotique ». C'était tout le drame avec ces étudiants autodidactes ou semi-autodidactes ; parfois, ils en savaient plus que lui sur le jargon universitaire. Minuit était arrivé très vite ; curieusement, ils n'en étaient jamais venus à parler d'elle, même s'il se souvenait confusément l'avoir entendue dire qu'elle était secrétaire, originaire d'une de ces mornes petites villes industrielles comme Pittsburgh ou Hartford, dans le Connecticut. Il devait lui avoir donné son adresse et une vague invitation en partant, même s'il avait peine à s'en souvenir. Il fallait vraiment qu'il cesse de boire.

Quand il revint avec le café, Candace était en train d'examiner sa bibliothèque.

— Tous ces livres ! J'ai du mal à croire que vous les avez tous lus !

Jack avait du mal à le croire lui-même.

— Les éditeurs m'envoient des trucs pour avoir mon avis. Et je fais un peu de critique.

Il haussa les épaules modestement, renversant du café.

— Laissez-moi faire.

Candace se chargea du plateau, versant le café et le lait avec des gestes précis et efficaces tandis que Jack s'écroulait dans un fauteuil.

— Donc, vous habitez ici..., dit-elle en se rasseyant sur le canapé. Vous ne pouvez pas savoir à quel point c'est excitant pour moi de voir vivre un véritable écrivain.

Jack jeta un coup d'œil distrait dans la pièce. Des piles de vieux magazines s'entassaient sur le sol. Un abat-jour pendait révélant sa carcasse en métal, depuis que quelqu'un l'avait heurté la veille. L'odeur de marijuana planait toujours dans les airs.

— C'est un peu en désordre, évidemment...

— On ne crée que dans le désordre. C'est si prenant d'écrire, je suis en train de m'en rendre compte. Si ma colocataire m'adresse la parole, je suis... toute perturbée. Vous comprenez ?

— Tout à fait.

Jack sentit la piqûre d'une angoisse familière. Non, il n'avait pas le blocage de l'écrivain ; c'est juste qu'il laissait son roman mûrir dans son imagination.

— Mais vous n'avez peut-être pas un colocataire qui vous embête ?

Elle penchait la tête de côté avec curiosité.

— Quoi ? Oh ! non. Je déteste partager avec d'autres gens.

— Même avec... des femmes ?

— Surtout avec des femmes. Toutes ces querelles pour savoir qui descend la poubelle, ou qui a fini le lait. Quelle importance ? J'aime être libre de mes gestes.

Candace acquiesça.

— La solitude est une condition *sine qua non* à la vie d'un artiste.

— Oui. Tout juste.

Elle savait bien s'exprimer, pour une fille de vingt-deux ans.

— Dites-moi, Jack, qu'êtes-vous ?

La question le prit au dépourvu.

— Écrivain, me semble-t-il...

— Non. Quel signe astrologique ? (Elle rit de sa bêtise.) Attendez, laissez-moi deviner. (Ses sourcils se froncèrent tandis qu'elle considérait les possibilités.) Voyons. Vous êtes créatif, sensible, intelligent...

— Continuez.

— ... et un peu égoïste. Verseau ? (Elle inclina la tête.) Je me trompe ?

— Aucune idée. Je suis né un 1er février, si ça peut vous aider.

— Je le savais !

Elle en applaudit d'allégresse. Ses yeux bruns s'écarquillèrent.

— C'est impressionnant. Ce doit être le Sagittaire en moi... vous savez, signe d'intuition... Je suis dans l'apex avec le Scorpion.

Jack ne comprenait rien à ses paroles, mais elle était si mignonne et vive qu'il lui sourit à son tour.

— J'ai un service à vous demander.

Elle sortit un stylo de son sac et chercha quelque chose dans sa masse de papiers. Jack se sentit défaillir. Il ne voulait pas gâcher son samedi à analyser la prose ennuyeuse de quelqu'un d'autre.

Elle lui tendit un livre.

— Je sais que c'est bête, mais vous voulez bien... ?

Jack fut heureux de reconnaître son livre, le recueil de nouvelles qui avait lancé sa carrière, portée par une vague de critiques dithyrambiques. Un exemplaire relié, en plus.

— Vous n'auriez pas dû vous ruiner.

— C'était en solde. Moitié prix. Coup de chance, non ?

Jack sourcilla. Ce n'est pas une chose qu'un auteur aime à entendre. Il tourna la page de titre, prit le stylo offert et réfléchit un moment. Puis il écrivit : « Pour Candy, si jolie » et signa d'un paraphe. Il referma le livre et le lui rendit.

Candace caressa la jaquette avec respect.

— Si je voyais mon nom sur un vrai livre, je crois que j'en mourrais.

— Ça écourterait de beaucoup votre carrière.

Riant, elle serra le livre contre son cœur, si fort que

sa poitrine déborda par-dessus son haut moulant. Était-ce ce qu'on appelait un bain-de-soleil ? ou un bustier ? En tout cas, il aurait aimé serrer la main de son inventeur.

— Vous... vous faites quelque chose ce soir ?

— Moi ? (Surprise, elle haussa les sourcils.) Pas spécialement, pourquoi ?

— Vous pourriez me laisser votre manuscrit à lire, et on en reparlerait en dînant ?

— En tête à tête ?

— En tête à tête.

— C'est samedi soir. (Ses lèvres s'arrondirent, coquines.) Vous devez avoir d'autres projets. S'il y a quelqu'un...

— Personne ! Rien. Ni projet, ni attaches, ni...

Un soudain vacarme éclata dans le couloir. Il y eut un petit cri de douleur, un coup vengeur, une diatribe marmonnée. Puis une silhouette au visage blanchâtre entra en claudiquant dans la pièce, seulement vêtue d'une chemise à rayures que Jack reconnut vaguement. Il ouvrit de grands yeux. C'était sa chemise ! Et la femme à l'intérieur était Freya. Il l'avait complètement oubliée.

— ... scusez-moi, grogna-t-elle. Ouff !

Elle grimaça, touchée par un rayon de soleil dont elle se protégea instinctivement, puis traversa à l'aveuglette la pièce, déposant au passage sur la table une bouteille à capsule métallique. Jack, bouche bée, la regarda disparaître par l'autre issue. La porte de la salle de bains claqua, puis on entendit vomir.

— Je dois partir...

Candace était déjà debout. Son visage avait perdu son éclat.

— Mais vous venez d'arriver ! fit Jack, bondissant de son siège pour lui bloquer le passage.

Il aurait voulu étrangler Freya.

— Regardez, vous n'avez même pas fini votre café. Asseyez-vous.

— J'ai des courses à faire, et vous êtes occupé.

— Occupé, moi ? Oh, vous voulez dire *elle* ? (Sur un ton incrédule.) C'est juste quelqu'un qui est venu jouer au poker hier et a trop bu. Ce n'est pas grave.

— Vous aviez dit que c'était une soirée entre garçons.

— Je ne vois pas Freya comme une fille. (L'idée même le fit ricaner.) C'est une vieille amie. Une très vieille amie. Très, très vieille. (Il avala sa salive.) Elle va sur ses quarante ans !

Candace eut l'air choquée.

— Personnellement, poursuivit Jack en baissant la voix, je trouve déplorable qu'une personne de cet âge perde les pédales et doive aller dormir dans la *chambre d'amis*. Pas vous ?

Candace haussa les épaules.

— Mon bureau, en fait. C'est si frustrant. Je n'ai pas pu travailler de la matinée. Plus vite je pourrai la renvoyer chez son petit ami, mieux ce sera.

— Il ne tient qu'à vous... (Candace rejeta ses cheveux en arrière.)... enfin, ça ne me regarde pas.

— Bien. Alors, on se retrouve ce soir ?

— Je ne sais pas...

— Allons... comment ferai-je pour terminer mon roman si vous ne me dites pas tout sur la sémantique ?

— Sémiotique.

Était-ce là un soupçon de sourire ?

— Vous voyez, je ne parviens même pas à le prononcer correctement. Si vous me donniez votre numéro de téléphone ? Dès que je suis débarrassé de Freya, je vous appelle.

— Je ne sais pas, répéta-t-elle, en entortillant une boucle de cheveux. Je vais probablement être occupée.

— Laissez-moi votre numéro tout de même. Au cas où.

Quelques minutes plus tard, Jack, debout sur le trottoir, regardait se balancer les hanches de Candace dans la rue. Le soleil brillait sur le galbe de ses chevilles lisses ; il aperçut l'éclat d'une chaînette en or. Tout en elle signalait la disponibilité. Et pourquoi pas ? songea-t-il – à condition que Freya n'ait pas tout gâché. Il plongea les mains dans les poches de son jean et fronça les sourcils. « Merci, Freya, je te revaudrai ça ! »

Rentré dans la maison, il la chercha. Au moins, elle aurait pu l'aider à faire un peu de ménage. Mais elle avait l'air d'être retournée au lit avec sa gueule de bois. C'était un peu perturbant de l'imaginer couchée dans son appartement. Il passa la main sur sa poitrine, ne sachant que faire. Il était désolé que Freya fût mal en point, la pauvre, mais elle lui avait déjà causé un tort considérable, et ce n'était pas comme si elle était sa petite amie. Loin de là ! Michael pouvait s'occuper d'elle, c'était son rayon. Jack se dirigea vers le téléphone. Inconsciemment, ses lèvres se froncèrent et il marcha à petits pas maniérés en pensant à Michael portant une théière et tapotant des oreillers. Puis son visage se rembrunit. Cela se faisait-il d'appeler un autre homme pour l'informer que sa petite amie venait de passer la nuit dans votre appartement ?

Tout en réfléchissant à la question, il s'écroula dans un fauteuil, près du téléphone, et feuilleta paresseusement son carnet d'adresses. Les pages en étaient usées et cornées, bourrées de noms et de numéros qui avaient été repassés à l'encre, raturés, couverts de gribouillis, entourés de griffonnages, mystérieusement enrichis d'étoiles terriblement sibyllines. Barbie (sœur de C), qui était-ce ? *Chez Angelo* (cabine téléphonique) – et ça, alors ? Il se rappelait le temps où les pages étaient raides, blanches et vierges, la reliure un cuir sensuel, glacé et marqué de ses initiales – cadeau de Lauren, sa belle-mère. « Pour tous tes futurs merveilleux amis. » Elle avait déjà en partie rempli la première page, qui disait : « Nom : John Randolph Caldwell Madison III. Adresse : New York. Occupation : Écrivain. » Il se rappelait combien le jeune homme d'autrefois s'était enorgueilli de la sombre majesté de cette description, même s'il avait retiré, penaud, cette page après deux semaines d'initiation à la grande ville.

Aujourd'hui, le carnet était un condensé, dodu à souhait, d'éditeurs, cinémas, petites amies, bars favoris, rédacteurs en chef de revues, bibliothèques, piscines, restaurants, librairies, boutiques de photocopies – et d'amis, bien sûr. Le nom de Freya avait fleuri sur toute la section F, comme des chardons dans un pré. Nul ne déménageait autant qu'elle. La toute première entrée, à présent barrée, donnait l'adresse de cette vieille pension pourrie de Brooklyn où il était venu chercher une chambre bon marché dès son arrivée à New York. Le souvenir d'une longue chevelure blonde, se déployant autour de sa figure à l'envers tandis qu'elle se penchait par-dessus la rambarde du dernier étage pour l'interpeller, s'imposa à lui.

En ce temps-là, Freya était à ses yeux un être d'une inégalable supériorité, arborant le raffinement d'une femme de vingt-cinq ans par rapport à ses frustes vingt-deux printemps ! Elle savait comment se remplir la panse avec de la soupe et des bagels pour cinq dollars, quels marchés aux puces vendaient le mobilier le moins cher, comment s'introduire en douce dans les vernissages pour se goinfrer à l'œil de canapés et de champagne, dans quels cinémas on pouvait voir le film deux fois de suite afin d'être au chaud. Elle l'avait présenté à « la bande » – un groupe informel d'artistes en devenir, de comédiens et d'écrivains qui grelottaient l'hiver, traînaient leur matelas sur les toits et les échelles d'incendie l'été, papotaient à l'*Ambrosio* autour d'un café et de beignets, empruntaient argent et vêtements et s'assuraient mutuellement de leur génie. Freya était réputée pour ses spaghettis, invariablement suivis d'un dessert anglais dégoûtant appelé *Bread and Butter Pudding*, que Jack avait réussi à rendre presque acceptable avec un épais nappage de glace. Dès le début, il avait apprécié son esprit aigu et son indépendance d'opinion – même sa froide ironie, tout à fait différente de ces taquineries auxquelles les filles de chez lui l'avaient habitué. Il y avait même eu un temps, une nuit, des années plus tôt, où il avait cru...

Il se renfrogna, ne voulant pas songer à cette humiliante occasion. Il était différent alors, et Freya aussi. Retournant à son carnet d'adresses, il sauta vivement l'entrée Freya. Certes, c'était long, dix ans. Ils étaient encore amis, le seraient sans doute toujours – mais il avait sa propre vie à mener, comme elle avait la sienne. Il trouva le numéro de téléphone de Michael et le composa.

4

*... U*N FIL D'ARGENT ERRAIT, *diaphâne, sous la lune, suspendu dans l'encrier de la nuit. En le regardant, un désir sombre et primitif monta dans les reins de Garth, qui émit une plainte pareille au cri d'une oie solitaire. Il se sentait tomber, tomber en tournoyant dans un gouffre de désespoir. N'y avait-il point d'amour pour lui en ce monde cruel, simplement parce que sa peau était noire ?*

Jack alla repêcher son crayon derrière son oreille. Sa main hésita au-dessus de la page. Par où commencer ? Finalement, il se contenta de corriger l'orthographe de « diaphane » et mordilla méchamment son crayon avant de le remettre à sa place.

C'était le milieu de l'après-midi. Jusque-là, il avait fait la vaisselle, nettoyé le living, déposé une tasse de thé près de la comateuse Freya et sorti la poubelle. À présent, il était allongé sur le canapé, en dessous de la fenêtre, ses pieds chaussés de tennis confortablement calés sur l'accoudoir, une liasse de papiers sur la poitrine.

Ayant vérifié combien de pages il restait, il soupira. À vue de nez, *Interdit*, copyright pour tous pays Candace Twink, racontait une histoire d'amour tragique sur fond de guerre de Sécession entre une version féministe de Scarlett O'Hara et un esclave noir apparemment familiarisé avec l'existentialisme. L'expérience lui soufflait qu'il ne s'agissait pas d'une parodie.

Qu'allait-il lui dire ? Pas la vérité, à l'évidence. Certains passages n'étaient pas si mauvais, mais l'ensemble était nul. En son for intérieur, Jack n'était pas convaincu qu'on puisse enseigner l'écriture créative. Il avait horreur du mot « créatif », qui éveillait dans son esprit des images de femmes en vêtements flottants, dansant pieds nus, et de vaines babioles en coquillage. Bien écrire était un métier ; écrire de la littérature, un art ; l'écriture créative n'était souvent ni l'un ni l'autre. Mais il avait besoin d'argent. Il rédigeait des critiques et des articles exactement pour cette raison. Sa rente ne suffisait plus à l'entretenir. Jack songea avec amertume à son père, avec sa maison sur la plage et sa maison à la montagne en plus de la demeure familiale, à ses onéreux cigares et ses épouses encore plus onéreuses. Il ne connaissait pas le coût de la vie à Manhattan. La pension de Jack suffisait à peine à payer le loyer de l'appartement, et quand il essayait de demander une augmentation il n'obtenait que le fameux sourire suffisant de son père et le conseil de se trouver un « vrai » job. Pas étonnant si son roman n'était pas encore terminé. Un écrivain a besoin de respirer l'air pur, olympien, de l'imagination sans être entravé par des petits soucis, sans avoir à prostituer son art dans d'avilissantes besognes alimentaires.

Pourtant, il y avait des compensations. Il sauta quelques pages pour voir s'il trouvait des passages croustillants ; cela pourrait lui donner quelques tuyaux pour leur rendez-vous – à supposer qu'il parvienne à la persuader. Hélas ! Candace préférait les métaphores, même si Jack fut encouragé par une allusion à l'« orgueil gonflé de sa virilité ». Reposant sa tête contre l'accoudoir du canapé, il ferma les yeux, tâchant d'imaginer les grandes lignes de la soirée. D'abord, il l'emmènerait au *Z Bar*, où ils pourraient siroter des cocktails sur le toit-terrasse tout en épiant les célébrités ; les filles aiment toujours ça. Il faudrait absolument expédier la question professionnelle, il sortirait donc sans tarder le manuscrit pour lui exprimer son opinion. Il répéta quelques phrases dans sa tête : concept original... sens de l'observation aigu... intéressant – non, frappant usage de la comparaison. *Excellente* ponctuation. Puis, au second cocktail, il suggérerait une coupe impitoyable – laisser tomber l'intrigue secondaire sur l'amputé, par exemple – afin de la faire réagir. Ils se disputeraient, se réconcilieraient, pour ensuite gagner un restaurant sombre, à la mode, et revenir chez elle.

Satisfait de son plan, Jack rangea *Interdit* dans son pimpant classeur. Après tout ce travail, il était affamé ; il se ferait bien un sandwich et pourrait se rafraîchir l'intellect avec le *New York Review of Books* – ou peut-être un match à la télévision, si les Yankees jouaient. Se levant du canapé, il étira les bras et bâilla, aspirant de l'air si vigoureusement que cela fit un bruit curieux dans sa gorge. Hark ! Serait-ce par hasard le cri de l'oie solitaire ? Fourrant les poings sous ses aisselles, il agita les coudes de façon expérimentale.

— Tu t'envoles ? fit une voix.

Il pivota sur ses talons.

— Oh, salut Freya ! (Il tenta de transformer les battements d'ailes en un massage vigoureux des côtes.) Ça... ça va mieux ?

— Ça va ! (Elle était complètement rhabillée et, son sac en bandoulière, prête à partir.) Je voulais te faire mes adieux et te remercier. Excuse-moi d'avoir joué les casse-pieds.

— C'est rien.

Son attitude trop polie prit Jack au dépourvu. Il la dévisagea de plus près. Elle était toute pâle.

— Je peux t'offrir du café ? Une aspirine ?

— Merci. Je préfère rentrer.

— D'accord. (Jack hésita à lui poser une question osée. Freya se comportait toujours comme si sa vie privée était un secret d'État.) Rentrer où ?

— Chez moi, bien sûr.

Ce fut ce « bien sûr », prononcé avec une telle condescendance, qui le décida. Piqué au vif, Jack lança :

— Pourquoi tu n'appelles pas Michael ? Il doit se faire un sang d'encre.

Aussitôt, il regretta sa cruelle remarque. Le visage de Freya se referma, telle une fragile créature sous-marine agressée par un bâton.

— C'est que... je... je préfère le laisser mijoter. Je ne suis pas un chien, qui rapplique quand on le siffle.

Elle était en train d'ouvrir son sac.

— Je dois sûrement de l'argent à tout le monde.

— J'en ai peur. Ne t'en fais pas, j'ai payé pour toi pendant que tu étais...

— Endormie.

Elle sortit son portefeuille.

— Si on veut. Accroche-toi : ça fait deux cent cinquante dollars.

Sa main se figea.

— Je crois que j'ai oublié d'emporter mon chéquier. Ça t'embête si je te rembourse la semaine prochaine ?

— Mais non, bien sûr ! (Ben voyons !) Prends tout ton temps.

— Merci, Jack. (Son visage s'adoucit, mais seulement fugitivement.) Je suis désolée pour ce matin, au fait. J'espère que je n'ai pas été trop gênante.

Ses sourcils étaient arrondis comme si elle savait tout. Il n'eut cure de l'insinuation.

— C'était l'une de mes élèves, dit-il sur le ton du reproche.

— Vraiment ? Tu lui apprends l'alphabet ?

Il se mit à rougir.

— Je vais t'aider à trouver un taxi.

— Non ! Merci bien, je crois que je vais prendre le bus.

Elle se retourna à demi, hésita, puis avança vers lui de ce pas décidé qui lui ressemblait tant. Ils s'embrassèrent sur la joue.

— Merci pour le poker, et pour le lit. À bientôt.

— À bientôt, fit Jack en écho, la suivant dans le couloir.

Il lui ouvrit la porte et la regarda s'éloigner dans la rue.

Où allait-elle ? Chez une amie ? Un autre homme ? Manifestement, elle n'avait pas voulu le lui dire et il la connaissait trop pour savoir qu'il valait mieux ne pas demander. Bien. Il referma la porte.

Fromage et beurre de cacahuètes avec des pickles, des chips et une bière glacée. Miam. Il en salivait déjà. Il se dirigea vers la cuisine, ouvrit en grand la porte du frigo et se mit à rassembler les ingrédients. Quel mystère que les femmes ! Ils se connaissaient depuis plus de dix ans, et pourtant elle n'avait pas voulu lui avouer qu'elle avait rompu avec son petit ami ; alors que Michael, qu'il n'avait vu que deux fois et n'appréciait même pas, le lui avait dit aussitôt. Les hommes sont tellement plus directs. Jack ne savait pas les raisons exactes de leur rupture, mais visiblement Michael n'espérait pas un rabibochage. Quand lui-même avait protesté que Freya était malade et n'avait nulle part où aller, Michael avait répondu : « Toi, tu es son ami, tu n'as qu'à t'occuper d'elle. »

Bien sûr, c'était impossible. Il avait un roman à écrire. Il passa l'index sur le bord intérieur du pot à beurre de cacahuètes et le fourra dans sa bouche : succulent. D'ailleurs, autant vouloir prendre soin d'un fauve type *Smilodon machairodus* ; Freya n'en avait toujours fait qu'à sa tête. C'était bien sa faute si elle n'avait jamais eu d'appartement à elle, prétendant préférer sa « liberté ». Jack déposa une giclée de pickles sur le fromage, mit une tranche de pain juste un peu rassis par-dessus pour compléter son sandwich et en avala une grosse bouchée. La véritable énigme était de savoir comment Freya et Michael avaient réussi à se fréquenter, pour commencer. Qu'avait-elle pu trouver à ce petit bureaucrate coincé débarqué de sa cambrousse ? Le type n'avait aucune classe. Il était allé jusqu'à se plaindre à Jack que la note du restaurant s'était élevée à trois cent soixante-cinq dollars, « sans le pourboire ». Jack gloussa, éparpillant quelques miettes. Il adorait cela – tout le caractère du bonhomme résumé en trois mots. En fait, cela lui plaisait tellement qu'il eut envie de le noter. Emportant son sandwich, il se rendit à son bureau pour y griffonner une note destinée à son dossier « Idées », corne d'abondance remplie d'observations, de *bons mots** et de bouts de dialogues saisis au vol, qui était en fait plus long que son roman.

Quand il ouvrit la porte, la première chose qui attira son attention fut l'étroit canapé-lit. D'ordinaire un dépôt pour documents, linge sale, équipement électrique cassé et autres objets, maintenant un modèle d'ordre. Le couvre-lit était tendu et scrupuleusement symétrique ; exactement au centre, une pile bien nette de draps pliés, avec sa chemise à rayures et un billet de dix dollars par-dessus. Près de l'argent, un petit mot : « Pour la blanchisserie – F. » Jack prit ce mot, souriant de la signature familière et indéchiffrable. Quelle drôle de fille, sous ses airs de pimbêche ! Il se souvenait des discussions folles, alimentées à la caféine, qu'elle présidait à l'*Ambrosio* ; la fête qu'elle avait donnée pour Larry quand il avait décroché son premier job à la télé ; le nombre phénoménal de vieux films qu'ils avaient vus ensemble, jambes par-dessus les sièges du rang précédent, partageant du pop-corn au beurre. La culpabilité tenace qu'il avait essayé d'ignorer pendant toute la matinée éclata en une émotion plus large – souci, affection, honte ? Quand il lui avait demandé où elle allait, elle avait répondu : « Chez moi, bien sûr. » Sauf qu'elle n'avait pas de chez-soi. Sa famille vivait à des milliers de kilomètres de là, en Angleterre. Michael l'avait jetée dehors. Elle était seule dans la ville la plus cruelle au monde. Et il se prétendait son ami !

Il jeta les restes de son sandwich sur son bureau. Quelle conne ! Pourquoi être aussi fière ? Prenant en vitesse ses clés, il courut vers la porte. Une seconde – et sa bicyclette ? Jack la porta à l'extérieur, pestant contre ses mains poisseuses qui le rendaient si maladroit. Mi-courant, mi-sautillant, il descendit les marches et traversa le trottoir, heurta la chaussée et, enfourchant le cadre, fonça dans la direction qu'elle avait prise. On le klaxonna. Quelqu'un gueula : « Hé, c'est un sens unique ! » Mais il filait quand même. Aucune trace d'elle.

Au carrefour, il marqua une pause en dérapant. Un bus des quartiers nord de Manhattan avançait en bringuebalant, prenant de la vitesse. Jack jeta un coup d'œil à l'intérieur, mais les vitres étaient sales et il n'avait pas ses lunettes. D'ailleurs, si elle ne retournait pas chez Michael, elle n'avait aucune raison d'aller dans le nord, non ? « Élémentaire, mon cher Watson. » Alors, où était-elle passée ?

Il se faufila entre les voitures sans attendre le feu vert et pédala tête baissée vers la Septième Avenue et l'arrêt du bus des quartiers sud. « C'est dingue », pensa-t-il, au moment où son antique bécane vibrait et grinçait. Freya pouvait être en train de marcher dans une douzaine de rues différentes. Ou être dans une cafétéria. Elle pouvait avoir pris un taxi, après tout

– sauf qu'elle n'avait pas d'argent. « Tu es une ordure, Jack », se dit-il, en passant avec difficulté une vitesse. Il plissa les yeux en apercevant une haute silhouette en noir, marchant avec détermination.

— Freya !

Mais, quand il se fut rapproché, il s'avéra que c'était un jeune Indien maquillé – un gay cherchant fortune.

Au niveau de la Septième Avenue, il vira sur la gauche, rejoignant le flot de la circulation. Merde, il y avait un bus devant lui, qui laissait sortir une paire de minettes avec leurs sacs de sport. Les gens faisaient la queue pour monter. Bondissant sur le trottoir, il le parcourut en roulant, slalomant entre les piétons. « Pardon, m'sieur... pardon, m'dame. » Il crut apercevoir une silhouette sombre aux cheveux blonds. Était-ce elle ? Il se mit à faire usage de sa sonnette.

Au moment où il atteignait le bus, elle avait le pied sur la première marche, une main sur la rampe.

— Freya ! Attends !

Elle regarda autour d'elle, cillant, comme réveillée d'un rêve. Ses yeux se fixèrent sur lui. Il aurait juré qu'elle avait pleuré s'il n'avait su qu'elle ne pleurait jamais.

— Jack... ? Qu'est-ce qu'il y a ?

Le temps manquait pour les politesses.

— Je suis au courant pour Michael ! brailla-t-il pardessus la tête des autres passagers. Je l'ai appelé ce matin. Tu ne sais pas où aller, hein ?

Sa bouche s'ouvrit et se referma.

— Si, je sais.

— Ah oui ? Où ça, alors ?

Dieu, qu'elle était butée ! Il lâcha son guidon. Elle restait là, indécise. D'autres passagers montaient en la bousculant – deux vieillards portant calottes, des ménagères nanties de cabas volumineux, une grosse femme noire avec un bouquet de fleurs fanées.

— Viens chez moi. Je t'héberge jusqu'à ce que tout soit réglé.

— Non, Jack, tu as ton livre et toutes tes... élèves. Je t'enlèverais tes moyens.

— Mais non !

Bien sûr qu'elle lui enlèverait ses moyens.

— Si elle ne veut pas, moi je viens, gloussa la vieille dame noire, son corps énorme frémissant.

— Eh, Roméo, dégage ! aboya une voix.

C'était le chauffeur, lunettes flashantes, avant-bras couleur de saindoux bandés sous ses manches courtes. Découvrant ses dents, il adressa à Freya un rictus sinistre.

— Allez, ma petite dame, soyez gentille...

Freya sauta sur le trottoir. Les portes se refermèrent avec un chuintement d'air comprimé, et le bus démarra.

— Tout va bien, Jack, je t'assure.

— Tu sais où coucher ce soir ?

— Pas encore.

— Dans ce cas, viens chez moi.

Il aurait voulu la prendre par les épaules, mais il n'osait pas.

Pas de réponse. Ses yeux étaient baissés, sa bouche pincée.

— Tu as mis de la graisse sur ton jean.

Jack sourit de cette diversion caractérisée. Il retourna sa bicyclette, prenant tout son temps pour ne pas la brusquer. Soudain, il eut une idée.

— Franchement, Freya. Ça m'arrangerait, pour le loyer.

Cela retint son attention.

— Toi ? Ne me fais pas rire... Oh non ! tu n'es pas sérieux... si ?

— Parfaitement sérieux.

Avec d'infinies précautions, comme si elle avait été

un cheval ombrageux, il lui ôta le sac de l'épaule et le déposa dans le panier de sa bicyclette. Elle n'eut pas l'air de le remarquer.

— Vingt dollars la journée, deux semaines au maximum.

Il lui tendit la main, paume en l'air.

— Marché conclu ?

Elle hésita pendant environ cinq secondes, puis lui tapa dans la main.

— Je te préviens : je ne suis pas facile à vivre !

Jack hocha la tête. Il le croyait bien volontiers.

5

— QUELS SALAUDS, LES HOMMES ! (Les yeux de Cat flamboyaient sous l'effet d'une indignation compatissante.) Et ensuite ?

— Eh bien, quand il a repêché cette stupide bague et demandé au serveur de lui apporter un bol d'eau pour la nettoyer, il m'a dit que je ne m'étais pas assez « engagée » vis-à-vis de lui. Incroyable, non ? Ce fumier me largue et c'est ma faute !

— Typiquement masculin. Lorsque j'étais avec Peter...

— Selon lui, je n'étais pas « attachée » à lui, je n'écoutais pas assez, je le critiquais sans arrêt. Il s'est plaint que je le reprenais toujours quand il racontait des histoires en public.

— C'était vrai ?

— Seulement quand il se trompait.

— Les hommes ne se trompent jamais.

— Ah oui... j'oubliais.

Elles échangèrent un sourire de solidarité féminine par-dessus la table en formica, dans ce restaurant bondé de Chinatown. Entre elles étaient posées une théière et deux tasses fumantes, à motifs de dragons roses sur un fond bleu pâle. C'était un lundi, à l'heure du déjeuner. Le tribunal étant au coin de la rue, l'endroit grouillait de journalistes, d'avocats, de policiers et d'apparatchiks pansus de l'administration qui parlaient très fort, sans oublier des ouvriers chinois et un groupe de bonzes à la tête rasée et à l'air docile du temple bouddhiste voisin. Avocate, Cat passait beaucoup de temps dans ce lieu, qui était l'une de ses cantines préférées. Freya connaissait l'endroit et, si elle ne pouvait honnêtement partager l'enthousiasme de sa copine, elle ne s'en plaignait pas. Officiellement, Cat était censée travailler, mais en véritable amie elle avait annulé un rendez-vous pour écouter le récit de ses malheurs.

— Quand je pense à tous les obstacles que j'ai dû franchir pour lui ! Boire du lait écrémé à cause de son cholestérol, négliger mes amis pour qu'on puisse « *êêêtre* ensemble », feindre d'aimer ces ennuyeux concerts... (Son visage s'éclaira un peu.) À quelque chose malheur est bon : au moins, je n'aurai plus à me taper tout le cycle de ce foutu *Ring* !

— Au Met ? Freya, ces billets valent de l'or. Toi qui es presque allemande, comment peux-tu ne pas aimer Wagner ?

— Tout ce pathos et ces blablas... De plus, ma mère était suédoise, nuance.

— Moi je suis d'origine italienne, et j'adore Wagner. C'est si romantique...

— Pas ce mot-là, je t'en prie. (Freya appuya une main sur son front.)

— Bien sûr, excuse-moi.

Une Chinoise chaussée de pantoufles élimées s'arrêta à leur table et donna un coup de menton maussade pour montrer qu'elle était prête pour la commande.

— Je prends le numéro cinq, déclara Cat. Et toi, Freya ?

— Je n'ai pas faim.

— Mais si. Allez, décide-toi.

Freya contempla fixement l'impénétrable menu. Un Bloody Mary avec une lichette de Tabasco en sus, voilà ce qu'elle aurait voulu, mais on ne servait pas d'alcool ici. La spécialité du restaurant était le *tong shui*, plat au goût agréable mais avec un côté « œil de triton et orteil de grenouille » qui lui faisait scruter chaque bouchée à la recherche de substances extraterrestres.

— Choisis à ma place. Rien qui ait plus de quatre pattes.

La serveuse étant repartie, Freya termina son histoire puis cala son menton dans ses mains et fixa sur Cat un regard affligé.

— Franchement, Cat, pourquoi Michael ne veut-il pas m'épouser ? Qu'est-ce qui cloche en moi ?

— Mais rien ! Tu es superbe, intelligente, drôle. Le problème, c'est lui. Si je pouvais mettre la main sur ce Michael, je lui en donnerais, moi, de l'affection !

— Je dégote le seul mâle à New York désireux de se marier et il ne veut pas de moi.

Cat considéra la question.

— Tu ne crois pas... ?

— Quoi ?

— Tu ne crois pas... qu'il aurait trouvé une autre femme ?

— Michael ? Ne dis pas de bêtises.

— Dans ce cas, il a dû avoir la trouille. Pour moi, la faute en incombe aux médias. On ne peut plus ouvrir un magazine sans tomber sur un article montrant combien les femmes sont prêtes à tout pour trouver un mari. Pas étonnant si les hommes ont peur. Tu leur demandes de te passer le beurre, et ils tressaillent. Il y a dix ans, c'était le sida le fléau ; aujourd'hui, c'est le célibat !

Freya ricana, oubliant pour un temps ses malheurs. Cat avait le don de l'amuser.

Les plats arrivèrent avec une rapidité indécente, infirmant toute prétention selon laquelle ils auraient pu être frais. S'imaginant être un inspecteur de l'hygiène en plein cauchemar devant un chaudron de sorcière, Freya s'aventura à prendre une bouchée.

— Tu as peut-être eu tort de le planter là. Et si c'était pour te tester ? Si tu avais discuté avec lui, peut-être aurait-il changé d'avis. (Elle lui lança un regard interrogateur.) À l'heure actuelle, il est peut-être encore en train de réfléchir.

— Quoi ?

Freya faillit s'étrangler en avalant une nouille.

— Penses-y. Tu peux encore obtenir tout cela : une maison, des enfants, le Connecticut.

— Mais...

— Une voiture familiale. Ta place dans l'association des parents d'élèves. Une carte du Country Club.

— Non !

— Un gros chien, genre Lassie, qui jouera avec tes gosses.

— Arrête de me torturer !

— Ah, ah ! C'est bien ce que je pensais. Avoue : tu aimais l'idée de te marier, comme ces femmes tristes qui fantasment sur le magazine *Brides*.

Freya piqua un fard. Elle ne voulait rien admettre du tout. Michael l'avait rejetée. Elle souffrait.

— J'aurais quand même aimé te voir en rose, fit Cat en laissant fuser son rire en cascade. En *rose* !

— Oh, arrête !

— Désolée, ma biche. (Elle lui tendit spontanément la main.) Je suis navrée que ça n'ait pas marché. Mais tu étais si désobligeante avec lui. Tu ne me l'as jamais présenté.

— Je sais.

Freya était embarrassée. Dieu sait pourquoi, elle avait toujours fait des mystères autour de sa vie privée. Était-ce de peur que Cat puisse la juger trop sévèrement sur ses choix ? De toute façon, Michael aurait eu une peur bleue d'elle. Elle haussa les épaules.

— Tu l'aurais détesté. Il est si conventionnel.

— Mais tu voulais l'épouser !

Elle se trémoussa sous le regard provocateur de Cat. La vérité était qu'elle désirait se marier un jour, point. Le fait qu'elle aurait peut-être, en fin de compte, rejeté Michael n'était pas la question ; il ne lui avait même pas laissé le choix.

— C'est ce que je croyais, marmonna-t-elle, tripotant distraitement la bouteille de sauce aux piments. Remarque, au lit, ce n'était pas exactement King Kong.

— Pas possible ? (Cat était sur des charbons ardents.) Problèmes techniques ?

— Non, le matériel fonctionnait. Disons qu'il aurait dû apprendre dans un magazine l'importance des préliminaires.

Cat laissa échapper un rire, faisant se tourner des têtes.

— Tu es cruelle...

— Au fait, c'est quoi ces morceaux croustillants ? fit Freya en triturant d'un air maussade ses aliments. Des testicules de crapaud ?

— Sans doute des noix de ginkgo, ou des graines de lotus. Chaque plat offre un parfait équilibre entre le yin et le yang. Depuis que je viens ici, je n'ai plus de rhume.

— C'est peut-être ça, le problème de Michael : trop de yin ou pas assez. Il est toujours à se moucher ou à me demander un mouchoir. Ça m'agace. M'agaçait, se corrigea-t-elle.

Il y eut un silence.

—Tu sais, Freya, les hommes ont parfois besoin d'un mouchoir ; ça n'en fait pas forcément des mauviettes.

Freya donna un coup de poing sur la table.

— Pour moi, c'est tout simplement antiérotique. Point. Toi, tu es trop gentille. Promets-moi que tu n'épouseras pas un homme par pitié.

Cat redressa l'échine et posa sur elle un regard solennel.

— Je n'épouserai jamais personne. C'est officiel.

— Comment cela ?

Cat s'essuya soigneusement la bouche avec une serviette en papier.

— Question de principe. Je ne vois plus personne. Je ne suis plus dans la course. J'ai cessé de chercher, même inconsciemment, l'homme idéal. Ras le bol de me faire belle, de me demander si je sens bon, de m'intéresser à son boulot et d'attendre son coup de fil. La vérité, c'est que *je n'ai pas besoin d'un homme*.

Elle avait un air si farouche que Freya acquiesça aveuglément.

— J'ai un bon travail, assez d'argent, mon propre appartement. Un mari gâcherait tout. Franchement, je ne suis pas du tout sûre que les idéologies du mariage et du féminisme soient compatibles. Non. Je me suis vue comme une femme seule, et ça marche !

Freya ne put retenir un certain scepticisme. Cela crevait les yeux que Cat était faite pour avoir un mari, un foyer et une ribambelle d'enfants.

— Et l'amour ?

— Pure chimère. Tous les jours je rencontre des couples, et la vérité est qu'ils se détestent. Les hommes battent leurs femmes, les volent, les trompent. J'ai un cas, actuellement : une septuagénaire qui demande le divorce pour infidélité.

Cat soupira.

— Mais parfois on a besoin d'un homme, comme accessoire. Imagine qu'on t'invite à un dîner d'affaires, avec ton partenaire, que fais-tu ?

— J'en engage un.

— Quoi ?

— Dans une agence spécialisée. Mon amie Rosa le fait tout le temps. Elle affirme qu'ils s'habillent et se conduisent exactement comme on veut. Ils ne boivent pas, ne racontent pas d'histoires gênantes sur toi. Ensuite, au lieu de les entendre se plaindre de cette soirée si ennuyeuse, tu les paies et tu rentres chez toi.

Cat la regarda d'un air triomphant.

— Et les enfants ? Tu les adores.

— La seringue.

— Cat !

— Je ne plaisante pas. Il y a une clinique d'insémination artificielle dans le bâtiment où je travaille. Tout ce que j'ai à faire, c'est monter jusqu'au cinquième étage au lieu du neuvième, et je peux en ressortir enceinte.

— Hum...

Freya tâcha de se voir elle-même comme une femme fière, libre et célibataire, une amazone dominant les petites querelles de la guerre des sexes.

— Et le sexe ?

— Pas besoin d'un mari pour cela, ricana Cat. Non, la vérité, c'est que la femme désire l'idylle, l'affection, les enfants et un cerveau d'adulte. Les hommes recherchent le sexe, une admiration inconditionnelle, aucune responsabilité et un renouvellement constant. Il n'y a pas de synergie. (Elle releva son menton avec défi.) Si tu savais comme je suis soulagée d'avoir pris cette décision... Franchement, je suis étonnée que tu n'aies pas remarqué ma nouvelle aura de sérénité. Prenons des litchis. Je ne vais pas pouvoir m'attarder.

Tandis que Cat s'efforçait d'attirer l'attention de la serveuse, Freya dévisagea pensivement son amie – son visage sensible, expressif, sa silhouette voluptueuse, pied de nez au culte des corps squelettiques – et se sentit soudain révoltée contre la bêtise de la population mâle de New York. Les hommes auraient dû se bousculer pour s'emparer de Cat.

— Si tu ne sors plus le soir, où étais-tu passée l'autre jour quand j'avais tellement besoin de toi ?

— Chez ma sœur. Je faisais du baby-sitting. J'ai donné à Tonino le biberon, je lui ai chanté une chanson, puis j'ai bu deux vodkas-Martini et fait réchauffer des *spaghetti alla matriciana*, regardé *Quand Harry rencontre Sally* pour la énième fois, après quoi je me suis endormie sur le canapé.

— La soirée idéale.

— Mes clients vont m'attendre... (Cat prit un air suffisant.) Écoute, chérie, pardon de ne pas avoir été là vendredi soir. Tu peux venir dormir sur mon canapé aussi longtemps que tu voudras. Ça me fera plaisir.

— Merci, Cat, mais je reste chez Jack, maintenant que je suis installée là-bas.

— C'est ce grand type blond qui était à la fête sur la plage l'an dernier ?

— S'il se baladait avec un pack de six nymphettes, probablement.

— Hum... (Cat fit claquer ses lèvres avec une vulgarité italienne.) Si tu me le présentais dans les règles, un de ces jours ?

— Je croyais que les hommes ne t'intéressaient plus ?

— J'ai dit que le mariage était une option impossible pour une féministe. Je peux toujours réviser ma théorie !

Son regard pétillait.

— Bon... du moment que tu sais que Jack n'est pas homme à se marier. (Il lui semblait de son devoir d'avertir son amie.) Si tu veux aller à la plage, ou voir un vieux film, ou faire un truc de toqué, comme du patin au Rockefeller Center, Jack est le partenaire idéal. Pour tout le reste, il en est encore à...

— Tu l'aimes bien, pourtant !

— C'est différent. Je suis immunisée.

— Je vois. Bon, reste chez lui si tu préfères, mais fais attention...

— À quoi, pour l'amour du ciel ? Nous sommes seulement amis.

— Les hommes sont curieux. Qu'ils te voient te balader drapée dans une serviette-éponge ou en train de faire sécher tes culottes, et soudain l'envie leur prend de te sauter dessus. C'est instinctif.

— Me sauter dessus... Jack ?

Elle se représenta un gorille blond en jean coupé et lunettes en train de la lorgner depuis un sous-bois d'une jungle perdue.

— Tu peux rire, mais la proximité est la première loi de l'attraction sexuelle. Les hommes sont paresseux : ils s'emparent de ce qui leur passe sous le nez. Raison pour laquelle ils filent tous avec leur secrétaire. On croit que c'est parce que ces secrétaires sont jeunes, belles et obséquieuses, mais en réalité c'est parce qu'elles sont là. Si les hommes pouvaient passer commande de leur bureau, ils le feraient. (Cat appliqua un téléphone imaginaire contre son oreille et baissa la voix d'une octave.) Une femme, à point, sexe en plus, supporte le harcèlement.

— Stop !

Freya porta la main à sa gorge.

— J'ai failli avaler mon noyau de litchi !

Cat consulta sa montre.

— Chérie, excuse-moi, mais il faut vraiment que je parte.

— Je te raccompagne au bureau. Et c'est moi qui paie. Pas de discussion.

Dehors, Freya prit son amie par le bras et se serra contre elle en descendant la rue. Peut-être Cat avait-elle raison. Elles étaient là, deux femmes ensemble, parfaitement heureuses. Pas de mari pour les agacer. Pas d'enfants pour les attendre à la maison. Soudain, elle ressentit un regain d'optimisme. Elle avait pris son après-midi afin de s'introduire dans l'appartement de Michael pendant qu'il serait tranquillement à son bureau et récupérer les vêtements dont elle avait besoin. Puis elle se mettrait en quête d'un nouveau logis et d'une solution pour l'Angleterre, puisque Michael lui faisait faux bond. Les choses finiraient bien par s'arranger d'elles-mêmes.

Elle releva la tête. La pluie avait cessé, laissant place à une atmosphère estivale et pure, plus fraîche que la veille. Les rayons du soleil filtraient à travers un ciel argenté, nimbant le World Trade Center de reflets d'arc-en-ciel. Les gens avaient tendance à oublier que New York était une ville du bord de mer, bénéficiant d'une lumière particulière. Cela donnait parfois de fantastiques effets, à l'aube ou au coucher du soleil, quand le ciel virait au vert vif ou au rose *shocking*. Quel plaisir de pouvoir apprécier tout cela, au lieu de toujours se presser, tête basse, comme cet ennuyeux troupeau de bureaucrates en ennuyeux complets-veston et...

Freya étouffa un cri.

— Vite ! glapit-elle, tirant Cat en arrière et plongeant sous l'abri de la plus proche entrée d'immeuble. Il y avait une porte devant elle – un genre de boutique. Freya la poussa et entraîna son amie à l'intérieur.

— Qu'est-ce qu'il y a ?

— C'était lui ! chuchota-t-elle.

— Qui ? murmura Cat à son tour.

— Michael ! Tu ne crois pas qu'il m'aurait suivie ici, non ?

— Comment est-il ?

— Mallette beige, chemise bleue, il est en train de traverser. Oh ! non, il regarde dans cette direction !

— Joli costume.

— On s'en fiche. Qu'est-ce qu'il fait ici ?

— C'est un avocat. Voici le tribunal. Et moi, je suis Einstein !

Cat eut un sourire entendu.

Freya vit la sombre silhouette rétrécir, un homme d'affaires noyé dans la foule de ses congénères. Sa main était toujours sur sa poitrine, mais elle fut choquée de comprendre que, au-delà du désir de rester invisible, elle ne ressentait absolument rien. C'était surréaliste. Elle avait vécu avec cet homme pendant cinq mois. Trois jours plus tôt, elle songeait à l'épouser. Un amant éconduit lui avait dit un jour qu'elle n'avait pas de cœur, seulement un bloc de glace. Il avait peut-être raison.

— Que puis-je faire pour vous ?

Une voix rauque derrière elle la fit sursauter. Elle se retourna pour voir une blonde oxygénée, très grande et bien bâtie, qui lui souriait de ses lèvres rose bonbon.

— On regarde, merci.

— Deux petites dames toutes seules. Voyons, que peut-il vous manquer ? Cela, peut-être ?

Sortant vivement un tiroir de dessous son comptoir, la femme le flanqua sous leur nez. Freya ouvrit des yeux ronds. Qu'est-ce qui pouvait faire penser qu'elle avait besoin d'une lampe torche, spécialement d'un modèle rose avec des petits bouts hérissés sur le dessus ?

— Peut-être préférez-vous l'un de nos modèles célèbres. Le Rock Hudson, le Errol Flynn...

Complètement médusée, Freya jeta des coups d'œil autour d'elle à la recherche d'une explication, quand soudain elle comprit la signification de ce qu'elle voyait – harnais en cuir, menottes, une poupée grandeur nature qui disait « Oh ». Elles étaient dans un sex-shop ! Elle chercha à alerter Cat.

— Que fait ce grand-là, tout noir ? demandait cette dernière, tout en sortant quelque chose de sa boîte.

— Je vais chercher une pile pour vous montrer.

Freya marcha vers elle, lui attrapa le bras si violemment que l'autre poussa un cri et la propulsa vers la sortie.

— On a un rendez-vous ! expliqua-t-elle à la blonde avec une politesse débile.

— Dommage. Bonne journée.

Elles sortirent dans un silence très digne. Dès que la porte eut claqué dans leur dos, elles éclatèrent d'un fou rire énorme, s'appuyant l'une sur l'autre et titubant dans la rue comme deux ivrognes.

— Bon, dit finalement Cat en s'essuyant les yeux. La voilà, la solution à nos problèmes féminins.

— On n'en est pas encore là !

— Tient dans un sac. Fait mouche à tous les coups. Pas de positions bizarres. Pas de : « Et pour toi, c'était bien ? » Quant à la taille... !

Elles continuèrent à marcher, en silence, bras dessus bras dessous, passant devant les épiceries chinoises. Freya détourna son regard des monceaux de légumes aux étranges formes exposés sur les tréteaux. Elle aurait voulu que Cat se trouve un homme pour la vie, un vrai. Mais pas trop tôt : il était très réconfortant de l'avoir toujours à sa disposition, pour elle seule, avec son canapé convertible en cas d'urgence, son affection et sa loyauté. Si son amie tombait amoureuse, que lui resterait-il ?

6

— Le tout est de savoir, déclara Léo, comment tu vas faire pour te repositionner.

— Ici même, sur ce bar, ça me va tout à fait...

Souriant de toutes ses dents, Jack porta une bière à ses lèvres.

À la vérité, il était atrocement mal assis sur ce siège en plastique moulé, perché sur sa fine tige chromée à une hauteur qui le forçait à pédaler dans le vide, à la recherche alternativement du repose-pied et du sol. Ces trucs avaient l'air cool, mais ils étaient faits pour des Italiens, non pour des Américains d'un mètre quatre-vingt-dix qui aiment s'avachir. Enfin, il n'allait pas se plaindre. Quand on lui offrait à déjeuner, il prenait les choses comme elles venaient.

Ils étaient assis devant un bar en forme de fer à cheval, dont la courbure accentuée emprisonnait deux barmen ridiculement beaux, un Noir et un Blanc, parfaitement adaptés au décor – divans et fauteuils en cuir anthracite et beige, négligemment regroupés autour de quelques carpettes en peau de zèbre. Les couleurs, primaires, criardes, provenaient de peintures au mur, et des oranges et citrons empilés dans des paniers en métal. La sono diffusait un succès de U2. On entendait la rumeur de la foule du midi, mélange de costumes chics, de vestes en cuir, de queues de cheval et de robes spectaculairement courtes.

C'était le *Club Soho*, un nouveau club privé réservé aux gens des médias, situé dans un beau et vieux bâtiment en fonte embelli par des colonnes italiennes et fioritures, tel un *palazzo* du Nouveau Monde.

— Je suis sérieux, insista Léo. Les gens n'ont plus le temps de comprendre les choses par eux-mêmes. Il faut leur dire quoi penser. Faire circuler le courant. Connecter.

— « Connecte-toi », marmonna Jack. Qui a écrit cela ?

Léo tira doucement sur sa cravate, un audacieux motif de peau de serpent crûment associé à une chemise cramoisie.

— Aucune idée. Je ne suis jamais allé en fac.

C'était un aveu hardi pour quelqu'un dans l'édition.

— Comment ça se fait ?

— Pas le temps. Pas d'argent.

— Et tes parents ?

— Mon père était un boxeur raté, ma mère une Irlandaise catholique qui avait arrêté l'école à quatorze ans. Ivrognes tous les deux. Ils sont morts. Je suis arrivé tardivement aux livres. Mais je rattrape le temps perdu, maintenant !

Avec un sourire rusé, Léo écrasa sa cigarette.

— Allons déjeuner !

Jack le suivit dans l'escalier, tâchant d'insérer cette intéressante information dans le puzzle Léo. Les deux hommes se connaissaient de loin depuis des années, gravitant l'un et l'autre autour de la mare littéraire et guettant l'occasion d'y sauter à pieds joints, mais ils étaient des relations plutôt que des amis. Léo était presque un objet de raillerie, un arriviste sans scrupule et un bourreau de travail capable de citer les à-valoir et tirages des auteurs les plus importants, ainsi que le nom du lauréat de chaque prix littéraire depuis ces vingt dernières années. On disait pour rire qu'il passait ses nuits avec ses dossiers, pas avec des femmes. Jusqu'à la semaine dernière, quand Jack l'avait sur un coup de tête invité à jouer au poker, les deux hommes ne s'étaient pas vus depuis longtemps. Jack était parfaitement au courant de l'ascension fulgurante de Léo. Pour bizarres que fussent ses méthodes, il avait acquis en quelques années la réputation d'un agent littéraire en vogue. Et il n'avait que trente et un ans. Si tout le monde n'approuvait pas ses façons d'attirer les auteurs – ou plutôt d'aller les piquer sur les verts pâturages d'autres agents —, on ne pouvait nier que, lorsqu'il concentrait tous ses efforts sur un talent, il savait comment l'enrichir. Jack se demanda s'il était sur le point d'être courtisé et en ressentit un tressaillement de plaisir.

La salle à manger, simple mais sélecte, se trouvait au premier étage, éclairée par trois hautes fenêtres cintrées en surplomb de la rue. On pouvait voir en partie la cuisine, où un four à bois en forme de ruche gigantesque occupait presque tout un mur. Sa porte en fonte était ouverte, offrant la vision de ses braises rougeoyantes et une alléchante odeur de viande rôtie. En se dirigeant vers leur table, Léo s'arrêta pour saluer un homme qui se révéla être Carson McGuire, même s'il ne ressemblait pas du tout à sa photo. Son premier roman, *Le Pouce de Vanderbilt*, avait figuré sur la liste des best-sellers pendant des semaines. Tout le monde disait que c'était un chef-d'œuvre. Jack ne l'avait pas lu, au cas où cela aurait été vrai.

McGuire présentait mal : courtaud, la quarantaine, une coupe de cheveux à la Bruce Willis. Pourtant, il irradiait le succès. Ses joues étaient lisses et rebondies, sa veste sans un pli, le langage de son corps subtilement assuré. Il était accompagné d'une jeune femme à l'air passionné, aux yeux de chat obliques, qui montrait une émoustillante superficie de chair nue. Jack restait planté au côté de Léo, un demi-sourire aux lèvres, tandis que les autres bavardaient sur des soirées où ils étaient allés, riant et se renvoyant des noms de célébrités. Il commençait à se sentir de trop, dans son jean et sa veste miteuse, quand enfin Léo se tourna vers lui pour l'inclure dans leur groupe.

— Carson, tu connais Jack Madison ? Il a écrit ce formidable choix de nouvelles, *Big Sky*, il y a quelques années.

— Bien sûr ! (McGuire lui offrit la professionnelle poignée de main/coup d'œil.) Superbe livre. Heureux de vous rencontrer, Jack.

— Oui. Merci bien. Euh, super.

Quel esprit ! Quelle courtoisie ! Carson McGuire se souviendrait certainement de lui la prochaine fois. Jack suivit Léo d'un pas lourd jusqu'à leur table, se sentant aussi ridicule qu'un ours de cirque. Il était évident que McGuire n'avait pas lu son livre, n'en avait probablement jamais entendu parler.

— Brave type, ce Carson, déclara Léo, une fois assis. Un de mes clients préférés. Je crois être sur le point de signer un contrat pour lui à Hollywood – avec assez de zéros pour lui donner le tournis – mais ne lui dis rien, hein ?

Il lui adressa un clin d'œil.

— Comment veux-tu... ? Nous n'évoluons pas dans les mêmes cercles.

— Ça viendra, crois-moi.

Il parlait avec une telle assurance que Jack se sentit honteux de sa bouderie. Il fit un effort pour prendre de la hauteur.

— Un contrat pour le cinéma, Léo, c'est merveilleux. Carson a de la chance de t'avoir pour agent. Et il a du goût pour les femmes, en plus...

Il haussa un sourcil en indiquant la ténébreuse tentatrice.

— C'est Mercedes, un mannequin du Venezuela ou de par là-bas. Carson est marié, bien entendu, et il voudrait fixer sa famille à New York mais il y a un problème. La vente de la maison a capoté, ou sa belle-mère est mourante – je ne sais plus. Cela dit, quand le chat est parti...

Il adressa à Jack un sourire d'homme à homme.

— Eh oui, gloussa Jack. Jolie souris.

— Au fait, qu'est-il arrivé à cette pauvre femme, la nuit dernière ?

Le sourire de Jack s'effaça.

— Quelle pauvre femme ?

— Ton amie anglaise prétentieuse qui t'a jeté la calculette à la tête. J'ai bien rigolé !

— Elle va bien.

— Débarrasse-toi d'elle, compris ? Un jour, une folle s'est évanouie aussi chez moi, et le lendemain, à cinq heures du matin, je la surprenais à se glisser dans mon lit. Je lui ai dit : « Si vous êtes assez dégrisée pour vous lever du canapé et atterrir ici, c'est que vous pouvez rentrer chez vous. » Je l'ai mise dans un taxi, vite, avant qu'elle ne commence à se faire des idées.

— Freya n'est pas comme ça !

— Voyons, Jack. Dès qu'elles ont dépassé la trentaine, elles sont toutes pareilles. Les hormones en surnombre, le corps en chute libre, la carrière un peu branlante. Elles mettent leurs douces pattes sur toi et soudain – aïe ! – les griffes se plantent !

Jack émit un faible rire. Au même moment, Freya devait être en train d'installer ses affaires chez lui.

— Les femmes d'un certain âge sont si exigeantes ! « Parle-moi. Écoute-moi. Pas comme ceci, comme cela. » Elles se croient autorisées à critiquer ton look, tes goûts, et même tes performances au lit.

— Freya est juste une amie.

— Ce sont les pires ! Elles croient te « comprendre ». (Léo fit la grimace.) Elles cherchent à marquer des points en te préparant à dîner, ou en te rendant de petits services comme bourrer ton frigo et porter tes pompes chez le cordonnier. Au début, elles t'assurent qu'elles seront « toujours là » pour toi ; après, elles sont toujours là, point final.

— Ha ha... !

Jack aurait bien voulu que Léo commande encore à boire.

— Secrètement, bien sûr, elles détestent les hommes. Elles savent que nous pouvons attendre éternellement pour nous marier et avoir des enfants, alors qu'elles doivent le faire avant la quarantaine – et ça, elles ne supportent pas ! Cela réduit à néant leur théorie de l'égalité. Moi, je préfère m'en tenir aux moins de vingt-cinq ans. Elles ne cherchent qu'à s'amuser.

— Et elles nous prennent pour Dieu, hein ? (Jack sourit béatement, se rappelant Candace.) Ces jours-ci, je vois une adorable personne de vingt-deux ans.

— À la bonne heure.

Léo tendit le bras pour lui donner une bourrade encourageante.

— Et maintenant, qu'est-ce qu'on boit ?

Une jolie serveuse prit leur commande et apporta une bouteille de vin. Au grand soulagement de Jack, Léo se mit à parler du marché de l'édition. Jack contempla son visage anguleux, avisé, ses grands gestes éloquents, n'écoutant que d'une oreille ses vigoureux commentaires concernant des prises de contrôle, des foires du livre, son dernier voyage à Los Angeles, des contrats à six ou sept chiffres. De temps à autre, il laissait échapper un borborygme intelligent. « Relax. » Léo ne savait pas qu'il était en panne d'inspiration pour son roman. Léo ne savait pas qu'il se réveillait parfois brusquement la nuit, le souffle coupé à l'idée qu'il ne pourrait plus jamais écrire un mot, qu'il ne valait rien, n'avait jamais rien valu. Léo aimait *Big Sky*. Il le trouvait « formidable ».

— Elle en a du culot, de venir ici... (Léo venait d'interrompre sa conférence sur la vente par Internet.) Tu vois cette femme là-bas, la blonde qui a l'air aux abois ? Elle a été exclue de chez Barnes and Noble parce qu'elle se rendait au magasin du coin tous les matins pour mettre des piles de son livre, *Le Secret de Susan*, par-dessus *Le Pouce de Vanderbilt*, dans l'espoir que les gens l'achèteraient. (Il eut un ricanement espiègle.) La dernière fois que j'ai regardé, elle était classée à la quatre-vingt-quinzième place.

— Le livre est mauvais ?

Léo trouva la question si amusante qu'il s'étouffa sur son *focaccia*.

— Peu importe si le livre est bon. (Il essuya les miettes de son visage.) L'important est qu'il n'a jamais été *positionné*. Personne ne savait si c'était une fable coquine, un pamphlet féministe ou une assiette de petits gâteaux. Personne n'avait été *informé* que c'était un bon livre.

Jack était déconcerté.

— Mais, quand même, ça devait se vendre si...

— Jack, Jack, Jack, Jack. (Léo secoua tristement la tête.) Les gens pensent que si tu écris un livre génial, le monde le reconnaîtra. Ça ne se passe pas ainsi. Personne n'a plus le temps de lire le livre, donc c'est l'idée que tu vends, de préférence en moins de dix mots. Par exemple... Une femme abusée découvre l'amour – et une psychotique au grenier. Qui est-ce ?

— *Jane Eyre* ?

— Gagné ! Une femme adultère se suicide en se jetant sous le train de Moscou.

— *Anna Karénine.*

— Un étudiant en proie à ce dilemme : épouser sa fiancée ou venger son père assassiné.

— *Hamlet.*

— Tu vois, c'est facile. Ça marche aussi avec les auteurs. Homme en costume blanc.

— Tom Wolfe.

Jack aimait bien ce jeu. Il avait l'impression d'être Monsieur Je-sais-tout à un show télévisé.

— Un avocat étranger à la ville défend l'homme du peuple.

— John Grisham.

— Un cocaïnomane de Manhattan couche avec des blondes. Merde ! Ne réponds pas, il est là...

Jack s'empressa de s'occuper avec une bouchée de pintade avant de tourner subrepticement la tête afin d'apercevoir le dernier *enfant terrible** de la littérature. Vraiment branché, ce lieu.

— Vois-tu, autrefois les éditeurs comptaient sur de bonnes critiques pour vendre un livre, mais qui lit les critiques de nos jours ? Dans les années quatre-vingt et quatre-vingt-dix, on faisait de la publicité pour grimper au box-office, puis c'est devenu trop cher. Aujourd'hui, il faut être plus malin. C'est comme le cinéma : le sujet est tout. Il faut donner l'impression que le livre est brûlant, irrésistible, indispensable.

Léo repoussa son assiette, son plat à moitié terminé.

— Maintenant, Jack, parle-moi de ton prochain livre.

— Oh... c'est... ça marche ! J'avance. Lentement, mais...

— Quel est le titre ?

— *Le Long Été*. (Le dire à haute voix était douloureux.) Pour le moment.

— Bon titre. N'en change pas. C'est long ?

— Longuet. Probablement.

— Le cadre est contemporain ?

— Oui, mais avec des retours en arrière, tu vois, dans l'histoire de la famille.

— Passionnant.

— Pas de l'histoire historique, avec les dates et tout, mais le... tu sais, le...

— Le passé ?

— Oui, le passé. (Jack accepta le mot avec gratitude.) Et il y a une sorte d'histoire d'amour, sauf que... enfin, une histoire d'amour. En gros. Je ne suis pas très fort pour décrire mes intrigues.

C'était peu de le dire ! Pourquoi n'avait-il rien préparé ? Jack saisit son verre de vin et le vida.

— Ça se passe dans le Sud ?

— Oui.

— Tu parles des esclaves ?

— Non.

— Merveilleux. J'ai hâte de le lire.

Par bonheur, Léo changea de sujet.

— Comment tu trouves le club ?

— Merveilleux. C'est facile d'y être accepté comme membre ?

— Presque impossible. Mais je connais le patron. Je pourrais probablement obtenir qu'on te fasse une fleur. Mieux vaut faire vite, avant qu'ils n'augmentent le droit d'entrée.

— Ça coûte combien, pour l'instant ?

— Quatre mille dollars.

— Ouh là ! Je crois que je vais devoir attendre d'avoir touché mon héritage.

— Avec ton talent ? Je serais en mesure de t'obtenir une avance demain, si énorme que tu n'aurais plus à te soucier de telles choses.

Jack le dévisagea. Était-ce vraiment en son pouvoir ?

— Bien entendu, je sais que tu as déjà un agent...

— C'est-à-dire...

— Ella Fogarty, non ?

— Elle... je... Ça fait un bail...

— Une femme épatante, indiscutablement. J'admire ta fidélité, Jack. Un dessert ? Je te recommande la tarte Tatin.

Ayant opiné du chef, Jack se tut. Il était froissé. Léo ne s'intéressait pas du tout à lui, en fin de compte.

Après le déjeuner, Léo suggéra de redescendre au « salon » pour y faire un billard. Dans le couloir, Jack s'arrêta afin d'admirer un portrait de Truman Capote par Annie Leibowitz. Se hâtant de rattraper Léo, il heurta quelqu'un, un homme vêtu de la chemise bleu paon permettant de distinguer les membres du personnel.

— Pardon...

— Ce n'est rien.

Pendant un instant, les deux hommes se regardèrent. Jack ressentit comme un choc, et dans son sillage quelque chose d'autre – une pointe de gêne qui le fit hésiter. Avant qu'il ait pu dire bonjour, l'autre pivota sur ses talons et s'en alla.

— Tu le connais ?

Léo lui tenait la porte, un sourcil relevé.

— Non, non.

Mais, tandis qu'ils sortaient les boules et les plaçaient dans le triangle, Jack repensa avec embarras à son petit mensonge. L'homme s'appelait Howard Gurnard – Howie. Il l'avait rencontré des années plus tôt en débarquant à New York, écrivain débutant comme lui-même. Mais Howie n'avait jamais rien publié. Quand Jack avait vendu sa première nouvelle, Howie avait été flatteusement en admiration devant lui, et Jack avait accepté de bonne grâce, et même avec un certain plaisir, de lui fournir noms d'éditeurs, d'agents et conseils d'écriture. Puis Howie était devenu un casse-pieds. Il avait appris l'existence de la « bande », des réunions à l'*Ambrosio*, et se ramenait si souvent que

Freya l'avait surnommé « la Glu ». Il leur apportait ses lettres de refus, les haranguant sur la mort de la littérature, jusqu'à ce qu'ils se sentent obligés de lui payer son café et le reste. Ils avaient commencé à redouter ses apparitions – son air de chien battu, misérable, aigri. Jack s'était mis à l'éviter et, peu à peu, avec un sentiment de culpabilité, l'avait laissé tomber. Et maintenant, il était serveur, un larbin, au *Club Soho*, l'endroit où il s'approcherait sans doute le plus dans sa vie de la gloire et du succès.

Léo jeta une pièce pour voir qui commencerait la partie. Jack gagna. Toujours bouleversé, il mit bien trop de force dans son coup et éparpilla les boules dans toutes les directions sans en empocher une seule.

— Mouais..., murmura Léo.

Il passa de la craie sur la queue, souffla dessus pour ôter la poussière, puis rôda autour de la table, étudiant son angle d'attaque. Ayant aligné sa queue par rapport à la boule choisie, il vérifia l'angle depuis la poche avant de retourner à sa position initiale. Il soupira, la joue près de la queue. Il y eut un « crac ! », et une boule rouge fit mouche avec une blanche dans une poche d'angle.

— Tu vois, la position est tout, fit Léo, tout sourire. Rayures pour toi. Pois pour moi.

Jack pensait encore à Howie.

— Dis-moi, Léo. D'après toi, qu'est-ce qui fait le succès d'un auteur ?

— Quatre choses. (Léo blousa une seconde boule.) *Primo*, la jeunesse. C'est bien d'être jeune, c'est fabuleux. Si tu peux sortir un livre avant tes vingt-cinq ans, c'est gagné. Et si tu es aussi jeune, c'est que tu es sans doute célibataire, on peut donc publier ta photo dans les magazines, à côté de mannequins, de vedettes de cinéma ou du petit écran, sans un conjoint légitime pour te causer des ennuis. Merde ! (Sa prochaine boule avait tourné autour du bord d'une poche avant de rebondir.) Quoique certains ennuis fassent vendre, aussi.

C'était au tour de Jack. Il réussit un coup facile, tandis que Léo se penchait sur sa queue tel un guerrier sur sa lance, avant de continuer sa leçon.

— *Secundo*, le look. Rien ne remplace la beauté naturelle, mais on peut faire beaucoup avec des accessoires et de bons photographes. Oh, dommage... ! Si c'est une femme et qu'elle accepte de poser nue, génial. Photos artistiques, bien sûr.

Il reprit place devant le billard et expédia une autre boule.

— *Tertio*, les contacts. C'est-à-dire en gros tous les gens riches, célèbres ou influents que tu connais. En général, c'est mieux si tu n'es toi-même rien de tout cela. On n'aime pas les bêcheurs.

Léo tenta un coup en ricochet, assez malin, par le côté, mais il le rata et faillit blouser la blanche. Jack fit le tour de la table en cherchant quelque chose à frapper ; distrait, il jouait mal.

— Pour finir, le « plus » : ça peut être n'importe quoi, même si c'est en général quelque chose de triste ou de négatif. Un passé de toxicomane, l'appartenance à une secte, un viol dans sa jeunesse – quoique ce soit d'un peu dépassé, à présent. Le lesbianisme marche, parfois ; l'homosexualité masculine aussi, mais avec un impact limité. La maladie, c'est bien, tant qu'elle n'est pas contagieuse ou... quel est le mot, déjà ?

Il claqua des doigts.

— En phase terminale ?

— Défigurante. Le plus drôle, c'est qu'une maladie mortelle peut être très avantageuse, si le décès coïncide avec la sortie du livre.

Léo regarda d'un œil critique Jack se pencher au point d'être pratiquement couché sur la table.

— Si tu veux jouer la bleue, tu as besoin de t'appuyer...

Il décrocha l'accessoire du mur et le tendit à Jack, avant d'enchaîner :

— Pour une femme, avouer un passé d'obèse est gage de succès, pour peu qu'elle soit devenue plate comme une limande et se présente avec des photos anciennes pour la promo... Oups ! Voici mon quarté gagnant. Oh, oh... te voilà coincé, on dirait !

« *Quid* du talent, alors ? Du style ? De la passion, de l'esprit, de l'humanité ? » Jack garda ses mots pour lui. Il ne voulait pas se montrer ridicule.

— Et si l'auteur est un type ennuyeux, de plus de vingt-cinq ans, moche, sans contact ni histoire... ?

— Il y a toujours un moyen. (Léo fit tournoyer une boule.) Je vais te donner un exemple : un simple fermier du Kentucky écrit un roman d'amour et de trahison, et il est donné gagnant du Pulitzer.

— C'est McGuire, non ?

— Oui et non. En fait, Carson est un type cultivé, qui possède des chevaux, pas un journalier. Il a passé pas mal de temps dans les ateliers d'écriture ; c'est ainsi que j'ai fait sa connaissance. Je voyais bien que le marché était lassé des histoires urbaines – drogue, top models, mutilation – et je cherchais du réalisme macho sudiste. Carson était parfait, mais ça m'a pris du temps pour imaginer comment le vendre. Il avait des handicaps : d'abord il n'est pas tout jeune, et ce n'est pas un adonis. En plus, son véritable nom est Carson Fleur.

— Fleur ? !

— Je sais : pas terrible. Avec un nom pareil, le pauvre type était sûr de ne jamais rien gagner, à part une course de vachettes. Puis j'ai découvert que son deuxième nom était McGuire, *tilt* ! Songe à tous les écrivains qui ont eu du succès récemment – Cormac McCarthy, Thomas

McGuane, Jay McInerney, Frank McCourt. On a donc laissé tomber le Fleur, déterré l'aïeule de Carson – une figure du Kentucky, un vrai numéro –, dépêché sur place un superphotographe, et la presse a suivi. Nous n'avons jamais prétendu que Carson était un simple vacher ; les gens l'ont déduit de son chapeau de cow-boy, que nous avons utilisé uniquement pour cacher sa calvitie. Aux innocents les mains pleines.

— Je vois.

Jack vacillait sous ces révélations.

— N'est-ce pas grossier, comme procédé ?

— Totalement ! Mais ainsi va le monde. Et la fin justifie les moyens.

— Y compris le mensonge ?

— Le mensonge n'est qu'un autre moyen de dire la vérité. (Léo eut un sourire mutin.) Au fait, j'ai gagné.

C'était vrai.

— Bien entendu, il faut avoir le bon produit. Et toi – il désigna Jack de sa queue de billard –, tu es un produit formidable.

— Moi ?

Jack ne pouvait retenir un sourire de gratitude.

— Ouais. Parce que tu es sincère. En fait, tu es meilleur que Carson.

— Je ne sais pas...

— Moi, si.

Posant sa queue de billard au bord de la table, Léo regarda Jack avec un air confiant et parfaitement maître de soi.

— Écoute-moi, Jack. Tu as du talent. Tu seras une star. Il te faut juste un petit coup de pouce. Si tu le veux, je suis là. Compris ?

Jack croisa son regard intense et opina gravement.

— Merci. Je vais y réfléchir.

— S'il te plaît. Et maintenant, que dirais-tu d'une autre partie ?

Il était quinze heures passées quand Jack retrouva la lumière du jour. Il descendit la rue avec un sourire vague et bête, sans voir les passants. Sa poitrine se dilata d'orgueil. Il allait être une star ! – pas un raté comme Howie. Il allait être riche ! – grâce à ses propres efforts, sans dépendre de son père. Il aurait droit à des séances de signature et à des tournées de promotion. Des interviews télévisées. Des lettres de fans. « Cher M. Madison, je ne saurais vous dire combien... » Les gens ne lui demanderaient plus ce qu'il « faisait » ; ils sauraient. Jack s'imagina passant au *Club Soho*, *son* club. Les barmen le reconnaîtraient. « Salut, Jack ! » lui lanceraient-ils en guise de bienvenue (il n'aurait rien contre cette familiarité) en lui préparant sa boisson favorite tandis qu'il fendrait une foule qui lui donnerait des claques dans le dos. Tout en attendant son éblouissante conquête du moment, il bavarderait avec d'autres écrivains sur l'enfer de la création. Ou serait-il trop respecté pour se mêler à ses semblables ? *Meilleur que Carson...* Carson Fleur ! Jack s'esclaffa grassement. Une passante lui lança un regard soupçonneux et le contourna comme s'il était dérangé.

L'ignorante. Il était un artiste ; les artistes sont autorisés à se comporter avec bizarrerie et arrogance. Jack sourit joyeusement au ciel et percuta un arbuste. Son esprit redescendit sur la terre ferme. Jamais il ne quitterait Ella, évidemment. Il finirait son roman et la laisserait le vendre à sa juste valeur. Mais quelle était sa valeur ? Et lui, que valait-il, sans un Léo pour le lancer vers le succès ? « Le sujet est tout » : se pouvait-il qu'il eût raison ? Jack fronça les sourcils : bien sûr que non.

Mais comme il flânait par les rues, en respirant les parfums printaniers, abruti par l'alcool et les flatteries, il ne pouvait s'empêcher d'essayer quelque chose dans sa tête : « Et le lauréat du prix Pulitzer cette année est : Jack McMadison ! »

7

FREYA TOURNA LA CLÉ dans la serrure familière et poussa la porte de l'appartement 12B. Elle fit un pas timide à l'intérieur. L'odeur de renfermé, le faible ronron du réfrigérateur, rien d'autre.

— Hello ? lança-t-elle.

Bien sûr, personne ne répondit. Michael était heureusement au bureau. Elle avait les lieux tout à elle.

Laissant la lourde porte se refermer toute seule, elle entra rapidement et regarda autour d'elle, avec l'impression d'être une intruse. Dans la kitchenette, la tasse et le bol à petit déjeuner de Michael (muesli au son) étaient retournés sur l'égouttoir. Dans le salon, les coussins du canapé étaient fripés et aplatis. Un numéro du *Harvard Law Review* était déplié sur la table basse. Avec un coup au cœur, elle découvrit que toutes ses revues d'art avaient disparu. Avait-il déjà emballé – jeté – ses affaires ?

D'un pas vif, elle alla ouvrir la porte de la chambre, mais non, ici rien n'avait changé : le bazar de flacons et de produits de beauté sur la commode, son kimono pendu derrière la porte, un unique bas noir – d'où sortait-il ? – déposé sur une chaise. Le lit était défait. Étrangement émue de voir qu'il avait dormi de « son » côté, elle alla à la fenêtre, appuya le front contre la vitre et contempla le monde extérieur. C'est ce qu'elle avait toujours apprécié le plus dans cet appartement :

sa vue apaisante sur Riverside Park et le fleuve Hudson jusqu'aux cheminées du New Jersey. C'était grisant de pouvoir planer au-dessus des rues grouillantes, d'échapper au labyrinthe des façades écrasantes qui obstruent le ciel. Parfois, quand Michael la trouvait ainsi à son retour, debout dans le noir, il poussait une exclamation inquiète et allumait des lampes, comme si son comportement était un peu bizarre.

Michael. Une autre période terminée. Elle n'avait pas exactement le cœur brisé, mais elle se sentait... lasse. Pourquoi avait-elle l'impression de piétiner, de faire du sur-place ? Quand elle songeait aux années récemment écoulées, elle ne voyait aucune progression, les choses se succédaient : nouvel amant, nouveau job, nouvel appartement. Sans doute était-ce sa faute...

« Arrête de gamberger et fais tes valises ! » Se détournant de la fenêtre, elle tira une chaise pour aller repêcher deux valises, ses vieilles amies, empilées tout en haut du placard. Au cours de l'opération, de la poussière et des saletés lui dégringolèrent sur la tête. Zut ! Elle alla chercher une pelle et une balayette afin de réparer les dégâts, un tablier pour protéger ses vêtements, puis épousseta ses cheveux et dégota un vieux foulard en coton qu'elle noua autour de sa tête. C'était drôle de penser que, dans les années quatre-vingt, on aimait se coiffer ainsi chez les féministes, et elle se demanda si elle ressemblait à Simone de Beauvoir.

Elle fit sommairement le lit et y déposa ses valises ouvertes. L'avantage de n'avoir pas de domicile fixe, c'est qu'on n'accumule jamais trop de trucs. D'abord, les indispensables : passeport, linge de corps, souliers. Le passeport fut facilement rangé dans son sac à main ; sa vaste collection de lingerie et de chaussures, néanmoins, demanda une valise à elle seule. Elle dut s'asseoir sur le couvercle pour en chasser le trop-plein d'air et parvenir à la boucler. Ayant rempli l'autre valise, elle les transporta jusqu'à l'ascenseur et les planqua chez le concierge en attendant le moment d'être prête à prendre un taxi. Au second voyage, elle se sentait débraillée et de mauvaise humeur. Son yin et son yang étaient peut-être merveilleusement équilibrés, n'empêche qu'elle avait faim. Debout dans la cuisine, elle grignota huit crackers d'affilée ; elle les avait achetés, ce n'était donc pas du vol. Ses yeux balayèrent cette pièce coquette et familière. Elle songea à Michael avec ce tablier à rayures, manches retroussées, hachant et mesurant avec méticulosité, fronçant les sourcils sur son livre de cuisine tel un jeune écolier. Il savait cuisiner et, au début, elle en avait été favorablement impressionnée. Elle ne servait à rien dans la cuisine ; personne ne lui avait jamais rien appris. Mais, à la fin, ça devenait parfois barbant de se voir présenter des plats sur lesquels il fallait s'extasier, alors qu'elle ne rêvait que de tartines au fromage à grignoter au fond de son lit, avec un livre.

Ayant prestement dégluti, elle attrapa quelques sacs en plastique et fit un dernier tour de l'appartement, ramassant de menus objets – ses flacons de shampooing, la nouvelle biographie de Matisse qu'elle était en train de lire, ses compacts préférés : Billie Holiday, Elgar, Blondie, le *Requiem* de Verdi, César Franck, Bruce Springsteen, the Commitments, Cole Porter, le choix idéal dans le genre « Qu'emporteriez-vous-sur-une-île-déserte ? ».

En dernier lieu, elle localisa son sac à main et les deux objets qu'elle avait préparés sur la commode, à présent vide et nue. L'un était une petite photo encadrée de sa mère, superbe avec ses bottes et sa toque en fourrure, souriant au milieu d'un envol de pigeons : Paris, place Vendôme, 1972 – la dernière semaine, peut-être le dernier jour où Freya l'avait vue. Pendant un moment, elle garda la photo dans sa main : « Pourquoi n'es-tu pas là ? » Les yeux insouciants lui rendirent son sourire. Sa mère n'avait que trente et un ans, quatre ans de moins que sa propre fille à présent, quand elle était morte. Du doigt, Freya caressa le verre froid, puis glissa avec précaution le portrait dans une poche intérieure de son sac.

L'autre article était un étui de compagnie aérienne contenant deux billets pour l'Angleterre, un pour elle et l'autre pour... qui ? Le mariage avait lieu seulement dans trois semaines. Freya eut une bouffée de colère en songeant que Michael aurait quand même pu attendre un peu pour la larguer. Elle ne pouvait pas y aller seule, impossible ! Son imagination s'emballa, conjurant des scènes de gêne et d'humiliation. C'est alors qu'elle se rappela le chapeau. Elle l'avait acheté tout spécialement pour l'occasion. Où était-il ? Remontant sur la chaise, elle fouilla dans le déballage de sacs, de boîtes de balles de tennis, de posters enroulés et d'haltères avant de repérer le carton aux élégantes rayures. À l'idée d'ajouter encore quelque chose à son monceau de bagages, le courage lui manqua, mais sans chapeau il était impensable de...

Elle s'immobilisa soudain, le bras en l'air. Un bruit métallique distinct lui parvint, atrocement semblable à celui que produit une clé dans une serrure. Instinctivement, elle rentra la tête dans les épaules et quitta en vitesse son perchoir. Non, impossible !

Si. Elle sentit un léger courant d'air au moment où la porte d'entrée s'ouvrit. Elle entendit des pas, un frou-frou de tissu ou de sac en plastique, puis un coup assez violent pour la faire sursauter. À sa montre, il était à peine dix-sept heures, bien trop tôt pour Michael. En outre planait une odeur de parfum. Elle se rappela la théorie de l'autre femme, énoncée par Cat, qu'elle avait saluée d'un ricanement. Et s'il s'agissait d'un voleur ? Aucune loi n'obligeait les délinquants à être tous des hommes. Saisissant la pelle et la balayette, et les brandissant tels un bouclier et une dague, elle s'avança à pas de loup dans le couloir.

Une femme d'un certain âge était en train de pendre quelque chose dans le placard de l'entrée. Elle portait un tailleur vert céleri, de coupe nette et démodée, dont la jupe plissée tombait modestement sur ses mollets rebondis, et arborait un nimbe de cheveux blancs bouffants sculpté comme une meringue. Freya devait avoir fait un léger bruit, car soudain la femme se retourna, l'aperçut et porta la main à son cou.

— Bonté divine ! Vous m'avez fait une de ces peurs !

Freya ouvrit de grands yeux. Qui était cette personne ? En tout cas, elle n'avait pas l'air le moins du monde démontée.

— Je croyais que vous veniez le mardi, dit-elle, refermant le placard d'une main ferme.

Elle s'avança vers Freya, tête haute, une tsarine abordant un moujik.

— Parlez-vous anglais ?

Freya ouvrit la bouche, mais aucun son n'en sortit.

La femme pointa l'index sur son propre cœur.

— Moi, articula-t-elle lentement et distinctement, Mme Petersen, la mère de M. Petersen. *La madre de signor Petersen. Comprendo ?*

Freya réfléchit à toute vitesse. Que faisait donc ici la mère de Michael ? Et pourquoi parlait-elle un espagnol bâtard ? Freya ne savait rien de Mme Petersen, sauf qu'elle était divorcée, adulait son fils et travaillait comme administratrice dans une école chic pour filles du Minnesota. Elle avait, avec beaucoup de constance, refusé de connaître l'existence de Freya. Les rares fois où cette dernière avait par hasard répondu au téléphone, Mme Petersen avait coupé court à toute tentative de conversation d'un brusque : « Puis-je parler à mon fils, je vous prie ? » – toujours sur le ton du soupçon affligé, comme si Freya s'était introduite par effraction dans l'appartement et tenait Michael sous la menace d'un revolver.

— Bon, ce n'est rien. Venez avec moi... !

Freya hésita. Avait-elle vraiment l'air d'une bonne ? *Mexicaine ?* Elle s'aperçut dans le miroir du fond, avec sa pelle, son tablier et son fichu : moins Simone de Beauvoir que Mme Serpillière. Tel un zombi, elle se laissa mener dans la cuisine, où Mme Petersen lui montra en long et en large comment dégivrer le réfrigérateur, vider et nettoyer les placards, astiquer la bouilloire. Elle la gronda au sujet d'une trace de brûlure sur un plan de travail en bois où Michael avait un jour posé un wok bouillant durant une phase d'engouement pour la cuisine chinoise : il était clair que Mme Petersen l'avait déjà jugée coupable de ce forfait. Le prochain arrêt fut pour la salle de bains, où Freya reçut l'ordre de désinfecter le carrelage et de récurer la cuvette des toilettes.

— *Si, si.*

Elle opina humblement.

Arrivée à la chambre, Mme Petersen sonda le placard ouvert et sa rangée de cintres nus, avec satisfaction. Elle vérifia que la commode de Freya était vide, y passa un doigt pour voir s'il y avait de la poussière et fit la grimace. Freya remarqua avec désarroi son sac à main posé tout près, sur une chaise, aussi visible qu'un éléphant. Lâchant un soupir théâtral, elle alla en courant masquer l'objet de son corps et désigna, bouche bée, le placard vide.

— *Siou plaît, que pasa Mlle Freya ?*

— Partie. (Mme Petersen fit le geste de chasser des oies.) *Vamooose.*

Freya se signa.

— Non, non, Juanita, si tel est bien votre nom, c'est mieux ainsi. *No bueno muchacha. Artista.* (Mme Petersen fronça les sourcils.) *Inglesi.*

Freya soupira pour exprimer ses condoléances.

Mme Petersen était à présent en train de faire les poches de son fils, sortant ses costumes et les déposant sur le lit.

— Il faut emmener tout cela chez le teinturier, compris ? *Lauderio.*

— *Si.*

Croyait-elle que la petite amie de son fils avait la peste ?

— Mettez-vous au travail, alors. J'ai quelques appels à donner. *Telephonio.*

Freya entendit les petits pas de Mme Petersen décroître. Alors elle ôta son tablier, le replia et le déposa au milieu du lit, avec les clés de l'appartement dessus. Elle aurait pu laisser un mot, mais que restait-il à dire ? Vite, elle rassembla ses affaires – sac, plastiques, carton à chapeau –, se demandant comment faire pour se tirer de là en catimini. Dans le living, Mme Petersen gloussait comme une gamine. À l'évidence, elle parlait à une vieille amie au téléphone. Freya se tapit dans l'embrasure de la porte, l'oreille tendue, attendant l'occasion de s'enfuir.

— ... pas trop mal. La bonne est ici, elle remet un peu d'ordre. Je crois que je vais changer la disposition des meubles, aussi. Mikey a absolument besoin de repartir du bon pied, sans rien pour lui rappeler de mauvais souvenirs...

Mikey ? Freya leva les yeux au ciel.

— Bien sûr, la décision est de lui, Myra. Tu sais que je ne m'en suis jamais mêlée.

« Ha ! »

— Dans son for intérieur, il savait que ce n'était pas une femme pour lui. Elle était si désinvolte quand j'appelais, tu sais comment sont les jeunes filles de maintenant. Enfin, je dis « jeune fille », mais d'après Michael elle semblait assez « expérimentée », si tu vois ce que je veux dire...

« Saligaud ! »

— ... Oui, je sais que les temps ont changé. Je ne suis peut-être pas libérale, mais j'ai quand même les pieds sur terre. Je vois bien ces magazines chez le coiffeur, avec tous ces articles... Notre pays est travaillé par des forces pernicieuses venues de l'étranger. Il faut lutter pour protéger notre famille. Mon Michael a toujours été si gentil et innocent. Je t'ai déjà raconté cette réflexion adorable qu'il a faite un jour, au catéchisme ?

« Oui, des millions de fois, j'imagine. »

— ... Bref, je sais ce qu'il lui faudrait : une bonne jeune fille américaine, jeune et fraîche, qui lui fera un foyer agréable, et non une Mata Hari...

Freya grinça des dents.

— ... Non, pas hollandaise. Je crois qu'elle est anglaise. Mais ces étrangères sont toutes pareilles. Il paraît qu'elle ne lui a jamais préparé son petit déjeuner. Pas une seule fois. Elle ne lui a jamais recousu un bouton, non plus, alors qu'elle vivait à ses crochets depuis des mois.

À présent, Freya en bouillait d'indignation. Comment Michael avait-il pu être aussi déloyal ? C'était intolérable de penser que, tandis qu'elle essayait de s'adapter à son mode de vie, il communiquait à sa mère des bulletins hebdomadaires sur sa conduite. Elle braqua des regards malveillants dans la chambre, cœur de leur supposée vie commune. Son regard tomba sur la pile de vêtements qu'elle était censée déposer chez le teinturier. Cela lui donna une idée.

— ... J'imagine que c'était une histoire de... d'épiderme. Mais cela finit toujours par passer, n'est-ce pas ? Au fait, comment va Harold ? Toujours féru de sa radio amateur ? Mais où allez-vous donc ?

Ces derniers mots étaient adressés à Freya, qui traversait d'un pas hardi la pièce en direction de la sortie. Coincé entre ses bras et son menton se trouvait un monceau de costumes masculins, au-dessous duquel elle s'était arrangée pour cacher ses propres affaires. Mme Petersen se raidit dans son fauteuil. Sous le coup de l'indignation, ses yeux en étaient exorbités.

En guise d'explication, Freya désigna du menton sa brassée débordante.

— *Si si por favor y viva España hasta la vista*, baragouina-t-elle frénétiquement, tout en s'efforçant d'ouvrir la porte du petit doigt. (Sa résistance était exaspérante.) *Enchillada Lope de Vega agua minerale la cucuracha*.

La porte céda brutalement, manquant presque la renverser. Elle se dirigea vers l'ascenseur en se dandinant d'un pas rapide et enfonça le bouton d'appel. « Vite ! » pria-t-elle en lançant un regard vers la porte 12B, qui avait claqué dans son dos et restait pour le moment fermée. Dès l'arrivée de l'ascenseur, Freya bondit à l'intérieur, flanqua tout par terre et appuya sur le bouton du rez-de-chaussée. En regardant une fois de plus si elle était sauvée, elle faillit se glacer d'horreur en apercevant la petite tête blanche de Mme Petersen qui jetait un coup d'œil furtif par l'embrasure de la porte.

— *My tailor is rich !* lui lança Freya de son accent le plus snob, et elle recula avec beaucoup de chic.

Les portes de l'ascenseur se refermèrent sous son nez.

Cinq minutes plus tard, elle déboulait chez *Joe Dri-Kleen* et lâchait les costumes de Michael en pile instable sur le comptoir. Elle avait mal aux bras. Elle était en sueur, se sentait mal fagotée, peu attirante et très énervée.

— Quel nom ?

— Petersen.

Freya l'épela à son intention, avec un agacement croissant.

— Pressé ou non ?

— Ce qui est le plus cher.

Tandis que Joe remplissait les reçus, Freya s'accouda au comptoir, ricanant devant la pancarte qui disait : « Retouches sur place. Renseignez-vous. » Que faisait-elle ici ? Quel genre de femme emporte le linge de son ex-amant chez le teinturier, sur l'ordre de la mère de ce dernier, qui l'a prise pour la femme de ménage ? Une débile, tout simplement. Comment Michael avait-il osé se plaindre d'elle à sa mère ? Qu'est-ce qu'il entendait par « expérimentée » ?

— Ah ! j'allais oublier..., lança-t-elle. Tous les pantalons doivent être raccourcis.

— D'accord.

Joe reprit son stylo. Il recopia sagement les instructions et lui tendit les reçus. Elle les fourra dans sa poche. Michael avait de la jugeote, non ? Il retrouverait la trace de ses costumes. Quel dommage qu'elle ne puisse être là quand il enfilerait l'un de ses pantalons. Elle poussa la porte branlante.

— Hé ! une minute ! Pour les pantalons, vous avez bien dit quinze centimètres ?

Freya marqua une pause, la main sur la poignée de la porte. Puis elle se retourna et fixa Joe avec un sourire éblouissant.

— Vous n'êtes pas au courant ? C'est la nouvelle mode !

8

JACK OUVRIT LA PORTE DE SA CHAMBRE. Il portait un tee-shirt froissé, un caleçon délavé avec une marque de baiser sur la fesse droite. Après s'être redressé en s'appuyant au chambranle, il se lança sur une trajectoire qui devait, avec un peu de chance, le conduire à travers la partie nord du salon et, après un virage, à la salle de bains. Branché sur le pilote automatique, louchant de fatigue, il parvint à négocier le tournant et flanqua son poing dans la porte, comme à son habitude. D'ordinaire, elle s'ouvrait en grand avec un « pop ! » satisfaisant. Aujourd'hui, il manqua se rompre le poignet. C'était fermé à clé ! Il recula vivement et se massa le bras, haletant de douleur.

— Une seconde ! gazouilla une voix, une voix féminine : Freya.

Il oubliait toujours sa présence.

Ensuite, il entendit couler l'eau : elle commençait seulement à prendre sa douche. Les femmes mettent toujours un temps infini. Marmonnant dans sa barbe, Jack traversa la cuisine d'un pas d'éléphant et déverrouilla la porte qui donnait sur la cour, un terrain vague envahi par les mauvaises herbes et des boîtes en carton pourrissantes. Il fit deux pas sur le ciment fendillé puis urina vigoureusement sur un carré de pissenlits. Au moment où il recouvrait ses esprits, il eut conscience d'un énervant sifflement. Il finit par découvrir une petite chose brune sur le mur du fond. Hop hop ! Cui cui ! Oiseau stupide. Il détestait la gaieté le matin.

Quelque chose voletait à la périphérie de sa vision. Il tourna la tête et ouvrit la bouche. Une corde à linge de fortune avait été tendue dans un coin de la cour. Y pendaient diverses pièces d'un habillement indéniablement féminin, y compris de minces petits bouts de sous-vêtements. C'était affreux. Qu'allaient en penser les voisins ? En particulier ce pauvre Harry, au-dessus, qui était pratiquement attaché par du Velcro à son épouse et comptait sur Jack pour mener par procuration une existence virile et brutale. S'étant frayé un chemin en tressaillant à travers ce terrain épineux, Jack rafla le linge et l'emporta à l'intérieur.

Son idée avait été de se planter dans un fauteuil au beau milieu du chemin de Freya pour froisser avec impatience son journal quand elle émergerait enfin de la salle de bains. Mais, à sa grande surprise, il découvrit que l'endroit était déjà libéré et exsudait une vapeur chaude et parfumée. Jack fronça les narines. Et si ça imprégnait son épiderme ? Il n'avait pas envie de sentir comme une fille.

Il s'enferma dans la salle de bains et réalisa alors qu'il tenait toujours le linge de Freya. Il le flanqua sur le siège des toilettes, puis fit couler l'eau dans le lavabo et se passa du savon à barbe sur la figure. Après quoi il plongea le rasoir dans l'eau tiède et ouvrit un long sillon dans la mousse. Ouch ! Gémissant doucement, Jack baigna d'eau froide sa joue irritée, puis s'examina dans le miroir et constata les dégâts. Tout le côté de son visage était couvert de petits points rouges qui commençaient à saigner. Qu'était-il arrivé à ce rasoir ? En fait, il le savait déjà.

— Freya ! beugla-t-il en ouvrant la porte.

— Bonjour, Jack, fit une voix à trois pas de lui. J'allais faire du café. Tu en prendras ?

Elle se tenait à l'entrée de la cuisine, immaculée et hautaine, déjà vêtue de son tailleur de femme d'affaires pleine d'entrain.

Jack brandit son rasoir, comme s'il était sur le point d'attraper un jeune taureau au lasso.

— Tu n'aurais pas utilisé ceci pour te raser les jambes ?

— C'est possible. Ah oui, je me souviens ! Pardon. J'ai laissé le mien chez Michael.

— Dans ce cas, achètes-en un autre. Regarde ma tête ! Je vais devoir me balader toute la journée avec des confettis de Kleenex sur la figure, comme un pauvre imbécile d'ado !

— Pardon, répéta-t-elle, sans avoir l'air vraiment coupable.

— Et tu avais bouclé la porte de la salle de bains. J'ai failli me casser le poignet !

— Mon œil !

— Ça aurait pu m'empêcher de bosser pendant des semaines. J'ai besoin de mes mains. Un écrivain est comme un pianiste de concert.

Elle croisa les bras et lui adressa un sourire railleur.

— Lequel, Toscanini ?

— Quoi ?

— Lequel de tes poignets a subi le fatal traumatisme ? Celui avec lequel tu agites le rasoir ou celui qui te sert à t'appuyer au mur ?

Jack se mit à rougir.

— Je te dis m... ! jeta-t-il méchamment.

Il claqua la porte de la salle de bains, réajusta le pommeau de douche dans sa position la plus brutale et se glissa sous la mitraille. C'était un arrangement temporaire, se rappela-t-il, tout en s'efforçant de calmer les battements de son cœur. « Deux semaines, deux au maximum. » Si aujourd'hui on était mardi, il ne restait plus que neuf jours de cohabitation. *Seule-*

ment neuf jours ? Seulement *neuf* (9) jours ? Seulement neuf *jours* ? Il ferma les yeux et renversa la tête comme pour implorer une divinité compatissante. L'eau ruisselait sur son visage telles des larmes.

La meilleure des méthodes était de l'éviter. Jusqu'à présent, il y avait assez bien réussi. Son humeur s'améliora quand il se souvint comment il avait fait pour dégeler Candace et la persuader de sortir avec lui samedi dernier. Il savait qu'elle accepterait, même s'il avait attendu jusqu'à six heures et demie pour jouer la surprise. Quand elle avait répondu à la première sonnerie, il avait su que c'était gagné. Ah, les filles ! En gros, la soirée s'était déroulée selon son plan, même si la discussion sur le talent littéraire de Candace s'était révélée plus mouvementée que prévu : qui aurait cru qu'elle attachait tant de prix à ses adverbes ? Candace elle-même, dans sa robe noire étriquée, était encore plus jolie qu'il ne l'avait jugée. Sortie de cette robe noire, elle était sensationnelle. À la fin de la soirée, il avait raccompagné la demoiselle chez elle, en parfait gentleman du Sud, appris que sa colocataire était heureusement absente (nouvel indice) et décidé de rester.

Il sortit de la douche et saisit une serviette pour se frictionner. Candace était gentille, aussi. Quand ils s'étaient enfin levés, elle avait tenu à lui préparer des gaufres au sirop d'érable pour le petit déjeuner. Il n'aimait pas spécialement les gaufres, mais il avait pris beaucoup de plaisir à la voir accomplir cet effort pour lui. Après quoi, franchement, il s'était mis à tourner en rond. L'appartement de Candace était minuscule et les fenêtres donnaient directement sur d'autres fenêtres ou sur des murs aveugles et sales – elle ne pouvait sans doute pas s'offrir mieux, mais cela le rendait claustrophobe. Elle lui avait proposé d'aller au parc (pour quoi faire ?), mais il s'était défilé en prétextant un rendez-vous au squash, qui fut réel dès lors qu'un simple coup de fil à Gus eut réglé la question.

Ses pensées retournèrent à Freya. Jusque-là, il avait survécu à ces trois journées sans difficulté ; aucune raison que le temps restant ne s'écoule pas en douceur, du moment que chacun était poli et respectait l'espace de l'autre. Ils étaient adultes, après tout. Un seul petit doute demeurait : il n'avait toujours pas prévenu Candace que Freya emménageait. Mais il avait été si occupé. Un homme ne peut pas tout faire.

La serviette autour des reins, Jack entra s'habiller dans sa chambre. Tout en enfilant son jean et une chemise confortable, il huma avec satisfaction l'odeur de café et de pain grillé. Cela avait du bon d'avoir une femme à la maison. Il débarqua dans la cuisine, déterminé à être bien luné, et chercha sa tasse et ses toasts. Rien en vue.

— Tu ne m'as pas fait griller du pain ?

— Hmm ?

Freya était assise sur l'unique tabouret – son tabouret – et semblait totalement absorbée par la lecture du journal – son journal.

Il se racla la gorge avec irritation. Comme il n'obtenait aucune réaction, il entreprit de se préparer tout seul à déjeuner, froissant l'emballage en plastique du pain de mie et heurtant le toaster assez fort pour lui faire honte et provoquer ses excuses.

Effectivement, elle dressa soudain la tête.

— Tu connais la dernière ? Bliss et Ricky se séparent !

Jack attendit quelques secondes, destinées à marquer son mépris.

— Et qui sont, si je puis me permettre, « Bliss » et « Ricky » ?

— Bliss Bogardo, le mannequin, crétin. Ricky

Radical, le rocker. Elle l'a surpris avec une batteuse et a mis le feu à ses maracas. Tordant !

— Quels noms... Ils doivent être inventés.

— Bien sûr qu'ils sont inventés. Tu vis où ? Dans une grotte ?

— Je préfère ne pas m'encombrer l'esprit de futilités. Puis-je lire la rubrique sportive ?

Elle lui lança un regard, puis préleva les pages réclamées. Comme elle les lui tendait, Jack aperçut le gros titre : « Un petit doigt foulé menace les chances des Yankees. » Son cœur se serra. Là, c'étaient de très très mauvaises nouvelles.

— Bonté divine, un petit doigt foulé, marmonna Freya. Heureusement que ce ne sont pas des *futilités*.

Un silence s'ensuivit tandis que Jack se versait du café, posait l'assiette de toasts sur la table et dépliait le journal près de lui. Il ouvrit et referma le réfrigérateur.

— Où as-tu mis le lait ?

— Il n'y en a plus, je crois. Il n'en restait qu'une goutte, de toute façon.

Café noir... Jack détestait le café noir. Il l'aurait balancé dans l'évier si cela n'avait été un geste puéril. Au lieu de cela, il alla chercher une chaise dans le séjour, en grognant sous l'effort, et prit place à la table branlante. Tendant le bras vers le beurre – au moins, elle en avait laissé –, il tartina généreusement son toast refroidi sous un regard critique.

— Tu apprécies le beurre, on dirait.

— Oui, dit-il d'une voix neutre.

— Ça fait horriblement grossir.

— Qu'est-ce que tu insinues ?

— Rien. (Elle mordit dans sa seconde – troisième ? – tartine.) Bien que tu aies pris du poids depuis notre dernière rencontre.

Machinalement, Jack rentra le ventre.

— C'est du muscle. J'ai fait beaucoup de squash.

— Du muscle ! fit-elle avec un joyeux gloussement.

Jack souleva son journal et le tint devant sa figure. La nouvelle n'était pas aussi grave que cela. Le lanceur vedette allait bien, mais...

— J'ai réfléchi..., commença une voix. Si je dois rester un certain temps ici, il faudrait établir quelques règles fondamentales.

Jack fit claquer son journal et poursuivit sa lecture.

— Les gens qui vivent ensemble ont, en général, un règlement... Hou hou ? Y a quelqu'un ?

— Quoi ?

— Tu n'as rien à me dire concernant les poubelles et le linge, la vaisselle et les repas ?

— Non.

— Et le ménage ? Cette salle de bains est un vrai foyer d'infection.

— Le ménage n'a rien à faire parmi mes centres d'intérêt.

— Mais quand on invite des gens... ?

— En général, je vais chez eux.

Soudain, tout le sens de la question le frappa. Il abaissa son journal.

— Tu veux dire : *toi* ?

— Non, Flipper le dauphin.

— Ah...

Jack en était démonté. Freya avait-elle réellement l'intention d'amener un autre homme ici, dans son appartement, son bureau, son sanctuaire secret et – et – de *s'envoyer en l'air* ? Elle venait à peine de rompre avec Michael. Où était sa pudeur ?

— On peut convenir de se prévenir mutuellement, le jour où on veut... (Il toussota d'un ton bourru.) On dégagera les lieux afin que l'autre puisse profiter d'une certaine...

— Intimité ?

— C'est ça.

— Autre chose : j'aimerais participer à l'entretien du ménage. J'ai l'intention d'aller au supermarché, de remplir le frigo. Est-ce que quelque chose te ferait plaisir ?

— Du beurre de ca...

Jack ravala ses paroles. *Remplir le frigo*. Léo ne l'avait-il pas mis en garde ? La femme d'âge mûr, la supposée « amie » qui s'insinue dans votre vie et N'EN SORT JAMAIS PLUS.

— Non ! Ne va pas au supermarché.

Elle lui adressa un regard perplexe, puis haussa les épaules.

— D'accord, tu iras. De toute façon, j'ai horreur de ça.

Jack aussi détestait faire les courses. Comment avait-il pu se fourrer dans ce pétrin ? Il la regarda d'un air maussade se lever pour mettre sa tasse et son assiette dans l'évier – sans les laver. Mais au moins elle s'en allait. Il retourna à son journal. La paix, enfin...

En fait, au lieu de partir, elle ouvrit la porte du fond, regarda dans la cour et poussa un cri aigu.

— On m'a volé mes sous-vêtements !

— Je les ai rentrés.

— C'est toi qui as pris mes sous-vêtements ? Pourquoi ?

— Parce que... parce que c'était sec !

— Où sont-ils ?

— J'en sais rien. (Comment pouvait-on se soucier de sous-vêtements quand les Yankees étaient en difficulté ? Il se força à se concentrer.) Je... je crois que je les ai laissés dans la salle de bains.

— En quoi, au juste, avais-tu besoin d'aller dans la salle de bains avec mes sous-vêtements ?

Sa voix était soudain glaciale. Jack flanqua brutalement son journal sur la table.

— Je n'en avais pas *besoin*. J'avais oublié que je les avais dans les mains. Enfin, Freya, cesse de me dévisager comme si j'étais un satyre.

— Je ne te dévisage pas !

— Si !

— Non !

— Si.

— Non.

— Bon sang, quand pars-tu travailler ?

— Maintenant. Ne sois pas si susceptible.

— Je ne suis pas susceptible.

— Si.

— Non.

— Toujours un de plus que toi.

Freya semblait trouver ce jeu amusant. Jack scella ses lèvres, refusant d'être encore attrapé. Freya était en train de quitter la cuisine. Dans une minute ou deux, elle serait partie.

Mais non. D'abord, elle se brossa les dents, puis disparut dans sa chambre pendant ce qui lui parut une éternité, puis en sortit, re-rentra, ressortit, exprima un petit « tut ! » de surprise comme si elle avait oublié quelque chose, rentra, ressortit. Ses talons claquèrent et elle réapparut sur le seuil, armée de son attaché-case, droite et raide comme si on l'avait forcée à se tenir à cet endroit précis.

— Je voulais juste te dire combien j'apprécie ton hospitalité.

Elle parlait avec la joyeuse spontanéité d'un messager grec annonçant un massacre à Sparte.

Jack grommela.

— Peut-être, pour te prouver ma reconnaissance, pourrais-je te faire à dîner ce soir ?

— Oooh, non ! (Elle n'allait pas l'alpaguer aussi facilement.) Ce soir, je sors.

— Dans ce cas, j'ai remarqué un certain nombre

d'appareils électriques cassés dans ma chambre. Si je pouvais les emporter chez le réparateur...

— Non. (Ces femmes étaient rusées comme des démons.) Je les aime ainsi.

— Tu aimes les fers à repasser cassés ?

— Tout à fait.

— Les réveille-matin cassés ?

— À la folie.

— Les...

— Tout sauf les disques cassés. Arrête de me harceler, Freya. Si je voulais une épouse, je serais déjà marié, à l'heure actuelle.

— Une épouse, une seule ? Tu t'égares, Jack.

— Tu n'as pas un endroit où aller – par exemple une flagellation publique ?

Cela lui cloua le bec. Elle rejeta ses cheveux en arrière, ou ce qu'il en restait, et tourna les talons. Elle partait ! « Clic clac, clic clac » faisaient ses souliers – l'une des cinq mille paires dont elle avait jugé nécessaire de bourrer son bureau. Il entendit la porte d'entrée s'ouvrir, le bruit de la circulation, puis... rien. Le temps s'étira tandis qu'il attendait le claquement béni de la porte. Mais rien ne vint. La pression dans sa tête devenait si forte qu'il craignit une embolie. Qu'attendait-elle ? Incapable d'endurer ce suspense, il se leva de table et alla voir de quoi il retournait.

Elle était sur le seuil, tête basse, une jambe fléchie pour soutenir un grand sac bosselé dans lequel elle fourrageait tel un écureuil déterrant ses noisettes l'hiver. Pourquoi les femmes achètent-elles des sacs aussi grands si elles n'y retrouvent rien ?

— Oh ! Jack, dit-elle, d'une façon vague, exaspérante. Tu n'aurais pas des pièces pour le bus ?

— *Non, je n'ai pas de foutues pièces pour le foutu bus !*

Elle releva la tête. Elle avait un air étrange, choqué.

Il se demanda presque s'il l'avait vexée. Mais elle remit son sac en bandoulière, fit un pas à l'extérieur et se retourna pour lui offrir un sourire factice.

— Au revoir, chériiii ! Passe une bonne journée au bureau ! Tu ne m'embrasses pas ?

Jack lui claqua la porte au nez.

9

QUAND FREYA RENTRA DU TRAVAIL, ce soir-là, elle fut soulagée de trouver l'appartement vide. Après le déplorable accès de mauvaise humeur de Jack le matin, elle avait réalisé que Cat était dans le vrai : les hommes et les femmes ne sont tout bonnement pas faits pour vivre ensemble en harmonie. De plus, son absence lui donnait l'occasion de réaliser d'essentielles améliorations domestiques. Elle transporta un grand sac brun dans la cuisine et le jeta sur la paillasse. Elle en sortit une boîte de poudre à récurer, une bouteille d'eau de Javel, une brosse, des chiffons et des gants en plastique. Le désordre est une chose ; une cabine de douche où l'on peut inscrire son nom dans la crasse en est une autre.

Elle se hâta de se changer, peu désireuse d'être surprise par Jack au milieu de cette avilissante corvée, au cas où il se ferait des idées fausses sur la répartition des tâches selon les sexes. La vision de sa chambre était déprimante. Petite, pour commencer – d'un côté le lit simple, de l'autre le bureau, sous la fenêtre –, elle était à présent ridiculement encombrée. Des piles de boîtes à chaussures occupaient une grande partie de l'espace au sol, avec la valise qui servait de commode. Ses vêtements étaient suspendus à une canalisation de chauffage, au-dessus du lit. Elle avait tout de la jeune fille de dix-neuf ans. Enfin, ce n'était qu'un arrangement temporaire. Demain, elle se lèverait tôt pour acheter *The Village Voice* encore tout chaud et regarder les offres de location. Avec un peu de chance, elle trouverait pour l'été une sous-location à bon marché.

En quelques minutes, elle avait rangé sa tenue de travail, enfilé un tee-shirt, un vieux pantalon de jogging et des baskets, et se tenait dans la douche, sous une tempête de poudre à récurer. Soupesant la grosse brosse à poils durs, elle se mit au travail. C'était étonnamment satisfaisant. Si rien n'est plus ennuyeux que le ménage quotidien, venir à bout d'une crasse visible est un défi. Au bout d'une demi-heure d'un labeur humide, les carreaux sombres et clairs se révélèrent noirs et blancs, une écume d'un sinistre bleu chimique moussait dans le W.-C., et elle pouvait lire le nom du fabricant sur le lavabo vierge de poils. Puisqu'elle était à présent tellement sale et la salle de bains tellement propre, elle décida de tester aussitôt son travail manuel en prenant une douche. Elle venait de se shampouiner quand on sonna à la porte. C'était très certainement Jack, trop paresseux pour faire l'effort de sortir sa propre clé de sa propre poche. Freya n'y prêta aucune attention. Après tout, elle n'était pas sa bonne. Sortant de la douche, elle se sécha et se glissa dans son kimono et était en train de tordre une serviette autour de sa tête quand la sonnerie se fit de nouveau entendre. Elle en râla d'agacement. Cet imbécile devait avoir oublié sa clé.

Elle se dirigea vers la porte, laissant des traces de pas humides.

— Oui, *missié* Madison, grinça-t-elle, avec ce qu'elle imaginait être l'accent sudiste. J'y viens, *missié* Madison.

Mais ce n'était pas Jack. C'était une jeune femme, dont les yeux soulignés d'un trait d'eye-liner expert reflétèrent la surprise de Freya.

Cette dernière leva la main pour retenir son turban.

— Oui... ?

— Est-ce que... Jack est là ?

— Non.

— Oh ! Il m'avait demandé de le retrouver ici.

— Pourquoi ?

— C'est ce soir l'atelier d'écriture... On doit y aller ensemble.

— Comme c'est gentil à vous. Entrez donc.

Freya recula et ouvrit la porte en grand. À présent, elle la reconnaissait. C'était la Petite Miss ABC, l'« élève » de Jack... Avec ses joues rondes et sa jupe aguichante, on lui donnait dix-sept ans. Quand elle passa en froufroutant sur ses hauts talons, Freya eut, grâce à sa taille, une vue plongeante sur son décolleté. Voilà qui expliquait l'allusion de Jack à son intelligence. Ayant resserré la ceinture de son kimono, elle suivit dans le séjour la fille, qui détailla l'appartement avec un regard de propriétaire, comme pour vérifier que Jack était bien sorti. Enfin, elle se retourna et gratifia Freya d'un mutin sourire cosmétiqué.

— Je suis Candace, déclara-t-elle.

— Un prénom idéal. Je suppose que Jack vous appelle Candy, non ?

Candace se troubla.

— Parfois. (Son petit nez de lapin se retroussa.) Qu'est-ce que ça sent ?

— Le propre ! Merveilleux, n'est-ce pas ? Et je préfère vous prévenir tout de suite : non, je ne suis pas la bonne !

— Qui prétend le contraire ? (Candace semblait froissée.) Je vous ai vue ici samedi. Jack m'a expliqué que vous étiez une vieille amie.

— Quel flatteur !

Freya eut un rire cassant.

— Il ne m'a pas dit que vous *habitiez* ici.

— Les hommes ! (Freya leva les yeux au ciel.) Ils sont si négligents. Maintenant, si vous voulez bien m'excuser, je dois retourner à mon tricot. Prenez tout ce que vous voulez dans la cuisine – Coca Light, limonade, lait et cookies...

Sur ce, elle s'enfuit dans sa chambre, les joues rouges, un pli amer à la bouche. Elle détestait être surprise à son désavantage. Pourquoi Jack ne l'avait-il pas prévenue ? Le miroir lui renvoya son visage nu et si peu attirant, son turban de guingois, la soie effilochée au col de son kimono. Une vision opposée de cette Candace coiffée et parfumée se dessina dans son esprit. Candace était petite, menue, avec une chair pulpeuse qui formait des pleins et des déliés aux bons endroits. Freya se jeta un regard mauvais. Elle devait avoir l'air d'un chat de gouttière à côté d'un petit persan aux poils ébouriffés.

Rejetant son kimono, elle se mit à enfiler en vitesse son jean favori et un haut noir moulant. Pourquoi Jack choisissait-il toujours des pétasses sans cervelle ? Elle se rappelait à peine la dernière fille qu'elle avait appréciée. D'un air sombre, elle lissa ses cheveux en arrière et commença à se maquiller. Comment pouvait-il manquer d'égards à ce point – ne pas comprendre combien c'était difficile pour les autres, Larry, Gus et la bande, de fréquenter quelqu'un dont les dernières références culturelles étaient *Star Wars* et *Wham* ? Plus d'une réunion de vieux amis avait été gâchée par une Candy, Mandy, Bonnie ou Connie faisant des mamours à Jack tandis que les autres souhaitaient seulement se détendre et évoquer les vieux souvenirs. Il était temps de grandir.

Quand elle fut de retour, Candace était posée de façon charmante sur le divan, la tête penchée sur *La Poétique* d'Aristote.

— Ce n'est que moi, annonça Freya.

Au moins, la fille tenait le livre à l'endroit. Freya se servit un bourbon avec des glaçons et se percha sur l'accoudoir d'un fauteuil moelleux, balançant une longue jambe. Candace la contempla avec circonspection.

— Vous, c'est Frieda, n'est-ce pas ?

— Presque. Huit sur dix. En fait, c'est Freya.

— Jack m'avait dit que vous habitiez chez votre petit ami.

— C'est le cas. (Le sourire de Freya se durcit.)

— Alors, que s'est-il passé ?

Elle hésita. Elle n'avait pas à donner d'explications à cette tête de linotte.

— Si vous voulez le savoir, il voulait m'épouser, et moi pas.

— C'est vrai ?

— Absolument. Pourquoi, c'est si difficile à croire ?

— Non, je vous admire... d'avoir pris une décision aussi courageuse.

Freya fronça les sourcils, soupçonneuse.

— Qu'y a-t-il de courageux à cela ?

— Eh bien... enfin, à votre âge.

Candace baissa les yeux et haussa les épaules. Tout le haut de son corps sembla osciller et se reformer dans le mouvement, tel un ballon plein d'eau. Freya se demanda ce que ça faisait d'être aussi richement pourvue : ce devait être comme d'avoir deux énormes cochons d'Inde fourrés dans votre soutien-gorge. Sans doute était-elle incapable de voir ses pieds lorsqu'elle était debout.

Freya croisa les bras sur sa propre façade, moins sismique.

— Insinuez-vous que c'est la seule demande en mariage que j'aurai jamais ?

— Je n'ai pas dit ça. Ma tante Rochelle ne s'est pas

mariée avant ses quarante-deux ans. Bien sûr, elle n'a pas eu d'enfants. Et elle est divorcée aujourd'hui.

— Quelle histoire intéressante. Merci, Candace.

Elles restèrent assises en silence. Candace consulta sa montre.

— Il est en retard, soupira-t-elle.

— Jack est toujours en retard.

— Vous le connaissez depuis longtemps ?

— Dix ans. Et vous ?

Candace prit l'air inspiré.

— On ne peut pas mesurer une relation en termes de temps. Pas un temps chronologique, en tout cas.

— Ah ! si vous parlez d'un temps *chronologique*, alors...

Candace n'écoutait pas. Ses lèvres étaient écartées en un sourire secret, révélant des dents étincelantes, alignées comme des pierres tombales.

— Quand il est entré dans ma classe, j'ai failli en mourir..., dit-elle.

— Seulement failli ? Quel soulagement !

— N'est-ce pas le plus bel homme du monde ? Ces yeux bleus... (Elle eut un frisson extatique.) De plus, je respecte tant son talent.

Freya croqua un glaçon.

— Au début, je n'étais pas sûre qu'il m'ait remarquée – comme femme, je veux dire. Puis je me suis cognée à lui après la classe, et j'ai senti cette incroyable *vibration*...

— Mon Dieu, ça n'a pas fait trop mal, j'espère ?

— Même s'il m'est supérieur par tant de côtés, tellement plus intelligent, plus profond...

— Plus... âgé ?

Candace prit un air sévère.

— L'âge concerne le temps passé sur cette planète, non la façon dont les êtres interagissent au plan humain.

— Comme c'est vrai.

Il y eut le bruit d'une clé dans la serrure. Les regards des deux femmes pivotèrent vers la porte du salon. Elles attendirent en silence, en écoutant Jack manœuvrer sa bicyclette dans l'entrée. Candace passa la langue sur ses lèvres et secoua ses cheveux en arrière pour se préparer à cette apparition.

La porte s'ouvrit et Jack entra d'un pas tranquille, repoussant de l'index ses lunettes à monture d'acier sur son nez. Pendant une fraction de seconde, Freya le vit avec les yeux de Candace – beau mec, viril, d'un débraillé séduisant, le genre d'homme dont on se plaît à croire (à tort) qu'on pourrait le « sauver ». Puis elle faillit éclater de rire quand Jack les aperçut toutes les deux et s'arrêta brusquement, ahuri comme s'il venait de découvrir Hitler et Staline chez lui.

— Tiens, tiens, tiens ! (Il était soudain aussi jovial que le père Noël.) Mes deux femmes préférées. Ensemble ! C'est... c'est merveilleux !

— Je sais. N'est-ce pas extraordinaire ? fit Freya, singeant son enthousiasme.

Jack la toisa d'un sale œil et se frotta les mains avec une bonhomie trépidante.

— Mais si ! J'imagine que vous avez fait connaissance, toutes les deux ?

— Tu parles !

Candace ne put lui résister plus longtemps. Avec un cri tremblant, elle s'élança du canapé et, presque en courant, alla jeter les bras autour de sa taille. Le visage fermé, Freya la vit lever un regard plein d'adoration, charmante petite marguerite tournant son visage au soleil. L'eût-elle appelé « Papa ! » que Freya n'en aurait pas été autrement étonnée.

Jack ébouriffa les cheveux de Candace d'une main distraite, puis se libéra.

— O.K., tout le monde ! s'écria-t-il, sa gaieté de

surface à son apogée, je rassemble mes papiers et on... on y va !

— ... *On* ? bredouilla Candace, jetant à sa rivale un regard paniqué.

— Non, non..., fit cette dernière en agitant la main. Sauvez-vous, les enfants, et amusez-vous bien. Je préfère rester à la maison pour rincer mon dentier.

Les deux complices s'échappèrent rapidement. Freya put les entendre descendre les marches – la voix grave de Jack, les réponses joyeuses de la gloussante Candace. Les sons s'amenuisèrent ; puis ce fut le silence, et une longue soirée en perspective.

Freya se resservit un verre, glissa une cassette dans la stéréo et s'écroula sur le divan. Au sol se trouvait l'inévitable pile vacillante de magazines de Jack, surtout des numéros du *New York Review of Books*. En ayant hissé une brassée sur son ventre, elle les feuilleta distraitement, tandis que Billie Holiday déversait sa tendre mélancolie dans la pièce. Les noms jaillissaient des couvertures : Updike, Roth, Isaiah Berlin, Nijinski, William James, Velázquez. Comment un homme qui se délectait de ces pyrotechnies intellectuelles pouvait-il passer son temps libre avec toutes les Candace du monde ?

Sans doute par pure paresse. Jack avait en lui quelque chose qui faisait que les femmes lui tombaient dans la main comme des fruits mûrs ; il n'avait pas besoin de faire d'efforts. Elle se rappelait la première fois qu'elle l'avait vu, fraîchement arrivé de Caroline du Nord. On était en août : la canicule étouffante, les yeux qui piquent à cause de la chaleur et de la saleté, l'odeur d'ordures brûlées par le soleil. À l'époque, elle fréquentait un milieu bohème et flirtait avec la misère. Dans la rue, il fallait se méfier des toxicos et des paumés. Les hommes qu'elle connaissait, pour sympathiques et même adorables qu'ils fussent, avaient tendance à être chevelus et malpropres. Jack avait débarqué dans son existence terne avec son beau bagage en cuir et cette vieille machine à écrire cabossée dont il était si fier, beau comme Robert Redford dans *Pieds nus dans le Park*. Il était si jeune, si ambitieux. Si *propre*. Si poli ! L'une des filles de la pension jurait qu'il sentait l'herbe verte. Il disait vouloir être écrivain.

On l'avait vite bizuté. Tout le monde l'avait follement taquiné – sur ses belles chemises, son riche papa, son accent, son édition luxueuse et reliée d'*À la recherche du temps perdu* (non lu). Jack avait tout accepté de bon cœur. Sa famille était riche, mais pas lui, disait-il : il avait eu une grosse engueulade avec son père et, pour le moment, était aussi désargenté qu'eux. Freya l'avait pris sous son aile. Jack était drôle ; il était généreux dans la mesure de ses moyens ; il n'avait pas honte de son enthousiasme ; il ne plaisantait pas avec son travail. Elle l'aimait bien. C'était réciproque. Mais cela s'arrêtait là. Il était trop jeune pour elle. En outre, on faisait déjà la queue pour lui. Tacitement, il était convenu qu'ils resteraient amis.

Et ils l'étaient toujours. Se concentrant sur ses magazines, Freya parcourut négligemment les articles. Heureusement qu'elle ne s'était jamais engagée avec lui. Il était amusant et de bonne compagnie, mais ses relations avec des femmes intelligentes – les rares dont elle se souvenait – ne duraient jamais longtemps, sans doute parce qu'il ne supportait pas la compétition. Les hommes aiment les défis intellectuels et les femmes séduisantes ; mais pas les deux réunis.

À moins que... ? L'attention de Freya s'aiguisa au moment où elle atteignait les annonces personnelles, au dos du magazine.

Diplômé de Yale DWM cherche compagne attirante

et cultivée pour sorties théâtre, expositions, campagne et – qui sait – endroits plus intimes.

Tiens, tiens.

Bogart cherche Bergman. « Let's play it again. »

Freya se redressa hâtivement et chercha autour d'elle un crayon. Voilà qui pouvait être la réponse à son problème. Elle n'avait pas exactement besoin d'un amant, mais elle avait désespérément besoin d'un homme, et cela pour mercredi. N'importe qui de présentable ferait l'affaire. Les lecteurs du *New York Review of Books* étaient obligatoirement supérieurs à la moyenne des cœurs solitaires ; ces hommes-là seraient respectables, cultivés, bien élevés...

Veuf de fraîche date, mais presque sans âge, souvent pris pour Einstein.
Vieil hibou, nid garni, encore toutes ses plumes, cherche colombe pour migrations occasionnelles.

Ou cinglés.

D'abord, elle élimina tous ceux qui ne donnaient pas d'adresse électronique ; elle n'avait pas le temps de contacter des numéros d'annonce, et téléphoner semblait dangereusement direct. Puis elle recala tous ceux qui avouaient avoir une barbe, mauvais caractère, plus de quarante-cinq ans, une épouse, ou qui avaient employé les mots « intimes », « rire » ou « ménage à trois ». Cela lui laissait un maigre choix, mais il suffisait d'un seul coup de chance. Un faible sourire arrondit ses lèvres au moment où elle élaborait un brouillon de réponse dans sa tête. C'était drôle, comme de faire du shopping par correspondance.

Soudain, elle rassembla sa liasse de magazines, se

leva et traversa d'un pas décidé le salon. L'ordinateur de Jack était dans sa chambre à elle, la chambre qu'elle *louait*. Si elle s'en servait pour envoyer un ou deux petits messages, il pourrait difficilement y trouver à redire, non ?

10

Le navire entra au port.

Hum.

Le navire pénétra dans le port.

Mieux, mais...

Entrant dans le port, le navire...

Il pianota nerveusement sur le clavier de son ordinateur et fronça les sourcils.

Le navire pénétra lourdement dans le port, par une nuit brumeuse de février, le métal rouillé grinçant de froid.

Jack se gratta le nez. Le métal grinçait-il par temps froid ? Quelle était la différence entre un navire et un bateau ? Il décida de regarder dans son encyclopédie à « Navigation ». Une description ou une image pourraient l'inspirer. Une demi-heure plus tard, il avait vérifié que le mot « navire » signifiait un vaisseau avec un beaupré et trois, quatre ou cinq mâts à gréements ou tout grand navire prenant la mer ; tandis qu'un « bateau » était une petite embarcation à avirons ou à voile, de pêche, paquebot ou petit vapeur. C'était bien un navire, donc. Bon : le navire était au port. Et après ? Il consulta sa montre. Hé ! la pause café !

La cuisine était en désordre. Voilà bien l'intérêt d'avoir une femme à la maison. Tandis que le café chauffait, Jack décida qu'il était vraiment temps que quelqu'un fasse le ménage. Ayant rempli l'évier d'une eau savonneuse, il tamponna une ou deux assiettes avec une éponge, avant de comprendre que la meilleure méthode était de laisser les choses tremper et se nettoyer toutes seules. Pendant ce temps, il regarda dans le journal pour voir s'il avait raté une information d'une importance capitale. Il faisait quarante degrés à Riyad, et seulement zéro à Anchorage ; New York, où il faisait vingt, était exactement entre les deux : stupéfiant. Il se servit du café et s'apprêtait à l'emporter dans son bureau quand il se rappela les charnières du placard qu'il s'était promis de resserrer depuis des semaines. Il soupira, exaspéré : encore un contretemps. Enfin, ne jamais remettre au lendemain... Bon, qu'avait-il fait de ses tournevis ?

Vingt minutes plus tard, il était encore là où il avait commencé le matin, à contempler son écran blanc – sauf qu'il avait à présent un pansement rose autour du pouce. Il le mordilla sans y penser, attendant d'être frappé par l'inspiration. Sa tête était comme encrassée de porridge. Il l'inclina entre ses mains et grommela. Pourquoi ne pouvait-il plus écrire comme autrefois ? Que s'était-il passé ? Les mots jaillissaient de lui alors ; un jour, il avait écrit une nouvelle en l'espace d'une seule journée. Dans sa hâte d'être publié, il n'avait cessé de bûcher chaque mot, de se tourmenter sur sa place dans le panthéon littéraire. Pourtant, il avait fait mouche à son tout premier essai...

Il ouvrit le tiroir de son bureau. D'un geste furtif, tel un individu fouillant dans sa cachette à revues porno, il tira quelque chose qui se trouvait tout au fond. Son press-book. Posant l'épais dossier en équilibre sur ses genoux, il fit pivoter sa chaise loin de l'écran et commença à le feuilleter. Comme il lisait, un sourire complaisant se dessina sur ses lèvres. Ah ! celle-là était particulièrement bonne : « Madison ourdit ses pièges narratifs avec la compétence implacable d'un professionnel, sans jamais perdre sa compassion pour ses victimes » *(New York Times)*. Un autre de ses favoris « furieusement intelligent... écrit avec une grâce qui fera rêver bon nombre de ses aînés » *(Washington Post)*. « Génial » – pas mal non plus, hein ? D'accord, c'était seulement une critique du *Little Rock Post*, mais ils n'étaient pas tous idiots dans l'Arkansas. À part un certain H. Hirschberg, qui regrettait que Jack n'eût pas « pleinement embrassé le postmodernisme » (qu'est-ce que ça pouvait bien vouloir dire ?), et dont Jack espérait qu'il se verrait un jour confier la critique de son premier roman. Chaque commentateur précisait la même chose : Jack était un bon écrivain.

Était. Avait été. Il aperçut la date d'une de ses critiques et referma sèchement le classeur. Il avait déjà dépassé depuis belle lurette la date limite de remise de son prochain manuscrit fixée par l'éditeur. Pressons ! Il contempla fixement l'écran vierge, son esprit était un enchevêtrement de pensées fragmentées. Tout ce qu'il voulait, c'était combiner les vertus des *Grandes Espérances,* de *Gatsby le magnifique* et de *L'Attrape-Cœur*. L'histoire était dans sa tête, quelque part, toute construite. Mais les mots ne venaient pas.

Il consulta sa montre. Il aurait tout donné pour que le téléphone sonne et qu'on l'invite à quelque long déjeuner récréatif. Il déterra deux autres phrases, vérifia l'orthographe de tout ce qu'il avait écrit jusqu'à présent, l'imprima en diverses polices de caractères pour voir laquelle ferait le plus d'effet, et permit à l'ordinateur de lui dire combien de mots il avait écrits aujourd'hui (163). Peut-être ferait-il plus d'étincelles quand il se serait restauré.

Dans la cuisine, il se mit à composer un sandwich – jambon, fromage, gros cornichon doux à l'aneth, moutarde, deux giclées de Tabasco – tandis que son esprit luttait avec un calcul complexe. À supposer qu'il écrivît deux cents mots par jour, soit un millier par semaine, cela signifiait que, en comptant les vacances et autres interruptions, il mettrait encore – bon sang ! – deux années à finir. Il aurait trente-quatre ans, le milieu de sa vie ! Et y parviendrait-il ? Pour être franc, sa productivité des deux dernières années n'avait pas été extraordinaire : une nouvelle, une rafale d'articles prétentieux mais non inoubliables, et deux douzaines de comptes rendus (« Mais qui lit les comptes rendus de nos jours ? » fit la voix sardonique de Léo dans son oreille).

Jack emporta son sandwich dans le salon, ouvrit une canette de citronnade et alluma la télévision. Il était important de se tenir au courant de la culture populaire. Il pouvait difficilement travailler en mangeant, n'est-ce pas ? Pendant cinq fascinantes minutes, il regarda une jeune femme obèse en bottes de cow-boy avouer qu'elle était une maniaque sexuelle. Un homme à perruque, en tenue de golf, lui tirait détail salace après détail salace, jusqu'au moment où elle éclata en sanglots, provoquant les applaudissements du public bovin du studio. « Les exécutions publiques devaient être ainsi », songea Jack tout en zappant – le même mélange de titillation, d'ennui et de cruauté insouciante. Il commença à formuler une théorie sur la maturité culturelle, selon laquelle l'Amérique contemporaine pouvait être en gros comparée, du point de vue de l'âge mental, à l'Europe du Moyen Âge, avant d'être distrait par un jeu-concours où des jeunes mariés aux yeux bandés étaient interrogés sur les préférences domestiques et sexuelles de leur conjoint. Jack secoua la tête tristement et changea de chaîne. Il se demandait parfois pourquoi il s'échinait à faire de la littérature. Si c'était ce que voulaient les masses, il ferait mieux d'aller à Hollywood prostituer son talent comme scénariste minable. Oh ! *Buffy contre les vampires* ! Jack s'avachit contre les coussins avec plaisir.

Il en était à la moitié de l'épisode, et venait de fourrer le reste de son sandwich dans sa bouche, quand le téléphone sonna. Avec un grognement de rhinocéros, il s'arracha de son siège, coupa le son et traversa la pièce en crabe, sans lâcher l'écran des yeux. Il décrocha.

— Oui ?

Oh oh ! Buffy était apparemment aux prises avec un type terrifiant aux yeux rouges.

— Allô ? Freya est là ?

Une voix d'homme.

— Non, marmonna Jack, la bouche pleine.

— Je peux la rappeler dans la soirée ?

— Sans doute.

— D'accord, j'essaierai plus tard. Pouvez-vous lui dire que Max a appelé ?

Il raccrocha.

Cinq minutes plus tard, il se reproduisit exactement la même chose, sauf que l'homme s'appelait Norman. Jack ressentit une pointe d'agacement. Il n'était pas le secrétaire de Freya, après tout ; il avait du travail. Dès qu'il aurait découvert ce que Buffy était devenue, il...

Oh, m... ! Encore le téléphone. Ces gens n'avaient-ils pas la politesse d'attendre la coupure publicitaire ? Un dénommé Lucas déclara appeler de sa « limo ». Elle en avait, des copains vulgaires !

— Vous êtes qui, vous ? demanda Lucas. Pas son mari, ha ha ?

— Je suis... J'habite ici !

Il en était indigné.

— Oh... ! (La voix était pleine de sous-entendus.) C'est vous l'homosexuel ?

— Non !

Jack raccrocha violemment. Comment travailler dans ces conditions ? Il retourna à son écran de télévision, où le coup de raquette d'une jeune femme au comble de la joie et chaussée de tennis d'un blanc virginal fut rapidement éclipsé par un gros plan sur un paquet de tampons hygiéniques. Magnifique. Par-dessus le marché, il avait raté la fin de *Buffy*.

Il éteignit la télévision et retourna à son travail, l'humeur morose. Les affaires de Freya encombraient son espace – robes pendues ici et là, flacons de démaquillant obstruant le bord d'une étagère à livres, son parfum dans l'air. Elle avait même mis des satanées fleurs sur le rebord de la fenêtre – iris ? glaïeuls ? De grands machins bleuâtres en tout cas, le genre qu'on voit dans une aquarelle insipide. Un homme avait besoin d'ordre pour travailler avec efficacité, tout devait être clair et ordonné ; ce n'était pas un salon de coiffure. Soudain, il aperçut un étalage de magazines sous le lit et laissa échapper un sifflement scandalisé : elle avait volé ses *New York Review* ! Comment savait-elle s'il n'aurait pas besoin de se référer à l'un des articles ? Il aurait pu gaspiller des heures précieuses à les chercher. Elle en avait même laissé la moitié repliés à l'envers. Jack les rafla avec colère, remarquant que certaines pages avaient été barbouillées de ronds et de gribouillis. Un morceau de papier tomba doucement au sol, sans doute un encart publicitaire sans intérêt. Il se pencha pour le ramasser et s'approcha du bureau.

C'était un brouillon de lettre. Comme il se mettait à lire, un sourire de jubilation s'inscrivit sur son visage.

Apparemment, Freya était à la recherche d'un nouveau fiancé à torturer.

À : ....
De : Freya c/o jackmad@aol.com
Objet : Rendez-vous
J'ai lu votre annonce dans The New York Review of Books. *Si ça vous intéresse de dîner ce week-end avec une grande femme [attirante* barré, *mince* barré*], blonde, indépendante [trente-cinq* barré, *trente-trois* barré, *vingt-neuf* barré*], la trentaine, contactez-moi et persuadez-moi que nous devons nous rencontrer. Téléphone uniquement le soir, e-mail* de minuit à sept heures du matin uniquement.
PS. Si un homme répond au téléphone, c'est mon colocataire. [Ce n'est qu'un ami barré. *C'est mon frère* barré*]. Il est homo.*

Jack abattit son poing sur la table. Il se saisit des fleurs stupides et leur tordit le cou comme à autant de poules, puis jeta les cadavres dans la corbeille à papier. Comment osait-elle donner son adresse électronique à un ramassis de nuls ? Comment pouvait-elle contaminer son ordinateur, dépôt sacré de ses plus précieuses pensées et ambitions, avec ses indignes *billets doux** ? Qui traitait-elle d'homo ? Il arpenta la petite pièce, shootant dans les boîtes à chaussures. Elle avait même divulgué son numéro de téléphone, ce qui non seulement était follement dangereux, mais signifiait aussi que ce serait à lui de réceptionner les messages délirants en son absence. Comment peut-on être aussi égoïste ?

Quand le téléphone se remit à sonner, il poussa un rugissement et fonça dans le séjour tel un taureau dans l'arène. Faisant main basse sur le combiné, il hurla :

— Elle n'est pas là !

— Jack ? C'est toi ? (Voix masculine.) C'est Michael Petersen. Tout va bien ?

— Oui, oui. (Jack s'efforça de lâcher un petit rire cordial.) Un peu ailleurs, je présume. Écrire est si accaparant.

— Pardon de te déranger dans ton œuvre, mais je voudrais connaître ton adresse. J'ai un courrier à envoyer à Freya.

Jack lui dicta ses coordonnées sur un ton laborieux, à contrecœur. Parce qu'on est à la maison dans la journée, les gens s'imaginent qu'on ne travaille pas vraiment et qu'ils peuvent vous importuner avec toutes sortes de questions futiles. Pourquoi n'appelait-il pas Freya, pour l'interrompre, *elle* ?

— Freya est là presque tous les soirs, dit-il d'une manière significative, au cas où tu aurais besoin d'autres renseignements.

— Merci.

Michael s'exprimait avec beaucoup de courtoisie. Puis il ajouta, d'une voix plutôt affligée, de l'avis de Jack :

— Je pense que vous devez apprécier mutuellement d'être ensemble.

— Apprécier ?

Jack faillit cracher le mot. Il était sur le point de se lancer dans une violente diatribe contre Freya, quand il eut une inspiration. La pure beauté de cette idée géniale lui donna des picotements au crâne. Il allait convaincre Michael de la reprendre ! Une fois Freya hors de l'appartement, il pourrait rester sous la douche autant qu'il voudrait, lire en paix les rubriques sportives, remplir l'endroit de jolies filles qu'il pourrait embrasser à tour de rôle. C'est à peine s'il put refréner un beuglement de joie hystérique. Avec difficulté, il réussit à moduler sa voix pour adopter un ton traînant et d'un mielleux persuasif.

— Comment ne pas apprécier sa présence ? C'est une amie si bonne, si amusante, si... serviable. Mais tu sais quoi ? (Sa voix se fit solennelle.) Je m'inquiète pour elle.

— Ah ?

— Elle n'est plus la même. Elle est triste, solitaire. Je crois que tu lui manques.

— Vraiment ?

La voix de Michael était d'une froideur inexplicable.

— Oh, elle joue bien la comédie. Elle sourit. Mais sous la surface... – il marqua une pause théâtrale –... sous la surface, son cœur est brisé.

— Tant mieux.

— Tant mieux ?

Alors ça ! Qui avait écrit ce scénario ?

— Permets-moi de te raconter ce qui s'est passé dans mon appartement, lundi.

Michael parlait avec une dureté et une précision mauvaises, un avocat général en pleine action.

Jack écouta dans un silence stupéfait. Apparemment, la mère de Michael avait subi un genre de dépression nerveuse suite à une étrange rencontre avec Freya dans l'appartement de Michael. Depuis, Mme Petersen avait pris une chambre au *Plaza* et se consolait avec les boutiques et le service d'étage, aux frais de son fils. Le pire restait à venir.

— Quinze centimètres ? répéta Jack, quand Michael eut atteint l'ultime catastrophe de son histoire. C'est... c'est affreux !

Hélas ! un gros éclat de rire lui échappa au moment où il se représentait un Michael tatillon et bien habillé découvrant un pan de chaussette de cadre supérieur et un mollet velu.

— Il est clair que tu trouves Freya plus amusante que moi, déclara Michael. Certains de ces costumes m'ont coûté mille dollars pièce. J'envisage de la traîner en justice.

— Bonne idée. (Jack avait parlé avec vigueur.) Non que je n'adore Freya, mais je reconnais qu'elle peut être assez têtue. C'est tout le problème avec les femmes : ce sont des êtres merveilleux jusqu'au jour où on tente de vivre avec elles.

— Je ne sais pas ce qui lui a pris, dit Michael plaintivement. Au début, elle était si gentille.

— Gentille ?

— Puis subitement, tout en moi était idiot ou malvenu. Si elle n'a pas le fouet en main dans toutes les situations, elle s'évade par une conduite antisociale. C'est ce que le conseiller conjugal a dit.

Le conseiller conjugal ? Jack avait hâte de la taquiner là-dessus.

— Alors tu crois que ce... cette façon de raccourcir tes pantalons était un acte de castration symbolique ? (Jack avait du mal à garder son sérieux.) Ou bien était-ce un appel au secours ?

Mais, visiblement, Michael n'était pas aussi obtus qu'il le croyait.

— Ce n'est pas parce que tu as une fortune personnelle et que tu te dis écrivain que tu peux me traiter avec condescendance. Crois-moi : cette fille n'est pas normale. Elle a de graves difficultés relationnelles. Fais attention.

Sur ce, il raccrocha.

Jack retourna à son bureau, en s'emportant contre ces remarques. Comment ces clones de bureaucrates pouvaient-ils se prendre pour le sel de la terre ? Il ralluma son ordinateur et ouvrit le dossier sur lequel il travaillait. S'il se disait écrivain, en fait, c'est parce qu'il écrivait. Sans ces sempiternelles interruptions – tout ça, c'était la faute de Freya –, il serait déjà venu à bout d'un chapitre entier. Ou deux. Bon, voyons un peu : le navire était entré dans le port...

Son regard dériva vers la lettre de Freya. « Persuadez-moi que nous devons nous rencontrer. » C'était ô combien typique de son complexe de supériorité. Il eut pitié du pauvre couillon qui se laisserait avoir. Une idée le traversa. Au moins trois hommes avaient ignoré sa recommandation d'attendre le soir pour téléphoner ; et si les internautes faisaient de même ? Si des réponses étaient déjà arrivées à son insu ? Jack flaira sa revanche. Avec enthousiasme, il se mit à taper sur les touches, puis cliqua sur la souris.

Eurêka !

À : Freya c/o jackmad@aol.com
De : Tom le chat.
Objet : Rendez-vous.
Salut, ma toute belle ! Impossible d'attendre jusqu'à ce soir. Comment as-tu su que le blond était ma couleur préférée ! ! ! Je fais un mètre quatre-vingt-dix, rude, la quarantaine, et je dirige ma propre entreprise de pompes funèbres. J'adore la fourrure, les longues jambes, les huîtres et les macchabées (je plaisante ! ! !). On peut se voir quand tu veux, où tu veux, n'importe quand ce week-end. En avant la musique !
Tom.

Jack passa, fasciné, au message suivant.

Chère Mme Penrose,
Votre message m'a sauvé du suicide. Mon épouse m'a quitté à Noël dernier. Elle a pris l'appartement et tout mon argent et a retourné les enfants contre moi (Lois 7 ans, Elijah 6, Tiffany 5, Clinton 4). J'ai perdu mon emploi suite à une grave dépression et à l'alcool, même si c'est rare que je sois violent. J'ai besoin de

l'amour d'une brave femme. S'il vous plaît, rencontrez-moi. Lenny.

PS. Peut-être on pourrait se voir dans le parc et faire un tour avec mon chien Burton, car je n'ai pas les moyens d'aller au restaurant.

Pauvre bougre. Jack cliqua de nouveau.

Chère Freya, j'ai peur que mon annonce ne vous ait induite en erreur. La vérité, c'est que je suis un homosexuel qui a besoin d'une compagne pour des événements professionnels trois ou quatre fois par an. Je suis civilisé, instruit, présentant bien, et cela est une proposition honnête qui ne vous engage à rien. Vous me semblez être la candidate que je cherche. Je réglerai tous vos frais. S'il vous fallait une robe neuve pour une occasion particulière, je vous l'achèterais ou vous pourriez m'en emprunter une ! Christopher.

Le dernier message était personnalisé par une petite icône en haut, que Jack identifia comme le célèbre portrait de Shakespeare, avec sa collerette, pointant entre deux plumes d'oie croisées. Immédiatement en dessous se trouvait l'entête : « Bernard S. Parkenrider (maître de conférences, BA, MA, PhD) ». Jack ricana. Le texte disait :

Chère Freya,

La table est réservée* ! *Il me tarde de faire votre connaissance demain (et demain et demain, comme aurait dit le chantre d'Avon !). Bien à vous, Bernard.*

Tiens, tiens. Ainsi, Freya croyait tenir l'homme idéal. Jack en doutait. Il se repassa les messages, en essayant de les marier avec les annonces que Freya avait cernées. Si Bernard était le « professeur d'université », Jack songea qu'elle pouvait s'attendre à des surprises. Quelle gamine, quand même. Néanmoins, elle méritait une bonne leçon. Elle avait abusé de son hospitalité et intimidé son adorable petite Candace. Par sa faute, Mme Petersen avait fait une dépression nerveuse et Michael se promenait les chevilles à l'air.

Jack resta assis un moment dans une concentration silencieuse, puis il se mit à frapper les touches. Les mots défilaient sur l'écran avec une fluidité qu'il avait vainement recherchée pendant des mois. D'abord, il envoya à Freya un poème, comme s'il était de Bernard.

Ma Douce : Que vienne le temps de notre voyure
Pas dans la rue, sous la ramure
D'un arbre dont la cambrure
Rendra hommage à ta taille.
Loin des fâcheux et des importuns
De la valetaille
Dans la beauté des lointains
Ensoleillés tends-moi tes mains
Aimées. Et que jamais le Destin
Ne raille
Notre Amuuur.

Puis il inventa une réponse de Freya à Bernard.

Cher Bernard,

Comme je suis émue à l'idée de rencontrer un véritable érudit ! Je veux TOUT savoir de votre œuvre. Vous avez peut-être envie d'en connaître plus sur moi avant notre rendez-vous. En plus de mes penchants « artistiques », j'aime à me considérer comme une intellectuelle – même si, bien sûr, j'adore m'amuser. Parmi mes centres d'intérêt, il y a la thérapie conjugale, la mode masculine et l'opéra allemand. Je m'intéresse aussi beaucoup aux chaussures. Mes amis disent pour plaisanter que je suis plutôt du genre autoritaire et que j'aime tenir le fouet (!) mais je suis sûre que ça ne devrait pas vous faire peur.

PS. J'adore les jambes velues !

Jack se frotta les mains. Voilà qui donnerait du piquant à leur romantique petit tête-à-tête. Il chercha la souris et cliqua sur « Envoi ».

11

Freya tourna à l'angle de la Cinquième Avenue et marcha d'un pas vif vers Madison, juchée sur ses talons aiguilles. La température était agréable, et c'était bon d'être plongée dans le tohu-bohu du vendredi soir, avec un endroit où aller et quelqu'un à rencontrer. À l'exception d'une soirée avec Cat pour l'aider à confectionner la polenta au citron en vue d'un nouveau festin chez les Fillipo, elle avait passé toute la semaine bloquée dans l'appartement, à subir le caractère grognon de Jack et son humour de mufle, jusqu'à en pleurer de rage. De toute façon, il lui avait demandé de passer la soirée ailleurs : Candace venait lui « préparer à dîner ». Elle avait été considérablement satisfaite de pouvoir l'informer que, en l'occurrence, sa soirée était déjà prise.

— Ah oui ?

Son petit sourire incrédule l'avait énormément agacée.

— Oui, en fait, j'ai rendez-vous avec un professeur de littérature anglaise très intéressant. Ce sera agréable d'avoir un enrichissement intellectuel, pour changer.

Cela, manifestement, était si hilarant que Jack en leva des sourcils sceptiques, comme si l'expérience de Freya pouvait difficilement rivaliser avec le genre d'« enrichissement » qu'il attendait de Candace. Les hommes sont si grossiers. Égarés par leurs propres problèmes animaux, ils ne saisissent pas l'importance, pour la femme, de la vie spirituelle.

Par bonheur, il y avait des exceptions. Freya se répéta le libellé de l'annonce qui avait à l'origine retenu son attention. *DWM, professeur d'université, 39, cultivé, humour, meurtri mais invaincu, cherche femme supérieure pour rencontre stimulante.* DWM, ainsi qu'elle l'avait découvert, était l'abréviation de « mâle divorcé », et elle s'était aussitôt imaginé une silhouette élégamment chiffonnée en velours côtelé, avec des yeux ironiques et un sourire désabusé. Depuis, ils s'étaient parlé au téléphone et elle avait été frappée par ses manières polies, presque d'une autre époque, et sa flatteuse impatience de la rencontrer. Il avait même lâché une citation de Shakespeare, le sujet de son dernier « magnum opus », selon son expression. Freya espérait qu'il n'y aurait pas trop de latin.

Ah ! le restaurant... Elle poussa la porte et se retrouva dans une obscurité chic et minimaliste. Tandis que le gérant consultait son registre pour voir si le professeur Parkenrider était arrivé, elle s'arrêta près de l'aquarium, tâchant de ne pas croiser le regard des êtres à pinces et à moustaches qui se trouvaient à l'intérieur. La cuisine japonaise n'était pas sa tasse de thé, mais tant qu'on ne lui demandait pas de manger quelque chose de cru, tout irait bien.

— Par ici, je vous prie. Monsieur vous attend.

Ils passèrent devant le sushi bar, où un homme en blanc réduisait des légumes en lambeaux d'une seule main, et se dirigèrent vers les tables d'un noir d'ébène. Derrière l'une d'elles, une silhouette solitaire se leva pour l'accueillir : grand, légèrement voûté, et souriant comme s'il n'en croyait pas ses yeux.

— Bernard ?

Freya lui tendit la main.

Au lieu de la serrer, il la porta à ses lèvres avec une galanterie d'éléphant que Freya trouva charmante.

— Ah ! Freya. Enfin, je vous rencontre...

— Oui... Bonjour. (Elle récupéra vite sa main.) On s'assoit ?

Comme elle-même s'attablait, un rapide coup d'œil confirma sa première impression. À vue de nez, Bernard n'était pas très avenant. Il avait des yeux clairs, pochés, et des cheveux fins et rebelles, bruns mais un peu roux, qui frisottaient derrière les oreilles. Par-dessus une chemise blanche en Nylon tendue sur son buste déprimé, il portait une cravate de couleur vive et – oui – une veste en velours côtelé chocolat légèrement parsemée de pellicules. S'il avait trente-neuf ans, alors elle était Shirley Temple : plutôt la cinquantaine. Bon, pas de jugement hâtif. La beauté n'est pas tout. L'esprit et l'intelligence comptent tout autant. Songez à Cyrano de Bergerac. Ou à Quasimodo.

Bernard souleva une petite cruche et versa le saké dans le bol de Freya.

— Que la fête commence !

Freya prit une gorgée, résistant aux efforts de l'autre pour trinquer. Elle se rappela les conseils pour les premiers rendez-vous qu'elle avait lus dans un magazine chez le coiffeur : être intéressée, intéressante, chercher à divertir, non à être divertie.

— Et maintenant, dites-moi, Bernard... (Elle gardait une voix légère et enjouée.)... qu'est-ce que vous enseignez exactement ?

Il se racla la gorge avec une certaine minutie avant de formuler sa réponse.

— Pour le moment, je suis rattaché à un institut universitaire du premier cycle, modeste mais comptant des êtres d'élite, dans le sud du New Jersey. À vrai dire, mes fonctions sont plus de nature bibliographique et concernent tenue du catalogue, achats, distribution et rappel des divers documents imprimés.

— Ah, vous êtes donc bibliothécaire !

— Assurément. (Bernard acquiesça solennellement.) On peut dire que c'est mon *emploi*. Mon *travail* implique des lucubrations d'une tout autre nature.

— Lucu... quoi ?

Freya eut un rire effronté, pour alléger l'atmosphère. Bernard semblait très sérieux.

— Du latin *lucubro, lucubrare, lucubravi, lucubratum*, qui signifie le travail à la lueur de la chandelle. Je fais allusion, en bref, aux recherches shakespeariennes dans lesquelles je me suis embarqué. Une petite chose, mais mienne.

— Shakespeare ! C'est passionnant. Racontez-moi tout.

Au bout d'une demi-heure, Freya dut admettre qu'elle s'était condamnée à dîner avec un emmerdeur de première classe. Les algues et crevettes étaient venues et reparties avec une lenteur déchirante : quand Bernard ouvrait la bouche, ce n'était pas pour manger mais pour pontifier. À présent, un plat de poisson cru ponctué de monticules de riz était posé entre eux. (Bernard avait choisi un restaurant japonais, lui avait-il dit, parce qu'il savait que « vous, les femmes » deviez surveiller votre poids sous peine de grossir comme des vaches.) Tout en écoutant son interminable déclinaison des divers usages par Shakespeare de l'imagerie phallique, elle se demanda si, quand le plat serait vide, elle ne serait pas morte d'ennui. Elle jeta un regard d'envie aux tablées animées autour d'elle. Même le cadre branché à la table voisine, qui n'avait pour tous compagnons que son attaché-case et son téléphone portable, semblait plus passionnant.

— ... J'envisage d'intituler mon livre *Le Marchand*

de Vénus : analogies freudiennes et dialectique dans l'œuvre de William Shakespeare.

— Très impressionnant.

— Ou alors, bien que j'aie peur que cela ne passe par-dessus la tête des plébéiens (le petit rire suffisant de Bernard annonça l'imminence d'un nouveau bon mot), je suis fortement tenté de l'appeler : *Dans la bouche du canon*. Vous voyez, c'est...

— Un calembour. Oui. Très fin.

Freya plongea ses baguettes dans le riz.

— Comme je le disais, c'est un jeu sur deux mots de la langue anglaise qui sont phonétiquement et orthographiquement similaires mais connotativement différents. En premier lieu, canon désigne l'œuvre complète d'un auteur ; mais encore...

— Bang ! Bang ! T'es mort ! lâcha Freya, en explosant d'un rire hystérique.

Le cadre supérieur leva la tête, surpris, interrompu dans sa conversation sur l'heure d'arrivée d'un avion. Freya s'efforça de se ressaisir. Chaque nerf de son corps vibrait d'une énergie refoulée. Elle aurait voulu mouliner des bras dans les airs et courir à travers la pièce en hurlant.

— En outre, et cela ne vous a sans doute pas échappé, « dans la bouche du canon » est une citation directe du chantre d'Avon lui-même : *Comme il vous plaira*, acte II, scène VI ou VII ?

Bernard tapota pensivement un grain de beauté sur sa joue. Freya vit que l'ongle de son petit doigt faisait presque deux centimètres et demi de longueur, taillé et limé avec soin dans un but qu'elle n'osait imaginer.

Elle se leva brusquement :

— Veuillez m'excuser un moment.

Dans les toilettes pour dames, heureusement vides, elle se fit des grimaces dans le miroir jusqu'à ce qu'elle se sente presque normale, puis elle se glissa à l'extérieur et resta plantée dans le couloir à guetter le passage d'un serveur.

— Pssst !

Le garçon s'approcha, poli mais hésitant.

— Il me faut un taxi, lui dit-elle, en lui fourrant un billet de dix dollars dans la main. C'est urgent.

Puis elle fit gonfler ses cheveux, arbora un sourire innocent et retourna à sa place sous le regard jubilant et démoralisant de Bernard.

— Quelles belles chaussures ! commenta-t-il quand elle s'assit. Font-elles aussi mal qu'elles en ont l'air ?

— Pas vraiment. J'aime bien porter des escarpins.

— Je veux dire... pour ceux sur qui vous marchez.

Freya le dévisagea. Il lui souriait, un sourire veule et suggestif. Elle espéra qu'il s'était mal exprimé.

— Pourquoi voulez-vous que je marche sur quelqu'un ?

Bernard lui adressa un clin d'œil espiègle.

— Et cessez de me faire de l'œil !

— D'accord, d'accord. Pitié, maîtresse.

Bernard jeta ses mains en l'air dans une feinte capitulation.

— J'aime bien ce jeu.

Il se lécha les lèvres.

Freya pianota sur la table. Comment avait-elle fait pour décrocher un tel numéro ? Pas étonnant si son épouse l'avait quitté.

— Vous êtes divorcé, si j'ai bien compris ? dit-elle, pour meubler le silence.

Bernard soupira.

— Ceci est vérité, gente dame. Vérité et grande vilenie.

— Qu'est-il arrivé ? En clair...

— En clair, Lucrèce était une garce. J'ai été bien content d'en être débarrassé. C'était mon assistante, vous savez. Je lui ai tout appris – je la laissais dactylographier tous mes manuscrits et faire toutes mes recherches en bibliothèque. Puis elle a prétendu qu'elle était trop occupée pour m'aider. J'ai découvert qu'elle travaillait en fait à un doctorat dans mon dos – sur Shakespeare, notez bien, *mon* sujet. Cette trahison m'a dévasté.

— Hummm...

Où était donc ce taxi ?

— Il m'a fallu du temps pour pouvoir de nouveau me fier à quelqu'un. (Les yeux de Bernard étaient pleins d'apitoiement.) Mais, avec vous, je me sens reprendre espoir.

Il posa une main moite sur les siennes.

— Moi, je ne crois pas. (Freya retira sa main.) Pour le moment, je ne suis pas à la recherche d'une relation durable.

— Ah bon ?

Il ne semblait pas aussi abattu qu'elle l'aurait cru.

— Non durable, cela me va aussi, dit-il, le regard concupiscent.

Puis, avec une toux sinistre, il sortit une jambe de dessous la table et retroussa son pantalon pour révéler un coin de mollet nu.

— Pardon, mais mon pantalon est un peu trop court, ou mes chaussettes pas assez longues.

Il remua de façon allusive ses sourcils.

— Quoi ?

Freya contempla, dégoûtée, la peau dartreuse mouchetée de poils roux.

— Je dois avouer que je ne me sens pas si différent de Malvolio dans ses « jarretières rayées ». Ah, ah !

— Désolée, je ne vois pas de quoi vous parlez, fit Freya avec humeur. Cachez donc cette horrible jambe. On nous regarde.

Bernard lui adressa un regard badin.

— La dame proteste avec trop de véhémence, ce me semble.

À ce moment précis, Freya entendit les paroles qu'elle attendait : « Mademoiselle, votre taxi est là. » Hélas ! Bernard les entendit aussi.

— On va à votre donjon ? (Il se frotta les mains.)

— *On* ne va nulle part. (Freya jeta quelques billets sur la table.) Je rentre chez moi, toute seule. Vous semblez avoir de drôles d'idées sur mon compte. J'ignore d'où ça vous est venu, mais...

— Mais de vous, bien sûr !

Bernard clamait haut et fort son indignation.

— De votre e-mail !

— Moins fort... Tout ce que je disais, c'était que j'étais grande et...

— Non, le second message. Les jambes velues... le fouet... artistique...

À l'autre table, Monsieur Téléphone mobile regardait fixement l'espace avec l'air totalement concentré de celui qui n'en perd pas une miette.

— Vous m'avez confondue avec une autre, trancha Freya.

Voilà donc ce qu'il entendait par « rencontre stimulante ». Elle bondit sur ses pieds et jeta à Bernard un regard noir.

— Je ne vous ai pas envoyé de second e-mail, et je ne suis pas intéressée par des expériences spéciales. Ni par ce foutu Shakespeare, d'ailleurs.

— Ouhhh ! Vous êtes si belle quand vous êtes en colère ! Cela fait-il partie du châtiment ? Je promets d'être bien sage.

— Vous êtes marteau, vous savez ? Salut !

Elle tourna les talons et se dirigea vers la sortie, les joues rouges d'embarras. Des têtes se tournaient avec curiosité sur son passage.

Elle entendit un raclement de chaise.

— Attendez !

Bernard trottinait à sa suite, chevrotant pitoyablement.

— Je suis plus victime que coupable.

Au moment où il parlait, un terrible coup de tonnerre retentit. Quand Freya ouvrit la porte, elle se retrouva devant une muraille liquide tombant du ciel, comme si un géant venait de renverser un seau colossal. Son taxi luisait telle une lueur d'espoir. Elle fonça à travers le trottoir glissant avant qu'un de ces butors de New-Yorkais ne le lui pique.

— Roulez ! hurla-t-elle, en plongeant à l'intérieur.

Son dos était déjà trempé.

— Dites-moi où vous allez, et je roulerai.

Le chauffeur plia le journal qu'il était en train de lire avec une nonchalance rageante.

— N'importe où, mais roulez !

On toqua frénétiquement à la vitre. Un Bernard ruisselant apparut à travers la buée.

— Dégagez ! glapit-elle.

— Quand nous reverrons-nous ? lança-t-il, courant à côté du taxi, qui commençait à accélérer. « Sous le tonnerre, l'éclair ou... »

Le véhicule se faufila dans la circulation, noyant ces mots sous les grincements du moteur. Freya s'écroula, en eau, contre la banquette et ferma les yeux, remerciant Dieu pour sa délivrance. À partir de maintenant, juré, elle serait meilleure – aimable, tolérante, indulgente, douce.

— Querelle d'amoureux ? s'enquit le chauffeur.

Elle surprit son sourire sarcastique dans le rétroviseur.

— Faites le tour du pâté de maisons et fermez-la !

« Clic-clac », faisaient les essuie-glaces tandis qu'elle se blottissait sur la banquette en regardant les lumières de la ville défiler dans un flou délavé. Elle était mouillée, glacée, et avait très envie de cogner sur quelque chose. Il était bien trop tôt pour rentrer se coucher. Même si ça ne la dérangeait pas d'interrompre Jack et Candace, la pensée qu'ils puissent avoir pitié d'elle, ou rire d'elle dans son dos, était insupportable. Après Bernard, elle n'avait pas envie d'aller dans un bar pour y subir de nouvelles avances. Dans un cinéma, au moins, elle serait au sec, mais elle détestait voir des films toute seule, et elle fulminait trop pour rester tranquillement assise. Cat pouvait être à la maison, seulement Freya n'était pas d'humeur à écouter un nouveau sermon sur les joies du célibat. Pendant ce temps, le compteur tournait sans interruption.

— Conduisez-moi à la 10e Ouest, lança-t-elle au chauffeur.

Une demi-heure plus tard, en maillot et short qu'elle avait retirés de son casier, elle avait parcouru à vélo six exténuants kilomètres sans avoir bougé d'un pouce. La sueur perlait à ses tempes tandis qu'elle éliminait ses frustrations de la soirée sur l'engin de chrome et de caoutchouc. Il y avait deux autres femmes dans la salle de gym, soit rivées à MTV, soit fixant farouchement leur ferme reflet. Qu'est-ce qu'on fabrique ici, se demandait Freya, avec notre corps délivré de sa graisse, notre solitude, nos coupes de cheveux à deux cents dollars et nos téléphones portables qui ne sonnent jamais ? Zut, encore une côte. Elle s'échina sur les pédales à en avoir mal aux muscles.

À présent, le tapis roulant. Ayant choisi le décor, elle se mit à marcher d'un pas rapide et régulier, balançant les coudes, tâchant d'occulter la vision de la bouche humide de Bernard et de ses yeux pleins de désir. Elle aurait dû le poignarder avec l'un de ses talons aiguilles – sauf qu'il aurait pu apprécier... Elle augmenta la vitesse et se mit à courir. Grâce à cet afflux d'oxygène, son cerveau passa à une vitesse supérieure. Pourquoi Bernard l'avait-il crue portée sur le sadomasochisme ? Et cette histoire de second message ?

Son allure faiblit et elle faillit tomber à la renverse de la machine. « Ce c... de Jack ! » Voilà pourquoi ses messages ne s'étaient pas aussitôt inscrits à l'écran ; elle avait accusé son manque de familiarité avec cet ordinateur, mais la véritable raison était qu'il les avait lus le premier : lus, falsifiés, avant d'inventer ses propres réponses. Ce n'était pas Bernard qui lui avait envoyé le poème idiot qui l'avait fait sourire ; c'était Jack, pour se moquer d'elle. Freya reprit de la vitesse, frappant le sol lisse en caoutchouc. Son corps ruisselait de sueur. « Vous ne perdez rien pour attendre, monsieur Madison. »

— On ferme, mademoiselle. Il est temps de rentrer chez vous.

Un homme en salopette, tenant le manche de son aspirateur, lui souriait gentiment depuis le seuil de la salle d'entraînement.

Après s'être douchée et changée, Freya découvrit que ses jambes tremblaient d'épuisement. Elle se traîna jusqu'à une cafétéria, commanda un cappuccino, de l'eau minérale et trois beignets à la cannelle, et s'assit sur un tabouret de bar devant la fenêtre, regardant la pluie éclabousser la vitre et en dégouliner. Ce soir, elle avait fait une erreur. Quelle sottise de croire qu'on peut rencontrer l'homme idéal, ou un partenaire à court terme, comme ça. Même Jack, semblait-il, avait correctement décodé l'annonce de Bernard ; bien qu'il fût difficile de comprendre pourquoi il avait voulu lui faire une blague aussi cruelle. Enfin, quelle importance ?

La tête dans les mains, elle contempla sa tasse de café tout en suivant une conversation entre deux femmes derrière elle, une mère et sa fille. Leur bavardage était décousu et trivial – potins sur la famille et les amis, une délicieuse recette diététique de salade au poulet, si la fille devait repeindre son salon en pêche ou en jaune –, mais en les écoutant Freya ressentit une pointe de jalousie. Pendant la plus grande partie de sa vie, elle avait rêvé d'avoir une véritable mère, quelqu'un qui l'aimerait sans condition et écouterait toutes ses inepties, qui lui dirait qu'elle était belle, intelligente, et qui la protégerait au besoin. Parfois, elle s'adressait à sa mère dans sa tête. « Qu'en penses-tu ? lui demandait-elle à propos d'un nouveau petit ami. C'était comme cela entre toi et papa ? » Mais elle n'avait pas de maman ; elle avait une belle-mère.

Freya avait treize ans quand son père lui avait annoncé que lui et sa nouvelle fiancée, Annabelle, allaient se marier et qu'ils allaient vivre tous ensemble en Cornouailles, dans une grande maison. Sa première réaction avait été la stupéfaction. Comment pouvait-il vouloir changer la perfection de leur existence à deux ? Pendant sept ans, ils avaient vécu l'un pour l'autre. Au cours de l'année scolaire, elle allait à l'école tandis qu'il poursuivait ses recherches et écrivait ses livres dans le désordre du grand appartement londonien, sauvé du chaos domestique par une Portugaise maigre et nerveuse d'une inépuisable énergie et bonne humeur, nommée Mme Silva. Durant les vacances, ils voyageaient tous les deux en Europe, visitant musées, églises, bibliothèques et le foyer des amis historiens d'art de son père. « Tu peux venir, lui avait dit son père quand elle l'avait supplié de l'emmener, tant que tu ne te plains pas de t'ennuyer. » Et elle ne s'était pas ennuyée. Son père lui parlait, l'emmenait au restaurant, lui demandait son opinion sur les bâtiments, les repas, les gens. Il lui avait appris à jouer aux échecs, au poker et au whist-solo, à juger si une huître était fraîche, le sens des mots « spinnaker » et « panthéon ». Parfois, elle avait la permission de le regarder se raser, dessiner des motifs rigolos dans la mousse avec son rasoir pour la faire rire. Freya avait appris à faire sa propre valise, à laver ses sous-vêtements dans un lavabo et à demander l'addition : *l'addition, il conto, la cuenta*. Elle avait appris à ne pas le déranger quand il lisait le journal, aux toilettes, quand il était en train d'écrire dans son calepin ou de « réfléchir » – et à ne jamais demander s'il était perdu ou fauché. Ils descendaient dans des pensions à bon marché avec des salles de bains bizarrement aménagées et du papier hygiénique rêche, dans des appartements prêtés, imprégnés d'odeurs de nourriture étrangère, et de temps en temps dans un grand hôtel, où ils se mettaient sur leur trente et un et feignaient d'être des membres de la famille royale voyageant incognito. « Puis-je vous dire, princesse Freyskanini, combien vous êtes particulièrement belle ce soir ? Les boucles de vos chaussures éblouissent mes yeux. »

Il y avait des femmes, bien sûr. Son père était bel homme. Freya tirait une certaine fierté de ses conquêtes, sachant qu'elles ne duraient jamais. Car un tiers invisible les accompagnait partout, le souvenir d'une femme tendre et rieuse qui s'était levée un matin pour acheter des croissants, avait oublié de regarder à droite en traversant la rue du Bac et était morte sur le coup sous les roues d'un camion de livraison.

Annabelle aussi était mère – de Natasha, trois ans. Le père de Freya lui avait expliqué que Tash n'avait pas de papa, comme elle-même n'avait pas de mère ; ainsi allaient-ils se réunir pour former une nouvelle famille. Freya, qui aimait son père plus que tout au monde, avait accepté. Au bureau de l'état civil, à Londres, elle était restée derrière lui, serrant son bouquet de demoiselle d'honneur, tandis que les doigts spatulés de son père, qu'elle connaissait comme les siens, glissaient la bague au doigt de l'autre femme.

C'était donc cela, le mariage. Annabelle était très gentille, mais aussi brusque et autoritaire ; Freya avait le désagréable sentiment qu'elle était sur le point d'être reprise en main.

Au début, tout se passa presque bien. Il y avait l'excitation de découvrir une nouvelle chambre et une nouvelle maison – une demeure extraordinaire près de la pointe de la Cornouailles, assez grande pour s'y perdre, avec un jardin labyrinthique qui tombait en un fouillis vert jusqu'à la mer au bord couvert de galets. Il y avait une jungle de plantes aux feuilles grandes comme des nappes, qui piquaient par-dessous, et des fenêtres dont les vitres faisaient onduler le paysage. Il y avait des granges, un pigeonnier croulant et une petite chapelle, froide comme l'hiver. Pour commencer, elle n'avait rien eu à reprocher à Tash, corpulent bébé de trois ans au regard naïf et au nez coulant. C'était assez facile de la distancer, ou d'échapper à sa petite présence despotique.

Son premier choc, elle l'avait ressenti quand Annabelle l'avait priée, poliment mais fermement, de frapper avant d'entrer dans la chambre de son père, qui était devenue aussi la sienne. Puis il y avait eu la décision d'envoyer Freya en pension, aucun établissement local ne « convenant ». Freya ne s'était pas plainte ; elle ne voulait pas ennuyer son père. Pour la même raison, elle avait supporté les pénibles intrusions d'Annabelle : combien de fois Freya se lavait-elle les cheveux ? Regardait-elle trop la télévision ? Avait-elle besoin d'un soutien-gorge plus grand ? C'était désormais Annabelle qui accompagnait son père en voyage.

En l'absence de Freya, Tash dominait la maisonnée. En sa qualité de fille unique d'une femme qui avait enduré une perte tragique et d'enfant adoptif d'un homme qui s'efforçait de fortifier les liens de sa nouvelle famille, Tash était choyée et traitée avec indulgence. Elle détestait partager la vedette. Au début, Freya ne parvenait pas à croire qu'une aussi jeune enfant pût être aussi manipulatrice et mal intentionnée. Tash crayonnait sur tous ses livres, dérobait des choses dans sa chambre pour les dissimuler, et un jour elle avait cassé un bibelot en verre suédois, cadeau précieux que Freya tenait de sa mère – le lâchant délibérément sous ses yeux. Quand Freya était en colère, Tash se précipitait dans les jupes de sa mère et prétendait en pleurant que Freya l'avait frappée. Ensuite, Annabelle se disputait avec le père de Freya, qui prenait cette dernière à part, gêné, et lui suggérait d'être plus gentille avec sa « sœur ». À l'époque où Freya avait atteint l'âge ingrat, l'autre était une adorable poupée réclamant l'indulgence de tous, tandis que Freya était censée agir en adulte. Un jour, pendant les vacances, elle était rentrée pour découvrir que Tash s'était mise à appeler son père « papa » et qu'il ne la corrigeait pas. Sa trahison fut comme un coup de poignard au cœur ; la plaie cachée suppura et gagna du terrain. Freya comprit que la vie menée autrefois avec son père – ce compagnonnage détendu et sans règles, sans *besoin* de règles – était bel et bien finie. Instinctivement, elle commença à tourner ses regards ailleurs. Elle se mit à étudier avec ardeur, développant ses propres centres d'intérêt, se repliant sur elle-même. L'été venu, elle quitta l'école, prit un boulot de jeune fille au pair dans le New Jersey. Son projet était de revenir à l'automne pour entrer à l'université ; à la place, elle découvrit New York et s'y installa.

Ses pensées dérivèrent, éveillant des images de ce que sa vie devait être, aurait dû être ou pourrait être, quand un bruit de tasses lui signala qu'il était presque minuit. Elle régla l'addition, fourra un bonbon à la menthe dans sa bouche pour se donner du courage et attrapa le bus afin de rentrer chez Jack.

Dans l'appartement, tout était éteint. Par précaution, Freya inséra la clé sans faire de bruit et, une fois la porte ouverte, ôta ses souliers et les coinça sous son bras. Tout était calme. Elle traversa l'entrée à pas de loup, ses yeux s'habituant peu à peu au noir. La porte du séjour était ouverte. On pouvait discerner les contours des meubles dans la demi-obscurité ; un point vert indiquait que la chaîne stéréo était restée allumée. Elle s'avançait pour l'éteindre quand elle fut arrêtée par un faible son, l'ombre d'un soupir. Il y avait quelqu'un dans cette pièce.

Elle s'immobilisa, les nerfs à vif. C'est alors qu'une voiture s'engagea dans la rue. Ses phares projetèrent une lueur trouble et sulfureuse à travers les rideaux. Comme dans un rêve au ralenti, Freya distingua les formes des bouteilles de vin et des bougies qui avaient coulé sur la table, puis les flaques sombres des vêtements abandonnés formant une piste sur le sol, et enfin le divan affaissé, où il apparut qu'une bête étrange, vague, dormait, étalée. Il y eut un éclair orange au passage de la voiture, et tout s'illumina. Jack était allongé, nu, lui tournant le dos. Elle aperçut une tignasse blonde, le reflet d'une épaule lisse fléchie pour tenir une presque invisible Candace, l'enchevêtrement de quatre jambes tordues dans les bras du sofa. La petite main à bracelet de Candace reposait intimement sur l'arrondi musclé du fessier de Jack.

La lumière disparut, éclipsant les silhouettes jumelles et laissant Freya aveugle. Mais l'image restait vivace dans son esprit. Elle sentait bien les battements précipités de son cœur. « C'est la surprise », se dit-elle. Marchant aussi vite qu'elle l'osait, courant presque, elle entra dans sa propre chambre et referma la porte.

12

— CHHHHHUTTT !

Plantée devant l'évier, les avant-bras dans l'eau de la vaisselle, Freya tourna la tête pour découvrir le regard furieux de Candace. En plein jour, sans maquillage et enveloppée dans le peignoir de Jack, elle avait l'air très jeune. Ses ongles d'orteil étaient prune foncé.

— Il essaie de dormir !

Freya tira une poignée de couverts hors de l'eau, les tint en l'air pendant quelques secondes bien senties, puis lâcha tout sur l'égouttoir en acier.

— Qui ? dit-elle, quand le bruit de ferraille se fut calmé.

— Jack, bien sûr. Il a mal à la tête, pauvre chou. Je crois qu'il est malade.

— Ça doit être la gueule de bois. J'ai ramassé dix millions de bouteilles. Sans parler des autres saletés. De toute façon, il est midi passé.

Freya ajouta un couvercle à une pile de casseroles, qui s'effondra avec fracas.

— Vous n'êtes pas obligée de faire ça, vous savez, fit Candace. Moi, j'aime bien nettoyer.

Freya haussa des épaules de martyre.

— Maintenant, c'est fait.

On entendit un râle provenant de la chambre de Jack, et aussitôt, avec un couinement de détresse, Candace vola à son secours.

Une minute plus tard, elle était de retour.

— Vous n'avez pas de jus d'orange ?

Freya s'essuya les mains et considéra la question.

— Moi, oui. Pas Jack. Il préfère qu'on fasse les courses séparément. C'est-à-dire que je fais les courses, et lui pas. Au fait, où est mon café ?

— Oh ! c'était le vôtre ?

Sous le regard hostile de Freya, la voix de Candace mourut.

— Super ! Génial !

Freya fit claquer son torchon humide avec colère.

— Comme c'est merveilleusement « artiste » de la part de Jack de s'élever au-dessus de ces contingences matérielles.

La jeune fille recula d'un pas. Ses yeux étaient écarquillés et éloquents. Complètement folle, disaient-ils. Fêlée. La ménopause.

Non sans difficulté, Freya se reprit. Elle marcha d'un pas raide vers le frigo et l'ouvrit. D'un geste vif, elle attrapa le carton de jus d'orange et le flanqua sur la paillasse.

— Là ! À vous de jouer. Par faveur spéciale, je vous accorde le droit d'user de ce carton à votre guise.

Le front de Candace se plissa.

— Je peux en donner à Jack ?

— Oui, oui, oui, oui, *oui* ! Bon sang ! Ce n'est pas comme s'il n'avait pas les moyens de s'en payer. Jack Madison, troisième du nom !

— Troisième du nom ?

Candace fit une pause dans sa quête d'un verre.

— Ridicule, non ? On le croirait de la famille royale d'Angleterre. Il doit se voir de cette façon, quand il est dans la vieille plantation de ses ancêtres, avec les magnolias en fleur, les grenouilles qui coassent et les Cadillac qui vrombissent...

— Tout homme se plaît à être le roi de son propre foyer. Ce n'est pas critiquable.

Freya fit mine de vomir.

Candace lui lança un regard soupçonneux.

— Seriez-vous féministe ?

— Si ça signifie être l'égale des hommes, bien sûr. Pas vous ?

Candace y réfléchit tout en versant le jus de fruits.

— Je me respecte en tant que femme. Mais les hommes et les femmes sont différents. On n'est pas pareils.

Quelles sornettes ! Freya croisa les bras.

— Dites-moi, Candace, qu'est-ce que vous faites dans la vie ? Enfin, c'est quoi votre métier ?

— Je suis dans le marketing. (La modulation de sa voix, presque interrogative, suggérait que Freya n'était peut-être pas familiarisée avec ce concept.) Pour le moment, je suis dans le télémarketing, mais mon patron veut me donner une promotion.

— Et que « marketez »-vous ?

— Tout un tas de trucs. C'est très intéressant. Même si je n'ai pas envie de faire ça jusqu'à la fin de ma vie. C'est si limitant, une carrière.

« Pas autant qu'une absence de carrière », songea Freya, qui demanda :

— Qu'est-ce qui vous plairait ?

— Être riche et célèbre. (Candace eut un sourire confiant.) Faire du shopping, voyager, enrichir ma personnalité.

Freya haussa un sourcil.

— Vous visez haut.

— Je trouve aussi... Et vous ?

Freya avait une réponse toute faite à cette question banale : ouvrir sa propre galerie, lancer des artistes qu'elle avait découverts – à *leur* rythme, sans céder aux caprices du marché, blabla. Mais expliquer cela à cette crétine était une perte de temps. Elle inclina la tête sur l'épaule.

— Oh, oh ! Ne serait-ce pas la voix du Maître ?

Candace décampa avec le précieux jus de fruits, les nénés ballottant, laissant Freya se tapoter les cheveux d'une main irritée. L'idée de leur tenir la chandelle pendant tout le week-end lui faisait bourdonner les tempes. Impensable que personne ne l'eût invitée dans le Connecticut ou à Long Island. Mais ce n'était pas le cas, elle allait donc devoir préparer sa propre fuite, non cependant sans avoir dit un mot à Jack – si jamais il sortait du lit. *Il a mal à la tête, le pauvre chou.* C'était peut-être une tumeur au cerveau. Le moment était tout choisi pour réorganiser le placard à casseroles... Tout en s'y employant, elle se mit à chantonner à voix basse. Enfin, des bruits lui indiquèrent que les tourtereaux quittaient leur nid douillet.

Un peu plus tôt, depuis sa position stratégique derrière l'évier, elle avait remarqué que quelqu'un avait installé des transats défraîchis dans la cour. C'était une journée étincelante, la pluie de la veille avait lavé le ciel azuré. Étant allée ramasser le journal et une pile d'enveloppes dans l'entrée, elle les apporta dans la cour et s'installa au soleil. Elle feuilleta le courrier, en majorité des plis bruns peu engageants, à l'exception d'une épaisse enveloppe de couleur crème adressée à Jack. Elle la retourna et, distraitement, passa le pouce sur le rabat gaufré révélant que l'expéditeur était John P. Madison Jr. : le père de Jack. « Avec un peu de chance, il a décidé de déshériter son fils. »

Il y avait quelque chose pour elle, une grosse enveloppe matelassée réexpédiée depuis l'adresse de Michael, affranchie par une agence de relations publiques londonienne dont elle reconnut le nom. Le visage de Freya se durcit. Depuis qu'elle vivait à New York, Tash ne lui avait pas écrit une seule fois. Si elle le faisait maintenant, ce n'était sûrement pas poussée par une affection fraternelle. Elle déchira l'enveloppe et sortit un magazine sur papier glacé. Juste ciel ! *Country Life*. Elle en tourna les pages, qui représentaient des haies d'ifs bien taillées, des taureaux primés et de séduisants cottages anglais, jusqu'à ce qu'elle découvre un bristol couvert d'une grosse écriture brouillonne : « Papa m'a dit de te l'envoyer. Page 51. – T. »

Pinçant les lèvres, elle alla à la page indiquée et découvrit une photo en couleurs de Tash reproduite en pleine page. *Country Life* avait toujours montré des portraits comme celui-ci – l'équivalent petit-bourgeois anglais de la double page détachable de *Playboy* –, vantant les mérites d'une jeune beauté de bonne famille, en général à l'occasion de ses fiançailles ou de son mariage. Pas étonnant si Tash était ravie. Mais, tout de même, les jeunes filles portaient des corsages à fanfreluches et à col montant, un bandeau dans les cheveux, et elles étaient photographiées en train d'embrasser un labrador ou un cerisier en fleur, et non vautrées à moitié nues sur une méridienne en velours rouge. *Country Life* avait bien changé... Freya lissa la page et contempla d'un œil froid la jeune peau sans défaut de Tash, ses yeux vert noisette naïvement écarquillés, la bague voyante qui saillait « si naturellement » sur la main parfaitement manucurée. Sous le portrait, la traditionnelle légende : *Mlle Natasha Penrose, vingt-cinq ans, fille unique de feu M. John Huffington et de Mme Guy Penrose de Trewennack, en Cornouailles, va épouser Roland Swindon-Smythe, fils unique de M. et Mme Barry Swindon-Smythe des Buissons, Totteridge Common, dans l'Essex.*

La lecture de cette annonce en noir et blanc lui coupa le souffle. Le mariage était exactement dans deux semaines, et elle n'avait personne pour l'accompagner. Que faire ? Elle jeta le magazine au sol et ramassa le journal, dans l'espoir de se changer les idées.

Elle s'efforçait de se concentrer sur un plaidoyer pour la disparition du living-room traditionnel quand Jack sortit de la cuisine en traînant les pieds. Mon Dieu ! il ne manquait plus que ça. Il portait un short et un tee-shirt géant où s'étalait le slogan : « Pensez Saucisses. » Freya avait autrefois possédé son exact jumeau, prime distribuée pour l'inauguration d'un restaurant où ils s'étaient incrustés ensemble, des années plus tôt – mais elle, elle avait eu le bon goût de s'en débarrasser.

Jack s'effondra sur un siège et se prit la tête dans les mains.

— Arghh...

Freya continua sa lecture dans un silence glacial.

— Je préférerais être mort. Pas de fleurs, merci.

Freya l'ignora – ce minable, dégoûtant, cruel, égoïste saligaud.

Il s'étira bruyamment et laissa échapper un bâillement sans complexe. Le silence se prolongeait. Freya attendait. Enfin, il demanda, d'une voix prudemment neutre :

— Tu as passé une bonne soirée ?

— Sensationnelle, merci.

— C'est vrai ?

Ses yeux se dilatèrent de surprise.

— De la pure poésie. Rien de tel qu'un homme qui vénère le sol que tu foules, en particulier si c'est son propre corps. Pardon, son propre corps *velu*. Mais ses menottes auraient bien eu besoin d'être rembourrées, je dois dire.

Jack la regardait avec frayeur.

— Tu plaisantes ?

— Bien sûr que je plaisante !

Sautant sur ses pieds, elle se mit à lui taper sur la tête avec son journal.

— Comment as-tu osé me brancher sur un pervers ?

— Je ne t'ai pas – aïe ! – branchée. C'est toi qui as répondu à son annonce. C'était ton choix. Arrête !

Avec une facilité mortifiante, il la soulagea de son journal et l'immobilisa à bout de bras.

— Je ne comprends pas, Freya. Tu n'es pas capable de te passer d'un homme, ne serait-ce qu'une semaine ?

— C'est toi qui dis ça ! (Elle se dégagea brutalement.) Tu n'es même pas fichu de passer une *journée* sans draguer une nana – aussi faible d'esprit soit-elle.

Jack découvrit ses dents dans un sourire railleur.

— Ce n'est peut-être pas leur cerveau qui m'intéresse.

— « Peut-être » ? Pas étonnant si tu ne peux plus écrire, Jack. Même le plancton reçoit plus de stimulation intellectuelle que toi.

Une lueur dansa dans son œil.

— Moi, au moins, je n'ai pas besoin d'éplucher les petites annonces.

Ils se fusillèrent du regard.

— Ah ! j'allais oublier... (Freya fouilla dans la poche de son short.)... le loyer de la semaine. Merci beaucoup de ton obligeance.

Elle jeta dans sa direction une liasse de billets qui allèrent s'éparpiller dans l'herbe.

Après un silence pesant, Jack se pencha pour les ramasser et les plia avec un soin exagéré. Puis il retomba sur son siège et la considéra à travers ses paupières plissées par le soleil.

— Tu ne vas pas t'aimer quand tu liras mon roman, dit-il.

— Tu ne peux pas me mettre dans ton roman. C'est de la calomnie.

— Une femme comme toi...

— Qu'est-ce qu'elle devient à la fin ? Quand elle a été violée par le pervers...

Un nuage passa sur le visage de Jack.

— Je ne sais pas. Au fait, à propos de calomnie, j'ai eu une longue discussion avec Michael, hier. Quelqu'un a mutilé sa garde-robe. Il songe à l'attaquer en justice.

— Qu'il ose...

— Bonjour, tout le monde ! fit une voix gazouillante. J'ai préparé de la limonade.

Candace approchait d'un pas léger, tout habillée et l'air de sortir d'un carton à chapeaux – lèvres laquées, cheveux lissés, sans aucun doute manucurée, épilée à la cire et désodorisée dans toutes les zones à problème. Freya baissa les yeux sur ses jambes nues et ses tennis éraflées. Il était temps de lever le camp.

— Merci, Candace.

Elle prit un verre et le vida d'un trait.

— Ça ne t'embête pas si je t'emprunte Rossinante, Jack ?

— Si.

— Rossinante ? fit Candace, fronçant des sourcils soupçonneux.

— Le vélo chéri de Jack et, après vous, Candace, ce qu'il aime le plus au monde. C'était le nom du cheval de don Quichotte.

— Ah, oui... C'est lui qui jouait dans *Les Walton*, non ?

— Allez, Jack. (Freya lui donna un coup de pied, pas si gentil que ça, à la jambe.) Tu as tout à y gagner : je vais visiter des logements à louer.

Il leva les yeux avec intérêt.

— Tu déménages ?

— Tu me supplies de rester ?

— Préviens-moi quand je pourrai sabler le champagne.

— C'est votre sœur ? l'interrompit Candace.

Elle avait ramassé la revue que Freya avait stupidement laissée ouverte dans l'herbe.

— Ma demi-sœur.

— Voyons cela.

Jack tendit la main. Docile, Candace lui remit la chose et se répandit par-dessus le dossier du transat de Jack, joue à joue avec lui, pour qu'ils puissent lire ensemble.

Jack examina la photo et sifflota :

— Je croyais qu'elle allait encore à l'école, Freya.

— Elle a grandi.

— En effet.

— Regarde, Jack ! s'écria Candace, excitée. On dit qu'ils se marient. N'est-ce pas renversant ?

— Une nouvelle digne de faire trembler le monde.

Raflant le magazine, Freya le referma sèchement.

— Concentre-toi sur ton propre courrier, Jack. (Elle se pencha pour ramasser la petite pile.) Est-ce une nouvelle thérapie à la mode, où tout le monde doit tripoter les lettres de tout le monde ? Il y en a une de ton père. Je la lis à haute voix ?

Jack la considéra avec aversion.

— Prends le vélo.

— Quoi ?

— Prends cette foutue bécane !

Freya hésita un moment, puis jeta les lettres à ses pieds.

— Bien, dit-elle.

Il fallait être fou pour aller à vélo de Chelsea à Central Park un samedi, sous un soleil de plomb ; faire cela sur l'antiquité cliquetante de Jack, parmi le trafic insensé et les bouffées mortelles de pollution, relevait de la mission suicide, mais Freya était néanmoins décidée à s'amuser. « Je peux le faire », se disait-elle, tout en pédalant à travers les carrefours au moment où les feux passaient au rouge, cognant sur les toits des voitures qui encombraient l'espace. Dans le bon vieux temps, elle avait circulé partout à bicyclette – mais seulement parce qu'elle était sans le sou, et non pas pour poser à l'artiste, comme Jack, qui croyait qu'un vélo cabossé rehaussait son charme gamin et estudiantin, et pouvait toujours attraper un taxi si la pluie menaçait. Quand elle songeait à tous les boulots ingrats qu'elle avait acceptés uniquement pour survivre à New York – livreuse de sandwichs, animatrice de téléphone rose, serveuse sur patins à roulettes (nattes obligatoires), cobaye humain dans des hôpitaux où l'on testait les médicaments, nettoyeuse du vomi des gens après les fêtes, guide pour agence de tourisme en costume « colonial » (avec cette stupide capote qu'elle appelait sa « coiffe hollandaise ») –, la fainéantise de Jack l'ulcérait. Il se prenait pour un héros parce qu'il avait réussi à « tenir » pendant toute une année avant que son père revienne sur sa décision et se remette à lui verser sa pension. Il n'avait jamais sauté un repas pour payer ses frais de scolarité, comme elle, ni passé un hiver à dormir sur une galette de mousse avec un manteau de fourrure acheté dans une boutique de charité en guise de couverture. Même aujourd'hui, son compte en banque penchait régulièrement vers le zéro ; depuis sa robe rose et la désastreuse partie de poker, elle n'avait pas osé ouvrir un relevé. Et si Michael avait réellement l'intention de lui faire un procès... Freya grommela. Elle avait appelé Cat cet après-midi pour la brancher sur cette affaire.

En danseuse, elle pédalait avec constance vers le nord, sur une déclivité invisible à l'œil mais perceptible aux mollets. De rue en rue, le paysage urbain changeait – des fleurs à la fourrure, des synagogues aux églises, des diamants aux livres, des théâtres aux immeubles de bureaux, de la richesse à la pauvreté et inversement, tandis que les buildings s'élevaient et que les coins de ciel rétrécissaient. Elle flaira les odeurs de hot dogs, de bitume fondu et de lotion solaire, ainsi que, par moments, la senteur forte de l'Hudson – mi-pétrole, mi-eau salée – portée par la brise. La chaleur montait du granit par vagues et ricochait sur les parois de verre. Touristes et badauds flânaient sur les passages cloutés. De jeunes hommes circulant en camion lui crièrent dessus en passant dans un vrombissement, avec l'espoir de l'effrayer et de la faire capoter. Tête baissée, Freya continua de gravir la pente avec acharnement, en comptant ses repères : le National Debt Clock, le grand magasin *Macy*, l'hôtel de ville, le Rockfeller Center et sa flèche d'une ravissante finesse, le cube de verre noir sinistre du siège de CBS, posé au coin de la 53e Rue tel un gigantesque écran de télévision. Elle passa devant les sculptures de Jim Dine garées sur le parking du musée d'Art moderne, un trio de Vénus en bronze aux formes indiscutablement féminines, mais sans tête, sans bras et énormes. Est-ce ainsi que les hommes voient, secrètement, les femmes ? Elle songea aux rondeurs opulentes de Candace, aux ricanements de Bernard, découvrant ses dents jaunes, et entendit de nouveau le trémolo amusé dans la voix de Jack quand il l'avait interrogée sur son rendez-vous. Elle avait menti en prétendant visiter des appartements. Elle allait chercher à Central Park un peu d'intimité, pour mieux ourdir sa vengeance.

En nage et hors d'haleine – mais vivante –, elle arriva enfin à destination. L'endroit grouillait de cyclistes, de joggers, d'amoureux, d'adeptes du roller, ou du ballon, ou des bains de soleil, d'hommes avec des bébés, de femmes avec des chiens, d'enfants léchant des cornets de glace. Ralentissant l'allure, Freya s'engagea avec reconnaissance sur la piste cyclable ombragée et poursuivit son chemin, tenant son guidon d'une seule main, en direction du lac. Elle fit la queue à une buvette pour acheter de l'eau minérale, plaça la bouteille humide dans le panier devant elle et continua jusqu'à la Promenade à la recherche d'un coin libre parmi son enchevêtrement supposé sauvage de cours d'eau, de bois et de rochers artistement disposés. Descendant de la fidèle Rossinante, elle la poussa à travers les buissons et la cala contre un arbre. Elle s'assit sur un carré d'herbe ombragé et avala une rasade d'eau bien fraîche ; ensuite, elle tendit le bras vers le sac à dos qu'elle avait fourré dans le panier et en tira un crayon et du papier à lettres. Un temps, le front plissé, elle mâchouilla son crayon, contemplant le bruyant chaos de barques sur le lac. Puis elle se mit à écrire.

Après plusieurs tentatives, elle obtint le texte parfait. Attrapant le crayon de sa main gauche, elle s'entraîna à adopter une écriture de « corbeau » psychopathe. Enfin, elle saisit une feuille vierge et écrivit, en caractères curieusement irréguliers :

Tu te prends pour un caïd, mais Gare – les FORCES Des TÉNÈBRES se rassemblent. Je sais ce qu'il y a entre toi et Elle. Si elle a un A et pas moi, tu seras Châtié pour LOURDE turpitude morale et favoritisme SEXUEL. Nul n'a le droit de se mettre en traverse de mon GÉNIE. Alors fais gaffe. Ou sinon.

« Un Ami »

Freya relut sa lettre avec un sourire satisfait. Chacun sait que ceux qui fréquentent les ateliers d'écriture sont paranoïaques et sujets aux visions ; elle se plut à imaginer Jack se torturant pour identifier le coupable parmi tant de suspects. Elle plia le papier en deux, le glissa dans une enveloppe et libella le nom et l'adresse de Jack de la même écriture contrefaite. Puis elle prit un timbre dans son portefeuille, le lécha et le colla selon un angle insolite. Ça lui ferait les pieds. Soudain épuisée, elle s'adossa à l'arbre et ferma les yeux. Le parc était extraordinairement peu paisible. Les chiens aboyaient, les enfants piaillaient, la musique beuglait, des hommes au regard fiévreux venaient lui demander l'heure, des amants gloussaient dans les taillis poussiéreux. De temps en temps, un surveillant lançait des avertissements concernant la sécurité des embarcations à l'aide d'un porte-voix. Freya endura tout cela jusqu'à ce qu'un cycliste en sueur surgisse du sous-bois et lui roule sur le pied. Elle était venue chercher la sérénité ? Elle connaissait l'endroit idéal.

La salle était fraîche et silencieuse. Très haut au-dessus de sa tête, le plafond arborait d'élégantes corniches ; une faible odeur de cire montait du parquet avec son carré de tapis vert. Des tableaux qui l'entouraient – des Gainsborough, Romney, Reynolds, Hogarth – émanaient l'assurance et le calme de la Grande-Bretagne du XVIIe siècle. Freya se tenait dans la salle à manger d'un somptueux manoir converti en musée, qui prodiguait une luxueuse oasis culturelle dans ce désert de prétention baptisé l'Upper East Side. Le parc avait été facile à traverser ; en chemin elle avait glissé l'enveloppe pour Jack dans une boîte aux lettres. Elle se sentait toujours à l'abri dans les musées, peut-être parce qu'elle y avait passé tant d'heures, enfant, la main dans celle de son père. La collection Frick ne changeait jamais, même si de temps à autre les tableaux circulaient : ces peintures étaient de vieilles amies. Déambulant seule, à son pas, à travers ces pièces gracieuses en compagnie du Greco, de Vermeer, Holbein, Titien, elle se sentit à la fois apaisée et revigorée.

D'ordinaire, elle évitait la salle Fragonard, avec son

mobilier rococo et ses représentations dans le genre « boîte de chocolats » de jeunes amants, tout en boutons de rose et robes à volants. Mais, Dieu sait pourquoi, ce jour-là elle y entra et son attention fut captée par la suite de quatre grandes peintures connue sous le nom de *Progrès de l'amour*. Elle narrait une histoire familière. D'abord, *La Poursuite* : un jeune homme offre une rose à une demoiselle alarmée, surprise à l'improviste dans un jardin en fleurs. Deux cupidons observent la scène du haut d'une source bouillonnante en forme de phallus. Puis *L'Entrevue*, où le jeune homme, vêtu du rouge de la passion, escalade un mur pour retrouver sa proie toujours hésitante. Au troisième tableau, elle a cédé ; l'air content, elle se laisse bécoter le cou, un petit chien, symbole de fidélité, couché à ses pieds. Enfin, dans *L'Amour couronné*, il jouit d'un triomphe total sous un ciel infini ; le couple heureux sourit depuis une toile saturée de symboles de fertilité et de bonheur.

Et voilà, « Fin » – comme dans les vieux films, quand ce mot s'inscrit sur l'écran après l'ultime baiser. Freya croisa les bras et pinça les lèvres, perplexe. De nos jours, ce n'était plus aussi simple. Fragonard présentait l'amour comme un jeu entre de jeunes êtres innocents, où chaque camp connaît les règles. Mais il n'y avait plus de règles. Plus d'innocence ; les gens étaient sur leurs gardes, cyniques, jaloux de leur liberté, se défiant d'être pris au piège tout en redoutant de rater leur vie.

Quel était le secret du grand amour ? Du sexe, certainement ; de la romance, idéalement ; de la stabilité domestique, probablement. Quoi d'autre ? Elle haussa les épaules. En tout cas, elle, elle ne l'avait pas encore trouvé. Elle frotta le haut de ses bras, soudain glacée par la climatisation. Se pouvait-il que ce fût sa faute, qu'elle ne fût pas digne d'amour ? Tous les hommes l'abandonnaient, à la fin. Son cœur se gonfla de pitié pour elle-même.

Un couple d'Allemands entra dans la salle, se disputant pour savoir qui avait oublié l'appareil photo, et interrompit ses pensées. Chassant sa mélancolie, Freya se dirigea vers la porte. Son regard balaya une dernière fois les tableaux au passage, effleurant les joues rougissantes de la jeune fille et sa poitrine rebondie. Malgré tout son dédain pour cette vision enjolivée de l'amour, elle ne pouvait s'empêcher d'éprouver un pincement au cœur en songeant au naïf optimisme et à l'énergie de la jeunesse. Elle continua sa visite dans un état second, puis s'assit un moment dans la cour, ornée d'une petite mare, de plantes et de colonnes classiques, et se promit d'être meilleure – plus sincère, plus réceptive, moins critique. En sortant, elle remarqua pour la première fois la taille de la coquille sur un portrait peint par Bronzino : probablement du rembourrage, l'équivalent au XVIe siècle d'une retouche sur une photo, mais c'était quand même assez impressionnant. Elle souriait en sortant dans la rue, avant de constater que le pneu arrière de Rossinante était à plat.

Ce n'était pas dans ce quartier que l'on pouvait trouver un atelier de réparation. Après s'être arrêtée plusieurs fois pour interroger les passants, elle apprit qu'il y avait un genre de marchand de cycles à quelques rues de là et partit dans la direction indiquée en espérant qu'il existait réellement et n'avait pas encore fermé. Coup de veine : dans une rue minable derrière la Deuxième Avenue, elle découvrit un grand et vieux garage qui sentait le pneu, avec une rangée de bicyclettes sur le trottoir et une foule de jeunes gens musclés à l'intérieur, faisant tinter des clés à molette, soupesant des sacoches, conversant par-dessus des roues qui tournaient dans le vide. Comme elle attendait son tour au comptoir, ses doigts glissèrent sur le guidon et Rossinante vacilla de côté, heurtant la personne qui la précédait.

— Oh, désolée...

— C'est rien. (C'était un jeune homme au sourire amical.) J'étais en train d'essayer de me persuader que j'avais besoin d'une gourde « Tour de France », mais je croule déjà sous les accessoires. Qu'est-ce qu'il a, votre vélo ?

— Une crevaison.

— C'est tout ? Pourquoi vous ne le réparez pas vous-même ?

— Je... je... je ne suis pas équipée. Ce n'est pas mon vélo.

— Et ça alors ? (Il lui montrait un genre d'étui attaché derrière la selle.)

— Je croyais que c'était une trousse de premiers secours...

Il se mit à rire à ce qui ressemblait à une blague désopilante, révélant des dents bien alignées, d'une blancheur éblouissante. Freya se rendit compte qu'il était très très beau.

— Écoutez, sortons... et je vous le répare. Ils vous prendraient un fric fou. Venez...

Freya le suivit à l'extérieur et le regarda caler tendrement sa propre machine contre le mur. Puis il s'approcha et lui prit son vélo des mains. Ils avaient exactement la même taille. Des cheveux noirs et raides jaillissaient autour de son front. Il portait un tee-shirt noir moulant et un short couleur pierre qui s'arrêtait en haut des cuisses.

— Pour commencer, mettons-le sur le dos, dit-il sur le ton du commandement. Non, poussez-vous. Je m'en charge.

Freya le vit retourner l'engin d'une pichenette. Assurément, il avait la forme.

— Putain, c'est lourd ! Faut pas traîner un truc

pareil. Moi, je peux soulever ma bécane d'une seule main. Regardez !

Il alla hisser avec fierté dans les airs sa propre merveille vert-de-gris aux lignes pures et aériennes. Son tee-shirt remonta alors, dévoilant une tranche lisse de peau caramel.

— Palpitant, souffla Freya.

— C'est à cause de l'aluminium, expliqua-t-il avec sérieux.

— Je vois.

Elle leva les yeux et lui sourit. Il avait rougi ! Elle s'interrogea sur son âge.

— Une vraie pièce de musée, marmonna-t-il, tripotant une espèce d'outil en métal. Je me demande quel âge ça lui fait.

Pendant un horrible moment, Freya crut qu'il parlait d'elle.

— Ça date forcément d'avant 1973. C'est à ce moment-là qu'ils ont mis les enveloppes extérieures sur les papillons latéraux et introduit le boudin à deux branches. Enfin, un truc comme ça.

Freya était occupée à s'émerveiller de la musculature des jambes du jeune homme, qui n'arrêtait pas de s'agiter autour de sa machine.

— 1973 !

Il lui décocha un sourire aveuglant.

— Plus vieux que moi !

Freya se livra à un rapide calcul mental. Il devait avoir huit ans de moins qu'elle, au bas mot. À une époque, elle avait éconduit les garçons de cet âge comme de jeunes morveux impertinents. À présent, elle se demandait pourquoi elle n'en avait pas profité, quand il était temps.

Une bande de cyclistes sortit en flèche du garage. Une voix lança : « Tu viens au parc, Brett ? »

Le jeune homme jeta un coup d'œil à Freya.

— Plus tard, peut-être...

— Je vous en prie, ne restez pas à cause de moi, dit-elle vivement. Je peux facilement faire réparer ce vélo à l'intérieur.

Ce serait affreux s'il se sentait coincé avec elle, telle une vieille dame qu'il aurait aidée à traverser la rue et que, trop poli, il n'oserait abandonner.

— Non, ça va. Je préfère. Comme ça, on peut bavarder.

Et c'est ainsi que, perchée sur une bouche d'incendie, elle l'écouta parler en regardant ses doigts maigres bouger habilement sur son deux-roues. Brett était acteur – enfin, surtout serveur et barman, pour être honnête, même si en fait il faisait ses débuts la semaine prochaine dans un spectacle génial, un rôle muet, hélas ! et non payé, mais quand même, c'était un début, non ? Il n'était à New York que depuis dix mois, partageait un loft dans le Village avec trois autres garçons – des inconnus, à l'origine, mais vraiment sympas. Il déménagerait dès qu'il aurait décroché un bon rôle, idéalement dans une pièce de Mamet ou de Stoppard, il avait de bons contacts.

En l'écoutant, Freya éprouva une pointe de nostalgie. Avaient-ils tous été aussi fervents et pleins d'espérance, à l'époque de Brooklyn ? Aussi séduisants, dynamiques et bien musclés ? La « vraie » vie, alors, les attendait ; à présent, elle les avait engloutis. L'enthousiasme de Brett pour les détails de l'existence de la jeune femme était contagieux. C'était « cool » d'être anglaise ; « supercool » de diriger une galerie. Quand elle lui déclara qu'elle vivait temporairement à Chelsea, il trouva cela cool aussi. Pendant ce temps, les regards qu'il lui lançait, qui au début lui faisaient se demander si elle avait de la graisse sur la figure ou un vilain bouton sur le nez, confirmèrent cette vérité flatteuse : il la trouvait à son goût. Elle se mit à tripoter ses cheveux et à changer la position de ses jambes. Subitement, elle fut frappée d'amnésie à propos de l'exacte chronologie de sa vie. Son cœur était léger, une vraie bulle.

Enfin, Brett redressa la bicyclette et bomba le torse, triomphant.

— Merveilleux. (Freya se leva et épousseta son short.) Merci infiniment.

— Pas de problème !

Sa main restait posée avec une autorité de propriétaire sur la selle. Freya ne pouvait détacher les yeux des os jumeaux de son poignet et des poils bruns parsemant son bras lisse. Quand il pressa gentiment la selle, elle ressentit un tel émoi qu'elle dut enfoncer les ongles dans ses paumes.

— Bon, eh bien..., hésita-t-elle.

Brett lui sourit de toutes ses dents, lorgna dans le vide, la regarda de nouveau, se souleva sur ses orteils, baissa la tête.

— J'allais faire un tour au parc. Peut-être boire un verre. Traîner. Ça vous dirait de venir ?

Freya songea à la foule, au bruit, à la chaleur, à ses pauvres jambes. Elle se rappela qu'elle avait trente-cinq ans et ne s'était pas recoiffée depuis le matin. Elle songea à Jack et à Candace sur le divan, au jeune amant de Fragonard avec sa rose, et au sourire de sainte-nitouche de Tash. Elle lut l'invite dans les yeux de Brett et déchiffra l'impatiente vitalité dans son pied qui tapait la mesure. Elle se rappela la coquille du Bronzino.

— Pourquoi pas ? dit-elle.

13

MICHAEL SORTIT EN COURANT de l'ascenseur, le pantalon de son costume neuf mal coupé flottant autour des chevilles. Il était en retard et n'arrivait pas à trouver le bon bureau.

— Excusez-moi ! (Il héla une jeune femme chargée d'une brassée de dossiers juridiques.) Pouvez-vous me dire où se trouve la suite 719 – affaire Birnbaum ?

La jeune femme le toisa rapidement et revint sur son visage, imperturbable.

— Blumberg ?

— Atchoum ! (Michael éternua bruyamment.) Oui, c'est ça : Blumberg.

Elle lui indiqua la direction en se tenant à distance de ses microbes. Michael repartit d'un pas pressé, tout en s'essuyant le nez de son mouchoir. Il détestait ce genre de situation, quand il devait reprendre un dossier au pied levé sans rien connaître des personnes impliquées. Mais Fred Rinertson, son patron, avait été embarqué d'urgence à l'hôpital pour une colite suspecte : il pouvait être hors jeu pendant des semaines et avait insisté afin que Michael se chargeât de ce dossier. Impossible de savoir si c'était un honneur ou un test. Dans les deux cas, sa promotion pouvait dépendre de sa prestation.

C'était le dossier « Blumberg contre Blumberg ». Il représentait M. Lawrence Blumberg, soixante-seize ans, né dans le Queens à New York, contre son épouse, Mme Jessica Blumberg, soixante-quatorze ans. Ce n'était pas le genre de divorce juteux que Fred traitait d'ordinaire, mais apparemment il avait un certain lien familial avec M. Blumberg, que Fred avait choisi d'honorer en s'occupant personnellement de ce cas. L'affaire semblait assez simple, même si Michael n'avait pas eu le temps de rencontrer son client en personne, ni de relire la paperasse vraiment à fond. Jamais il n'avait connu un tel stress : sa mère, Freya, le jeu de cache-cache avec le pressing, la nécessité de faire des courses en urgence. Tout allait de travers. Résultat : il avait attrapé ce rhume pénible, qui menaçait de tourner à la grippe. Posant la main sur sa poitrine, il écouta, mal à l'aise, son souffle rauque. Et si c'était une pneumonie ?

Ah, la suite 719 ! Il redressa son nœud de cravate, se moucha en vitesse et ouvrit la porte. Un homme âgé aux cheveux gris et rares, à l'expression lugubre, était assis dans la petite salle d'attente. Par-dessus ses demi-lunes, il leva un regard dubitatif sur le nouveau venu.

— C'est vous, le petit jeune de chez Rinertson ?

— Oui, c'est exact, monsieur Birnberg... euh, Blumbaum... enfin...

— Blumberg. Vous êtes en retard.

— Oui, eh bien, maintenant je suis là.

Bêtement, il souleva son attaché-case, comme pour prouver sa qualité d'avocat.

— Jessie est déjà là. (M. Blumberg désigna du menton une autre porte.) Avec son avocat – une femme. Une jeune dame pas commode, on dirait. Connaît son affaire sur le bout des doigts, si vous voyez ce que je veux dire.

Son ton impliquait que Michael ne donnait pas nécessairement la même impression. Celui-ci cacha son agacement sous un sourire professionnel.

— Je suis sûr qu'elles trouveront à qui parler avec

nous. (Prenant place à côté de son client, il sortit une chemise de sa mallette.) Maintenant, si on pouvait revoir quelques points ensemble avant d'entrer...

M. Blumberg était extrêmement précis dans ses déclarations, mais si prolixe qu'il fallut dix bonnes minutes avant que Michael ne soit prêt à pénétrer dans le bureau de la partie adverse. Il frappa une fois, ouvrit la porte. C'était la classique pièce carrée, toute nue, meublée de chaises et d'une petite table de conférence, où deux personnes étaient assises. Mme Blumberg était belle et sévère d'aspect, avec son chignon d'un blanc de neige. Près d'elle se trouvait une femme beaucoup plus jeune, probablement son avocate, même si, nota Michael avec une certaine désapprobation, l'extravagance du chemisier et la débauche de cheveux d'un noir de jais détonnaient chez un membre de la profession.

Michael arbora son plus beau sourire.

— Bonjour. Pardon pour ce...

— Pour qui vous prenez-vous ?

À la grande surprise de Michael, la jeune femme chevelue avait bondi sur ses pieds et fixait sur lui un regard furieux et accusateur.

— Je suis Michael Petersen, de...

— Je sais qui vous êtes, cracha-t-elle sur le ton du dégoût. Ce que je voudrais savoir, c'est ce que vous faites ici. (Elle dégagea la chaise d'un coup de genou et fit un pas vers lui.) Que ce soit bien clair : je ne vous laisserai pas interrompre cette réunion pour que vous puissiez coller un ridicule procès à l'une de mes clientes.

Michael resta figé sur le seuil, ouvrant et refermant la bouche comme un poisson. Quel procès ? Quelle cliente ? Elle devait le prendre pour un autre.

— Michael Petersen, répéta-t-il obstinément. De chez Rinertson & Klang. Je suis ici pour représenter

M. Blumberg. (Tardivement, il avança d'un pas, permettant à M. Blumberg d'entrer.) M. Rinertson est souffrant.

— Oh !

Loin de présenter ses excuses, la folle furieuse croisa les bras et darda sur lui un regard noir.

— Et vous... (Michael fouilla sa mémoire paresseuse.)... vous devez être mademoiselle Da Fillipo.

Il essaya d'injecter une note de gaieté dans sa voix.

Elle secoua la tête comme si c'était une évidence.

— Vous prétendez être ici en tant qu'avocat de M. Blumberg, à la place de Fred Rinertson ? (Elle semblait peu désireuse d'accepter ce fait.) Pourquoi ne m'a-t-on pas informée de ce remplacement ?

— Notre bureau ne vous a pas... ?

— Non.

— Eh bien, je vous prie de nous excuser, naturellement, mais... atchoum !

L'éternuement l'ébranla depuis la tête jusqu'aux orteils. Des gouttelettes envahirent l'air.

— Excusez-moi. Pardon, désolé.

Une fois de plus, il tira de sa poche un mouchoir ayant déjà bien souffert. Il était vraiment mal fichu.

Les fulminants yeux bruns de Mlle Da Fillipo restèrent fixés sur son visage. Puis elle baissa les paupières, tourna les talons et retourna s'asseoir près de Mme Blumberg. Elle donna à la main de la vieille dame une pression rassurante.

— Vous n'avez pas de souci à vous faire, Jessie, lui dit-elle – ce que Michael trouva prématuré.

Il venait à peine de s'asseoir avec son client qu'elle donnait des petits coups de stylo sur la table.

— À présent que M. Petersen a consenti à nous rejoindre, nous pouvons commencer. Le but de cette réunion, comme vous le savez, est d'évoquer les causes du divorce et, si vous êtes décidés à une telle procédure, d'aboutir à un accord sans avoir à recourir aux dépenses et aux frais d'une comparution au tribunal.

— Mais je ne veux pas divorcer, déclara M. Blumberg, têtu.

— Moi, si, assena son épouse.

— Non. (M. Blumberg donna un coup de coude à Michael.) C'est pour me contredire. Vous ne pouvez pas la faire rentrer à la maison ? Je m'ennuie tout seul, et je ne retrouve rien.

Mlle Da Fillipo se hérissa.

— Cela ne me semble pas être des raisons suffisantes pour maintenir un mariage. Ma cliente a un grief très grave. Peut-être, Jessie, pourriez-vous l'exprimer à présent ?

Maintenant que le moment était venu, Mme Blumberg était étrangement réticente. La proximité de son compagnon de cinquante ans de vie commune, assis juste en face d'elle, semblait la déstabiliser.

— Eh bien, il ronfle...

Michael ne put s'empêcher de sourire. Mlle Da Fillipo lui décocha un regard méprisant.

— Quoi d'autre ? souffla-t-elle.

Mme Blumberg regarda fixement ses mains jointes. D'une petite voix tendue, elle déclara que son mari laissait aussi ses pantoufles sous le lit au lieu de les ranger dans le placard, et qu'ils se disputaient parfois sur les programmes de télévision. Pour finir, à l'issue d'une litanie décousue, elle s'écria de but en blanc :

— Et il me trompe avec Mme Lemke, la voisine !

M. Blumberg grogna et se frappa le front, comme si ce sujet avait été abordé moult fois.

— Tout ce que j'ai fait, c'est lui demander si elle se rappelait comment on danse le fox-trot. Avant que je puisse dire ouf, elle m'avait mis le grappin dessus et...

— Quelle espèce de femme danse avec un inconnu

dans sa cuisine au milieu de la journée ? lança Mme Blumberg tristement.

— Enfin, Jessie : Doris a soixante-cinq ans.

— Ah ! c'est Doris maintenant ? Pardon !

— Elle vient d'emménager dans l'immeuble. Elle est veuve. Je voulais juste être bon voisin.

— Bon voisin ! C'est pour ça que tu es allé la rejoindre en cachette et déjeuner avec elle pendant que j'étais chez ma sœur ?

— Ce n'était pas en cachette !

Ils n'arrêtaient pas de se renvoyer la balle. Michael était sidéré par leur passion. En privé, M. Blumberg lui avait avoué que, pendant deux courtes semaines, il avait eu une « bluette » avec la sexagénaire Doris, même si ladite bluette se résumait à un baiser sur la joue et à un bouquet de fleurs. M. Blumberg considérait à présent cet épisode comme clos ; il ne voyait pas pourquoi son épouse faisait toute cette histoire, ni pourquoi il devait faire son mea culpa. Mme Blumberg, de son côté, se sentait trahie ; elle demandait réparation.

— Je veux divorcer, dit-elle, pour mettre fin à la dispute. C'est terminé entre nous.

Mlle Da Fillipo regarda Michael d'un air de triomphe. Elle devait vraiment haïr les hommes, songeait-il.

La discussion se poursuivit par un examen des avoirs des Blumberg et de la pension alimentaire à laquelle Mme Blumberg pourrait prétendre. Michael protesta : les exigences de Mlle Da Fillipo étaient ridiculement élevées, mais chaque fois qu'il tentait de soulever une objection, M. Blumberg, plus déprimé de minute en minute, lui coupait l'herbe sous le pied en répétant combien cela lui était égal. Enfin, jusqu'à ce que Mlle Da Fillipo eût dit :

— Qu'en est-il de Pookie ?

— Ah ! Je savais bien qu'on en arriverait là, déclara M. Blumberg, montrant plus d'animation qu'il ne l'avait fait de tout l'après-midi.

— Pookie est *mon* bébé ! lança Mme Blumberg avec obstination.

— C'est vrai, acquiesça son avocate.

— Eh bien, je l'ai, je la garde ! rétorqua M. Blumberg, en dardant son menton.

— Ah non !

— Ah si !

Michael pataugeait. Il tenta de jeter un coup d'œil à ses notes sans se faire remarquer.

— Voyons... quel... de quelle sorte de bébé parlons-nous, exactement ?

Trois paires d'yeux le toisèrent avec mépris.

— Ça, c'est le comble ! s'exclama Mlle Da Fillipo. J'ai toujours su que vous, les machos, les maniaques du pouvoir de chez Rinertson & Klang, n'aviez aucune compassion pour l'aspect *humain* de ces tristes situations, mais je croyais qu'au moins vous auriez fait votre travail. Pookie est un terrier Highland de pure race de cinq ans, acheté personnellement par ma cliente, comme l'éleveur pourra en témoigner.

— Payé avec *mon* argent, précisa M. Blumberg. Jessie n'a pas d'argent à elle ; elle n'a jamais travaillé.

— Jamais travaillé ? *Jamais travaillé !*

Mlle Da Fillipo rejeta sa tête en arrière et abaissa son nez pointu sur le pauvre M. Blumberg.

— De celle qui vous a donné un foyer, qui vous a fait à manger, qui a porté vos enfants ; de celle qui vous a soigné quand vous étiez malade, écouté après votre journée de travail et donné la chaleur de son corps la nuit – et cela pendant cinquante ans –, comment pouvez-vous dire qu'elle n'a jamais travaillé ?

Il y eut un silence gêné. Michael tâcha de se rappeler

ce qu'il savait de Mlle Caterina Da Fillipo : rien, sauf qu'elle travaillait pour un cabinet spécialisé dans le droit de la famille ayant la réputation d'être « à gauche » et s'occupait d'un tas de cas d'assistance juridique. Le mot « féministe » se forma dans son esprit.

— N'est-ce pas typiquement masculin ? continua-t-elle, d'une voix calme et sinistre.

De façon déconcertante, son regard au laser se posa sur Michael.

— Est-ce qu'elle n'apporte pas sa contribution à votre vie, la femme qui partage votre lit, supporte vos goûts musicaux même si elle n'aime pas l'opéra...

— L'opéra ? s'exclamèrent les Blumberg en chœur.

— ... qui boit du lait écrémé parce que *vous* êtes au régime...

— ... du lait écrémé !

— ... et subit vos défaillances sexuelles ?

— Jessie ! Comment as-tu pu...

Michael avait le tournis. C'était presque comme si elle parlait de Freya et de lui. Comment était-ce possible ?

— Vous courtisez cette femme, poursuivit Mlle Da Fillipo d'une voix tonitruante, telle une force de destruction emballée. Vous lui envoyez des fleurs. Vous la suppliez de partager votre vie. Et puis un jour – pffft ! –, vous décidez que vous n'avez plus besoin d'elle. Que faites-vous alors ? Vous choisissez un *lieu public* pour la larguer.

— Mais c'est Jessie qui m'a quitté ! objecta le vieil homme.

— Bien sûr que je t'ai quitté ! Tu avais une aventure avec Mme Lemke.

— Pour la dernière fois, je n'ai pas...

— Vous l'avez larguée ! Jetée à la rue, seule, en pleurs, comme une vieille... une vieille...

— Comme une vieille savate seule et jetée à la rue, avança Michael d'un ton sec. En pleurs.

Mlle Da Fillipo le fusilla du regard. Les Blumberg avaient l'air dérouté et vexé.

Michael se leva.

— Mlle Da Fillipo, pourrait-on se parler seul à seul ?

— Avec plaisir, répondit-elle, les joues en feu.

Michael s'avança vers la porte et la tint ouverte avec un luxe de politesses, puis la suivit dans la pièce voisine. Dans son dos, il pouvait entendre Mme Blumberg gémir : « Mais je ne comprends pas... » Il referma la porte d'une main ferme.

— Maintenant... (Il se retourna.) ... auriez-vous l'obligeance de m'expliquer ce qui se passe ?

— Ne faites pas l'innocent. (Ses yeux lancèrent des éclairs.) Je sais tout. Et ça ne me gêne pas de vous dire en face que vous avez été horrible avec Freya. Si vous osez lui coller un procès pour vos pantalons, je la défendrai personnellement, devant la Cour suprême au besoin.

Michael la contempla avec perplexité, un peu déconcerté par sa si petite taille. Son cerveau lutta pour imaginer comment elle pouvait en savoir autant sur Freya et sur ses pantalons. Il était difficile de croire que Freya se fût donné la peine de faire appel à un avocat, juste au cas où il aurait réellement l'intention de la poursuivre. Et pourquoi cette attitude aussi féroce ? Comment se pouvait-il que cette Caterina Da Fillipo prît tout cela si à cœur, connaissait-elle réellement Freya ? Caterina...

— Vous êtes Cat !

— Bien sûr.

Elle l'affronta du regard, les bras croisés sous sa poitrine ronde. Il ne l'avait jamais imaginée ainsi.

— Bon, écoutez, Cat... mademoiselle Da Fillipo. Je

n'ai pas, en réalité, l'intention de faire un procès à Freya – encore que cela ne vous regarde pas. De plus, j'aimerais vous rappeler que je ne suis pas là pour être jugé, et je considère comme très peu professionnel de votre part de laisser vos sentiments personnels interférer avec une affaire.

— Ah, tiens ?

Son menton se souleva ; ses sourcils s'arquèrent : c'était l'un des visages les plus expressifs qu'il eût jamais vus.

— Désolée, je ne suis pas capable de cacher mes sentiments comme vous, les hommes. Je suis heureuse d'apprendre que vous vous êtes dégonflé, pour le procès. C'est au moins ça.

— Je ne me suis pas « dégonflé ». Je n'ai même jamais eu...

— Et je ne suis pas d'accord quand vous dites qu'on ne doit pas montrer ses sentiments si l'on est avocat. Voilà la différence entre un homme et une femme ; pour moi, le divorce concerne des êtres humains ; pour vous, c'est une affaire de gros sous.

Soudain, Michael fut presque assez fâché pour la gifler.

— Comment osez-vous me dire ce que je ressens ? En fait, je trouve le divorce tragique, cruel, pénible. Oui, j'en tire de l'argent – et vous aussi. Je suis fier de bien faire mon travail. Fier de pouvoir, moi, maîtriser mes émotions !

Michael s'interrompit, étourdi par son explosion de colère. Son nez coulait. Il chercha son mouchoir, mais il devait l'avoir laissé dans l'autre pièce.

— Tenez.

Cat lui tendit un Kleenex plié, tiré de la poche de son chemisier.

— En ce qui me concerne, je ne divorcerai jamais.

(Il se moucha bruyamment.) La seule chose à faire, c'est de choisir la bonne personne... et de s'y tenir.

— Vous n'avez pas tenu avec Freya...

Michael rejeta la tête en arrière, exaspéré.

— Je ne lui ai pas demandé non plus de m'épouser.

Plus doucement, il ajouta :

— Je ne crois pas qu'elle en avait envie. Qu'est-ce que vous en pensez ?

Cat ne répondit pas. Elle le regardait comme s'il représentait un puzzle particulièrement difficile à reconstituer. À présent qu'il s'était calmé, Michael avait l'impression de s'être conduit comme un sot.

— Revenons à notre affaire, voulez-vous ? dit-il. Jusque-là, il n'y a pas de réel obstacle à un divorce en douceur, sauf la question du chien.

— La question du chien, le singea Cat. Pookie est l'*enfant* de Mme Blumberg. Vous êtes un homme : vous ne pouvez pas comprendre.

— Bien sûr que je peux comprendre ! D'ailleurs, M. Blumberg est un homme et il aime... le chien.

— Vous voyez, vous n'arrivez même pas à prononcer son nom. Vous trouvez que ça fait efféminé.

— Mais non.

— Dites-le, alors.

Michael leva les yeux au ciel. C'était absurde. Jamais il n'avait rencontré une femme aussi déraisonnable.

— Pookie, grommela-t-il.

Les yeux sombres et farouches plongèrent dans les siens et, soudain, il fut traversé par une sorte de folie.

— Pookie Pookie Pookie. Je t'aime, Pookie. Viens voir maman, Pookie. Cesse de déféquer sur la moquette, Pookie.

La bouche de Cat avait pris une forme très singulière. Elle riait !

Il y eut le cliquetis d'une poignée de porte, et une voix bougonna :

— Notre affaire vous intéresse toujours ? ou vous préférez rester là à jacasser ?

— Bien sûr qu'elle nous intéresse, monsieur Blumberg, répliqua doucement Michael. En fait, nous étions en train de discuter un point technique concernant la garde alternée du chien.

— Hum...

Ils étaient revenus à table et avaient repris la négociation quand un trille soudain retentit. Les deux avocats se mirent à fouiller dans leur attaché-case à la recherche de leur téléphone mobile. L'appel était pour Michael. Ayant jeté à sa consœur un regard supérieur, il décrocha en prenant l'air important.

— Petersen, j'écoute...

— Mikey ! Dieu merci, je peux te joindre.

Sa mère : il ne manquait plus que cela.

— Quel est le problème ? dit-il avec ce qu'il espérait être une voix professionnelle. Je suis en train de boucler une grosse affaire ici pour M. Rinertson, je ne peux pas...

— Viens tout de suite ! On étouffe dans cette pièce et je n'arrive pas à faire marcher la climatisation. Je vais avoir une attaque.

Michael se détourna de la table et se voûta par-dessus le téléphone.

— Tu l'as bien allumée, tu es sûre ? demanda-t-il à voix basse.

— Parle plus fort, Michael. Tu marmonnes.

— Tu ne peux pas demander au personnel ? poursuivit-il, péniblement conscient que six yeux l'observaient, et six oreilles l'écoutaient.

— Ils sont tous très occupés. Je n'aime pas les embêter.

— Maman, c'est un hôtel ! Ils sont là pour ça !

— Tu ne peux pas venir une minute ? Je ne te demande pas grand-chose. Mais si tu préfères que ta pauvre mère meure toute seule dans une maison étrangère...

— Le *Plaza* n'est pas...

— Est-ce une réunion professionnelle ou un foutu cirque ? demanda M. Blumberg en tapant du plat de la main sur la table.

— Oh, Lawrence, ne te mets pas en boule ! C'est mauvais pour ton ulcère.

— Et alors ? Ces gens se moquent de nous, Jessie. Tout ce qu'ils veulent, c'est l'argent, l'argent, l'argent. Peuh ! Le *Plaza*. Je vais en parler à Fred. Qu'est-ce que c'est que cette bande de feignants qu'il entretient ? Ce type ne savait même pas qui est Pookie.

Michael sentit la sueur ruisseler sur son front. Il mit son pouce sur l'écouteur du téléphone et se leva.

— Si vous voulez bien m'excuser, monsieur Blumberg... Madame Blumberg... Mademoiselle Da Fillipo. Un appel... euh, urgent. Je suis à vous tout de suite.

Sur ce, il s'échappa dans l'autre pièce, accompagné par un faible cri de perroquet.

— Mikey ? Mikey ? *Mikey !*

Il y eut un long silence. Puis une voix maussade déclara :

— Je vais peut-être rentrer en avion chez moi.

— Si c'est ce que tu veux.

— Je me demande ce que je fais là. Tu m'as négligée toute la semaine.

— Je ne t'ai pas négligée : j'ai travaillé.

— Si j'avais su ce que tu allais devenir, je n'aurais pas économisé et économisé pendant toutes ces années pour t'envoyer à l'université.

Michael éloigna le téléphone de son oreille et le cogna contre son crâne.

— Quel est ce bruit ? Tu m'as entendue ?

— Je t'ai entendue. Maintenant je te dis au revoir.

— Tu es avec une femme, n'est-ce pas ? Je le sens à ta voix. Une de ces New-Yorkaises...

Soudain, c'en fut trop pour Michael. Il coupa la communication, referma sèchement son téléphone et appuya sa tête contre le mur frais. Son nez coulait et ses yeux picotaient. Il avait bien envie de s'en aller en plantant là les Blumberg. Il avait loupé son coup, peut-être même gâché tous ses espoirs de promotion. Puis il se rappela le regard méprisant de Mlle Da Fillipo : elle le prenait pour une lavette – et un macho pontifiant et sans cœur. Non qu'il s'inquiétât de son opinion. Reniflant pour se donner du courage, il redressa les épaules et rentra dans la pièce.

Une scène extraordinaire l'attendait. Tous trois étaient assis confortablement du même côté de la table. Cat portait un mouchoir à ses yeux comme si elle pleurait : les Blumberg l'encadraient avec sollicitude, tels des anges de bonté.

— Eh bien, jeune homme. (Mme Blumberg lui adressa un regard sévère.) Je crois que vous devez à Caterina des excuses.

Michael fronça les sourcils.

— Quoi ?

— Ne soyez pas ainsi. Vous allez devoir apprendre à surmonter ces petits soucis. Tous les amoureux ont des querelles, même de vieux routiers comme nous.

Amoureux ! Michael lança un regard furieux à Cat, dont les yeux lui intimèrent le silence.

— Vous allez devoir apprendre à demander pardon, poursuivit Mme Blumberg. (Elle sourit à son époux assagi.) Imaginez : nous avions vraiment l'intention de divorcer après cinquante et une années de bonheur.

— Imaginez..., répéta Michael d'une voix mourante.

Il n'y comprenait rien.

— Alors, fit Mme Blumberg, pour hâter les choses. Vous vous excusez, oui ou non ?

Il n'y avait d'autre solution, semblait-il, que de se prêter à cette farce. Michael regarda Caterina et avala sa salive.

— Je regrette vraiment...

— Ce n'est rien.

Elle semblait également gênée par cette mascarade.

— Allez, embrassez-la bien fort.

Après une légère hésitation, Michael fit un pas un avant, et Caterina se leva de sa chaise pour aller vers lui. Il écarta les bras avec raideur, et elle appuya sa tête contre sa poitrine. Machinalement, il referma les bras sur elle. Ses cheveux avaient une odeur épicée. *Caterina*... Ces syllabes chantaient dans sa tête.

— Bien, ça suffit, plaisanta M. Blumberg.

Michael lâcha la jeune femme, qui recula d'un pas, les yeux baissés.

— Et maintenant, nous allons vous quitter, pour que vous puissiez rester seuls, décida Mme Blumberg. Viens, Lawrence.

— N'oublie pas ton sac, Jessie. Elle oublie toujours son sac.

— C'est toi qui dis ça ! Et tes lunettes pour lire ? Il ne peut aller nulle part sans les perdre.

— Sans blague ! Je viens bien de les reprendre.

— C'est parce que je te les ai données.

Bras dessus bras dessous, se chamaillant gentiment, ils s'en allèrent. Michael attendit le claquement de la porte extérieure pour se tourner vers l'avocate.

— Que s'est-il passé ? Qu'avez-vous raconté ?

Elle s'approcha de la table et se mit à rassembler ses papiers.

— Simplement que vous veniez de rompre nos fiançailles.

— Nos quoi ?

— J'ai prétendu que votre mère ne nous approuvait pas et s'efforçait de vous détacher de moi. (Elle lui jeta un regard de défi.) Il fallait bien que je trouve quelque chose.

— Mais... mais pourquoi ?

— Pour le bien des Blumberg. Évidemment.

— Mais...

— C'était clair qu'ils ne voulaient pas divorcer. Il fallait donc arrêter cette comédie.

— Pourtant vous... vous pleuriez à l'instant !

— C'est un truc à moi. (Elle rejeta son abondante chevelure en arrière.) Je peux pleurer sur commande.

— Je vois, fit Michael.

Il ne comprenait pas un mot de tout cela, excepté que quelques minutes plus tôt il avait un écheveau impossible à démêler, et cette femme extraordinaire avait réussi à en faire un ruban de soie lisse. Il observa l'assurance avec laquelle elle ordonnait sa pile de documents en les tapotant avec de petits coups secs sur la table.

— Eh bien, merci, lâcha-t-il enfin.

Elle croisa son regard et sourit. La transformation était stupéfiante.

Michael fit un pas en avant et ouvrit la bouche.

— Atchoum !

— Il faut soigner ce rhume, conseilla Caterina calmement.

Tout à coup, Michael réalisa à quel point il devait avoir l'air peu séduisant avec son nez rouge et ses yeux larmoyants, dans ce costume affreux.

— Je voudrais bien... Codex, codéine, Flugo, Drinoze : j'ai tout essayé.

— Pouah ! Votre yin et votre yang sont déséquilibrés. Je reconnais les symptômes. Il vous faut des vitamines. Vous aimez les noix ?

— Euh, oui, enfin, modérément.

— Il faudrait en manger. Vous avez besoin de vitamines pour réveiller vos anticorps. Il y a une bonne boutique diététique pas très loin d'ici où vous pourrez acheter le nécessaire. Tenez, je vais vous noter l'adresse.

Avec l'énergie passionnée qu'elle semblait mettre en tout, elle déchira une bande de son bloc-notes jaune, gribouilla quelque chose d'une main hardie, puis replia le bout de papier et le lui tendit.

— Voici. Et maintenant, je file.

— Merci... mademoiselle Da Fillipo... Caterina...

Il l'aurait bien retenue un peu plus longtemps, mais il ne savait plus quoi dire.

— Oui ?

Elle darda sur lui un regard de curiosité prudente, comme s'il avait été un animal inconnu et imprévisible. Michael ne se rappelait pas avoir jamais été regardé ainsi par une femme. Réflexion faite, elle n'avait pas les yeux bruns, mais pailletés d'étincelles d'un jaune ardent.

— Je, euh...

Michael fronça les sourcils. Son esprit était vide. Puis il eut une inspiration.

— Je vous serais très reconnaissant si vous vouliez bien éclaircir ce petit malentendu au sujet du « procès »... enfin, parler à Freya.

— Freya ?

Sa requête parut la décontenancer.

— Vous êtes bien en contact, non ?

— Bien sûr. Absolument. Oui.

Elle était en train de bourrer ses affaires dans l'attaché-case et de faire claquer avec zèle les fermetures. Elle partait !

— Attendez ! Je descends avec vous.

Tardivement, il commença à ranger ses propres dossiers. Mais il était trop lent.

— Désolée. Je suis pressée. Salut !

Aussi vive qu'une petite tornade, elle empoigna sa mallette, se propulsa vers la sortie et disparut avec un signe de la main.

Michael resta seul dans la pièce lugubre. Il baissa les yeux sur le morceau de papier jaune qu'il tenait toujours et le déplia. Il y avait là l'adresse d'une boutique appelée *Aphrodite* et les noms de plusieurs produits : rien d'autre. Froissant le papier dans son poing, il laissa échapper un juron de frustration.

14

— ... ET JE TROUVE QUE LE PASSAGE où Mack hache menu sa mère fait un peu cliché.

— C'est voulu, Mona. C'est un commentaire ironique sur la banalité de la violence dans notre société.

— Mais il n'était pas obligé de la manger, en plus.

— Bien sûr qu'il n'était pas obligé de la manger. C'est la « passion dévorante » mentionnée dans mon tout premier paragraphe.

— Avec du ketchup ?

— Tu ne comprends pas, hein ? Le ketchup est symbolique.

— Ah oui ? Et de quoi ?

— Du sang, j'imagine, fit Jack, s'immisçant doucement dans la conversation. N'est-ce pas, Lester ?

Ce dernier posa sur lui son habituel regard de psychopathe, puis acquiesça vigoureusement. Comme toujours, il portait une cravate sur sa chemise repassée avec un soin maniaque ; son crâne blanc luisait sous une coupe de cheveux d'évangéliste. Jack s'interrogea : Lester pouvait-il être l'auteur de la lettre de menaces ? C'était toujours le premier arrivé au cours, et il s'asseyait toujours à la même place. Sa dernière nouvelle – un fils si atrocement gavé par sa mère qu'il devenait prisonnier de son obésité et finissait par dévorer le cadavre de cette dernière – était typique de son travail. Si quelqu'un connaissait les « Forces des Ténèbres », c'était bien lui.

— Pourquoi les hommes doivent-ils toujours débiter leur mère en morceaux ? Pourquoi pas leur père ? Qu'on me donne une bonne scène de castration, un jour.

Ça, c'était Rita, grosse et quinquagénaire, tardive et enthousiaste convertie au féminisme. Mais Rita était toute de façade ; sa haine des hommes était purement théorique. Si elle avait appris sa liaison avec Candace, elle se serait contentée d'en rire, non ?

Jack s'obligea à se concentrer. Son regard fit le tour de la table de conférence, cherchant à attirer l'attention générale.

— Attardons-nous à présent sur l'approfondissement psychologique du personnage. Qui veut commencer ?

Comme d'habitude, Nathan ouvrit son bec. Pendant ce temps, Mona, qui manifestement se sentait rejetée depuis l'histoire du ketchup symbolique, commença à se curer les ongles avec une épingle à cheveux. C'était le genre de femme pâle et maigrichonne qui cultivait le look « abîmé » et racontait à l'envi qu'elle avait été violée par son professeur d'anglais au lycée. Jack examina son profil osseux ; peut-être était-ce elle qui avait écrit la lettre, en guise de vengeance indirecte.

La chose était arrivée la veille par courrier. Heureusement, Freya était déjà partie travailler, de sorte qu'il n'y avait eu personne pour témoigner de son choc. Car Jack avait été choqué. Il était habitué à être aimé ; enfin, il était aimable, non ? Pour commencer, il avait fait une boulette de cette lettre et l'avait jetée. Mais toute la matinée, tandis qu'il essayait d'écrire, il s'était surpris à ruminer avec malaise sa méchanceté menaçante. Finalement, il l'avait retirée de la corbeille à papier, lissée et survolée du regard à la recherche d'un indice. C'était perturbant de se savoir à ce point détesté. Il se demanda si une lettre analogue avait été envoyée à ses employeurs. Une partie de sa formation comme animateur d'atelier d'écriture avait inclus une conférence sur la conduite « appropriée ». Jack n'y avait pas prêté grande attention. Il n'était pas un vieux monsieur salace, et il y avait assez de filles à New York pour qu'on n'ait pas besoin de se rabattre sur ses propres étudiantes. Même si, bien sûr, c'était exactement ce qu'il avait fait. Jack se renfrogna ; la pensée d'avoir peut-être commis une bêtise l'effleura. Et s'il perdait ce job ?

Il jeta un coup d'œil à Candace, assise juste en face de lui, inhabituellement silencieuse et réservée, et ressentit une pointe d'irritation. Sans mentionner la lettre, Jack lui avait demandé d'être plus discrète, mais pas de jouer les bonnes sœurs. Tout le monde devait avoir remarqué qu'elle n'avait pas ouvert la bouche de la soirée. Sentant son regard, elle leva les yeux, se mordilla la lèvre et rougit violemment. Doux Jésus !

Il lissa ses cheveux en arrière. Relax. Quelle importance, s'il perdait ce boulot ? Ce n'était qu'une question d'argent. Le monde universitaire n'était pas à ce point merveilleux qu'il dût accepter de réduire sa vie privée – et son intellect – aux dimensions mesquines d'une certaine « correction ». Pourquoi ne pourrait-il pas entretenir une liaison avec une jeune adulte consentante de vingt-deux ans ?

Rejoignant la discussion, il mena les débats avec adresse jusqu'à ce que toute la classe conclue que *Big Mack*, en dépit de sa puissance évocatrice et de certaines tournures de phrases impressionnantes, ne « fonctionnait » pas tout à fait.

— Et pourquoi cela ?

Silence.

Une voix timide s'éleva.

— Je sais que ça doit être ma faute – Lester sera toujours meilleur écrivain que moi – mais je n'ai rien ressenti.

— Ressenti ! railla Lester.

— Ça, c'est bon pour les nanas, renchérit Nathan.

La femme qui avait parlé, la quarantaine, mal fagotée, devint rouge de colère. Jack se rappela qu'elle avait travaillé dans une crèche et n'avait jamais eu de diplôme.

— Remarque fort perspicace, Lisa, dit-il avec chaleur. Vous avez touché là un point essentiel.

Il se renversa dans son siège et joignit les mains derrière sa tête.

— Quel est le principal pour un écrivain ?

— Décrocher un agent excellent, répliqua Nathan.

Toute la classe rit.

Jack se fendit d'un sourire et attendit le retour au calme.

— Le principal est d'être vrai. Je parle ici de vérité humaine. Cela signifie qu'il ne faut pas se moquer de son lecteur. Ne me dites pas si je dois être choqué, triste ou content : faites-le-moi sentir.

— C'est ce que vous faites, monsieur ?

Le ton de Nathan était agressif.

— Je m'y efforce.

— Nous sommes tous très impatients de voir le roman auquel vous travaillez.

Jack refusa de se laisser distraire.

— Oubliez mon roman. Choisissez quelqu'un que vous admirez, que vous aimez, et voyez comment il procède.

— Quelqu'un comme Carson McGuire ? demanda Mona. Il est génial, non ?

— N'importe qui. Rappelez-vous : si vous voulez que le lecteur ressente quelque chose, il faut le ressentir vous aussi. Jusqu'à présent, nous nous sommes concentrés sur les détails techniques – images, dialogues, points de vue. Tout cela est important, mais il ne faut surtout pas se cacher sous un vernis chatoyant. Sortez de votre coquille. Montrez-vous. Ce soir, je veux vous voir à poil.

— Pas moi !

Rita lâcha un gloussement rauque.

— Si, tout le monde.

Jack consulta sa montre. Il restait une heure.

— Bon, exercice écrit.

Grognement général.

— Vous allez passer les prochaines quarante minutes à écrire une scène émouvante.

Nathan se croisa les bras.

— Je ne suis pas d'humeur.

— Jack London a dit : « N'attends pas l'inspiration ; poursuis-la avec une matraque. » Tous ceux qui n'essaieront pas de respecter ce commandement seront notés en conséquence. (Il contempla avec prudence le cercle de visages.) Qu'ils ne s'attendent pas à un A.

— C'est impossible ! (La voix de Carlos était angoissée.) On n'a pas assez de temps.

— Essayez. La différence entre un écrivain en puissance et un vrai, c'est que le second termine. Des questions ?

La main de Lester jaillit tel un salut nazi.

— On écrit sur un seul côté de la feuille, ou les deux ?

— Comme vous voulez. Vous pouvez écrire de bas en haut ou à l'envers. Vous pouvez écrire un poème ou une scène de dialogue, ou même une lettre. Vous pouvez me dire à quel point vous aimez votre chat. Je m'en fiche. Tout ce que je vous demande, c'est d'être honnête. Faites-moi sentir quelque chose d'authentique. Regardez dans votre cœur et lancez-vous.

Après une certaine agitation, les étudiants se mirent à

l'ouvrage. Un calme plaisant tomba sur l'assemblée concentrée. Par les hautes fenêtres, les lampadaires luisaient dans le ciel nocturne. Jack promena son regard autour de la salle carrée, avec son bleu réglementaire et sa vague odeur de craie, et contempla sa classe – ses douze disciples, le dos rond, griffonnant, écrivant, mordillant leurs crayons, et fixant parfois sur lui un regard plein d'espérance, comme s'il pouvait leur transmettre le secret de la convertion de l'eau en vin. Son cœur se dilata. Oui, il aimait enseigner. Il aimait les disputes et les blagues, et cette intense satisfaction quand la compréhension d'un élève s'ouvre comme une fleur. Il ne voulait pas perdre ce job, ni compromettre son éventuelle carrière de pédagogue. Il se demanda, parmi ces douze élèves, lequel était Judas.

Il y eut un froissement de papier au moment où Rita tournait sa feuille et s'empressait d'y jeter les mots s'écoulant de son cerveau. Jack était ébahi par l'assurance de certains de ses élèves. Lui se sentait bloqué, complètement à sec. Peut-être était-il une fausse valeur, l'homme d'un seul livre. Peut-être devrait-il se résoudre à rentrer à Oaksboro et accepter un horrible boulot dans l'entreprise familiale – gérer l'entrepôt, ou prendre en charge la publicité. (« Hé ! Jack, toi qui sais écrire... ») Il se rappela avec un rien d'anxiété que son père montait à New York ce week-end pour ses affaires. Il avait reçu l'ordinaire lettre de deux lignes, dactylographiée par la secrétaire, l'informant que son père serait libre de le voir dimanche. Ça l'exaspérait toujours, la façon dont ce dernier ne doutait jamais de sa propre disponibilité. Pour lui, écrire n'était pas un « travail ». Ils avaient eu plusieurs querelles amères, d'abord quand Jack avait quitté l'équipe de football du lycée pour se concentrer sur ses études. (« Hé ! fiston, quel besoin d'étudier si tu dois hériter de la papeterie ? ») Puis il y avait eu l'époque où Jack avait annoncé qu'il préférait rester à la fac afin de passer un doctorat en lettres. Enfin, le jour était venu où il avait présenté à son père un exemplaire de son livre, le premier fruit de son labeur. Ce dernier s'était contenté d'en feuilleter quelques pages avant de conclure avec un ricanement que Jack aurait pu en produire un million s'il avait travaillé à la papeterie. Jack était certain qu'il ne l'avait jamais lu. Peut-être, s'il se retrouvait classé dans la liste des best-sellers – ou remportait le Pulitzer ! –, cela lui clouerait-il le bec ?

À la fin de la séance, il ramassa les copies et distribua les tirages d'un texte pour le prochain cours. Lorsque Candace lui tendit son devoir, elle lui montra discrètement sa paume, où elle avait écrit « À dimanche ! » avec un visage hilare au-dessous.

En traversant Washington Square avant de rentrer chez lui, Jack se rendit compte qu'il était content de ne pas l'entendre bavarder à son côté, même si son affection puérile le réchauffait. C'était une fille adorable, mais il avait parfois besoin de se détendre et de réfléchir à ses problèmes. Son impuissance à écrire, par exemple. Chaque jour, la question devenait de plus en plus urgente, mais il n'avait personne à qui en parler. « *Soyez honnêtes*, avait-il dit à ses étudiants. *Lisez dans votre cœur et lancez-vous*. » Mais lui-même ne pouvait pas le faire. Quelque chose lui bouchait la vue.

Il croisa le regard d'une femme qui marchait vers lui – chic, sûre d'elle, peut-être quarante-cinq ans, très séduisante. En passant, elle lui lança un regard de froide ironie, comme pour dire : « Oui, je suis merveilleuse. Merci de l'avoir remarqué. *Ciao*. » Il aimait ce genre-là. Il se demanda où elle allait, si elle était mariée, de quoi elle aimait parler. Il se mit à composer une scène dans sa tête : un soir d'été entre chien et loup, deux personnes au restaurant, toutes deux attirantes et intelligentes – disons, lui (en un peu plus mince) et la femme mystère (en un peu plus jeune). Ils seraient en train de se disputer : une dispute intellectuelle, pas une scène de ménage, mais avec une vague tension sexuelle. Elle serait mariée, ou prise pour une quelconque raison, cependant le lecteur n'en saurait rien encore. Il voyait la femme se pencher vers lui, avec son beau visage farouche, ses mains expressives coupant l'air quand elle...

Minute. La pizzéria. Jack en poussa la porte et huma la bonne odeur. Il était mort de faim. Il allait se jeter sur une part et la rapporter chez lui pour la manger dans le jardin, si les moustiques voulaient bien le laisser tranquille. Comme il tentait de faire son choix, ses pensées se portèrent sur Freya et il se demanda si elle serait dans l'appartement à son retour. Probable. Elle n'avait pas l'air d'avoir une vie très animée en ce moment. Pauvre vieille ! Ses tentatives pour trouver la perle rare n'avaient rien donné ; comme d'habitude. Quand il pensait à tous les perdants et emmerdeurs qu'elle avait dégotés au cours des dernières années... Les femmes font les difficiles, puis elles foncent sur le premier tocard venu. Pas étonnant si elle était si mal lunée, ce devait être la frustration. Elle aurait été mieux inspirée de prendre tout ce qui lui passait sous le nez, comme lui. Bien sûr, c'était plus facile pour les hommes. Soudain, Jack eut une idée merveilleuse : pourquoi ne pas lui acheter une pizza aussi ? Il connaissait ses goûts : pas de champignons, pas de pepperoni, beaucoup d'anchois et plein d'olives – noires, pas vertes. Ce serait une offrande propitiatoire. Il lui avait joué un sale tour, mais c'était seulement pour rigoler. Elle n'était pas rancunière ; elle ne lui en voulait pas. Jack imagina son entrée dans l'appartement. Elle serait en train de se laver les cheveux ou de regarder la télévision ; elle n'aurait pas pris la peine de manger, serait donc affamée et débordante de gratitude. Ils s'installeraient dehors pour causer. Il lui parlerait de l'attitude très agent secret de Candace ce soir, pour la faire rire. Comme au bon vieux temps.

15

FREYA N'EN POUVAIT PLUS. Elle souleva une fesse engourdie, décroisa les jambes et les recroisa dans l'autre sens. Le siège sous elle émit un fort grincement, et le type tourna la tête pour la fusiller du regard. Son anneau au sourcil lui donnait un air particulièrement méchant.

— Pardon, fit-elle du bout des lèvres.

Elle reporta son attention sur la scène, où un comédien vêtu en moine bouddhiste se tenait dans le même rond de lumière depuis vingt minutes, yeux baissés, les mains pressées l'une contre l'autre. Jusqu'à présent, il ne s'était rien passé d'autre. Freya se demandait si c'était exprès ou s'il y avait eu un incident en coulisse.

Minute, on entendait un truc : un ronronnement bas et rythmé, du style frigo dans la nuit. Très lentement, des parties de corps surgirent de l'obscurité des coulisses – une main, un pied nu, un coude fléchi, une tête inclinée comme en pénitence. Pendant les dix minutes suivantes, elles s'approchèrent de la scène par une série de gestes de taï chi d'une lenteur atroce, pour finir par révéler un groupe de très solennels jeunes Américains des deux sexes vêtus de sarongs et de chemises en grosse toile écrue. Brett n'était pas parmi eux. Freya refréna son impatience ; on lui avait peut-être réservé un rôle spécial – celui d'une divinité nue, par exemple. Elle l'avait interrogé à ce sujet, mais tout ce qu'il avait dit, avec ce demi-sourire timide qui lui donnait chaque fois comme un coup sous le nombril, était : « C'est mardi la première. Pourquoi tu ne viendrais pas ? »

Ses doigts se crispèrent sur le rouleau du programme tandis qu'elle repensait à la journée du samedi et revoyait le dos de Brett pédalant devant elle – assez vite, franchement. Elle avait dû faire un effort pour arborer un sourire jovial quand il avait tourné la tête, et trouver de l'air dans ses poumons afin de répondre aux remarques qu'il lui criait. Mais elle avait eu amplement l'occasion d'admirer ses jambes athlétiques et son large dos, avec la bande de peau nue, s'évasant depuis des hanches minces et dures. Une fois dans le parc, il avait ralenti l'allure et fait des tours à son intention – rouler sans les mains, slalomer le long de la piste dans une gracieuse ondulation du corps, se retourner avec un sourire béat pour vérifier qu'elle regardait tandis que le vent relevait ses cheveux. Freya rit et se mit à l'imiter, et bientôt ils se lancèrent des défis. Le dépassant, Freya ôta les pieds de ses pédales et leva les jambes sur les côtés ; elle battit des coudes tel un poulet trouillard, et, pendant un bref et périlleux instant, lâcha le guidon et écarta largement les bras avec un cri de victoire. Puis Brett recommença. Les passants s'arrêtaient pour les regarder en souriant. C'était drôle, émoustillant, grisant. Elle comprit ce qui lui avait manqué avec Michael, qu'elle ne pouvait imaginer sur une bicyclette, sauf équipé d'un casque de protection, d'un short d'ancien combattant et d'un sac à dos. Quand ils s'arrêtèrent, hors d'haleine à force de rire, ils étaient déjà comme de vieux amis.

— Allez, je t'offre un jus d'orange.

— Pas question. C'est moi qui paie.

Ils s'étaient disputés sur la question ; et ça aussi, c'était amusant. Une fois à la buvette, ils n'avaient pas eu grand-chose à se dire. Freya n'en avait cure. Assis face à elle, il lui souriait et elle lui souriait tout en aspirant un jus mousseux à l'aide d'une paille. Elle avait découvert qu'il était de Denver et possédait du sang iroquois dans les veines, ce qui expliquait ses traits anguleux et ses yeux bridés sous les sourcils droits et noirs. Physiquement, il lui faisait l'effet d'un steak : le regarder la mettait en appétit. Certes, il était ridiculement jeune. Mais l'âge était-il si important ? Au fond, elle n'avait pas l'impression d'avoir plus de vingt-trois ans.

Elle battit des paupières et reporta son regard vide sur la scène. Concentrons-nous. Le bourdonnement était maintenant agrémenté du gazouillis hasardeux d'un genre de flûte invisible, tandis que les acteurs (pèlerins, paysans, enveloppes anonymes d'humanité) formaient des groupes pour interpréter des pantomimes au ralenti – labourer la terre, puiser de l'eau, répandre les semences. Au milieu, un couple semblait copuler sans gaieté ; à droite, une femme faisait toute une histoire de son accouchement ; à gauche, un homme replet était étendu à terre, bras écartés, tête en arrière – mort, sans doute. Le cycle de la vie, en déduisit Freya. Elle avait déjà été dans ce genre de *happening*, mais la foule était mieux habillée.

Sans doute était-ce un très bon spectacle, si l'on était d'humeur. Le public semblait transporté. Quand le « mort » éternua soudain, on l'ignora poliment. Freya tâcha d'imaginer ce qu'elle pourrait bien dire en coulisses. Elle se rappelait que Noel Coward avait résolu ce problème par un « Mes chéris ! C'était du jamais vu ! », mais n'était pas certaine de pouvoir sortir cette réplique.

Quelqu'un se mit à jouer lentement du tambour. Bong. Bong. Bong. Les comédiens interrompirent leur activité – sauf le moine, qui priait toujours – et levèrent des visages songeurs vers le ciel. Allait-il pleuvoir ?

Le battement de tambour s'accéléra, la lumière crue s'adoucit, prenant une nuance dorée, et des grains de riz – du vrai – commencèrent à tomber sur la scène. Ah, oui : la moisson. Délivrés de leur apathie, les acteurs entreprirent de tourbillonner, de bondir et de taper du pied dans une danse frénétique, tandis que le riz captait la lumière et étincelait comme une pluie d'or. Les sarongs volaient et les robes tournoyaient au moment où le tambour atteignit un crescendo extatique. Après cinq bonnes minutes de ce manège, les interprètes se catapultèrent hors de scène et dans les coulisses, un par un, jusqu'à ce qu'il ne restât plus que le moine, impassible sous un ultime filet de riz rebondissant sur son crâne. Freya se rappela que la pièce s'intitulait *Grains de vérité*.

Le tambour s'interrompit tout à coup. Dans le silence austère qui suivit, Freya entendit le sang dans ses oreilles. Le public retenait son souffle. Au milieu de ce silence, Brett s'avança, un sarong jaune safran autour des hanches et un long râteau en bois sur l'épaule. Freya se pencha. Ayant marché avec gravité jusqu'au centre de la scène, il posa son outil avec un mouvement arrondi plein de grâce et commença à ratisser les monticules de riz, lentement et en rythme, pour former un motif, alors que la flûte invisible recommençait son radotage voilé. La tête de Brett était inclinée, son expression concentrée et recueillie. Une lumière dorée ruisselait sur la scène à l'oblique, rehaussant formes et ombres. Son corps avait été enduit d'un maquillage luisant qui mettait en valeur son anatomie. « Ah ! cette partie du spectacle est très réussie », songea Freya avec approbation. Manifestement, elle n'était pas la seule de cet avis, car d'autres contemplaient, captivés, Brett qui continuait à tourner sur la scène, dessinant un joli motif en spirale dans le riz. Quand il eut finalement atteint le devant de la scène, il se redressa et remit le râteau sur son épaule. Il y eut un « Bong ! » final, puis le reste de la distribution sortit en procession des coulisses et s'aligna à ses côtés. C'était fini.

Le petit théâtre éclata en applaudissements généreux, provoquant chez les acteurs des sourires étonnés qui leur ôtèrent instantanément dix ans d'âge.

Lâchant son programme, Freya applaudit elle aussi à tout rompre, dressée sur son siège, les yeux fixés sur Brett. Il l'aperçut, perdit sa contenance et dut s'incliner trop tôt pour cacher son émotion. De joie, Freya en rit tout haut.

La scène se vida, les lumières se tamisèrent, la salle s'emplit du remue-ménage des départs et de la rumeur des bavardages. Freya rejoignit la marée de pieds traînants, tendant l'oreille dans le but de recueillir des bribes de compliments qu'elle pourrait resservir à Brett. Le public était plutôt jeune, sans doute des amis et rivaux de la distribution, avec un petit nombre de professionnels plus âgés et quelques couples trop bien habillés, que Freya prit pour des parents dans divers états de fierté ou de stupeur.

— ... pas étonnant qu'il n'y ait pas eu d'entracte. Tout le monde serait resté au bar...

— Voilà ce que j'appelle du théâtre. Je me suis sentie spirituellement *purgée.*

— Le pauvre cher Basil ne comprendra jamais que « moins » n'est pas nécessairement « plus »...

Bigre, elle allait devoir inventer quelque chose.

Arrivée au foyer, elle fila aux toilettes afin de vérifier sa tenue dans le miroir : un jean déchiré, délavé, associé à un tee-shirt d'un blanc immaculé et à un maquillage léger. Elle avait opté pour le look sobre, celui d'une gamine plutôt que celui d'une femme plus âgée et élégante. Avait-elle eu raison ? Elle croisa son reflet, qui lui souriait, godiche comme une ado, et se détourna, gênée de sa propre agitation. Ce n'était qu'un homme, bon sang.

À l'entrée des artistes, elle rejoignit une petite foule d'admirateurs et donna son nom au type à la porte. Quelques instants plus tard, Brett se précipitait pour la voir, toujours en costume, rayonnant et superbe, suant l'adrénaline par tous les pores. Avant qu'elle ait pu formuler ses félicitations, il se jeta à son cou.

— C'est génial, hein ?

Il sentait le maquillage, la transpiration et l'excitation. Sa peau était chaude et glissante.

— Fabuleux.

Un vrai croassement. Elle respira alors à fond et recommença :

— Totalement fabuleux.

— Je n'étais pas sûr que tu viendrais. Quand je t'ai vue, je n'en croyais pas mes yeux ! Écoute, je suis à toi dans quelques minutes. Il faut que j'aide à ramasser le riz et à nettoyer. Tu m'attends ?

— Peut-être.

Mais elle souriait.

— On va tous fêter ça chez *Julio*. Je fais aussi vite que possible.

Il partit en coup de vent, puis se retourna sur le seuil de la porte et fixa sur elle un regard incandescent.

— Ne pars pas.

Freya fit non de la tête. Comme si elle avait le choix...

Julio était un bar à tapas miteux pour étudiants, assez fréquenté par l'équipe pendant les répétitions, à en juger par l'accueil exubérant du patron. Dans la bruyante confusion de leur arrivée, tandis qu'on entreposait les sacs et poussait les tables, Freya fendit la foule jusqu'au bar et paya discrètement deux bouteilles de champagne avant de prendre place auprès de Brett, qui portait à présent un jean noir et une chemise bleu clair, ses cheveux encore brillants de la douche. Tout le monde parlait en même temps, noyant la musique flamenco. On disait que Hal Prince était au premier rang. Ou était-ce Cameron Mackintosh ? Non, c'était Cameron Diaz. Quelle blague : Cameron Diaz était en tournage dans le Nevada ; il y avait une photo d'elle dans *Screen*. Bon, en tout cas, des journaux avaient envoyé un critique – le *Post, Village Voice, Paper*. Qu'en diraient-ils ? Mieux valait ne pas y penser.

Le champagne arriva, provoquant des cris d'enthousiasme et une débauche de spéculations. Quand le serveur indiqua qui l'avait payé, les regards se braquèrent avec curiosité sur elle, puis sur Brett.

— Je vous présente Freya, déclara ce dernier. Elle est venue voir le spectacle ce soir.

Il y eut un petit silence gêné. Freya comprit que son geste extravagant avait été mal perçu. Cela la mettait à part. Elle n'était pas une jeune comme eux, mais quelqu'un de plus riche, de supérieur ou de différent – une maman gâteau. Saisissant son verre, elle porta un toast.

— Vous avez tous été formidables, lança-t-elle au flou de jeunes visages. Je lève ce verre à... – sa mémoire trébucha atrocement, puis lui revint –... à *Grains de vérité*.

Tout le monde trinqua et, à son grand soulagement, le brouhaha reprit.

— C'était gentil de faire ça...

La voix de Brett était basse et chaleureuse. Elle tourna la tête pour découvrir ses yeux à quelques centimètres des siens. Le col ouvert de sa chemise avait glissé de côté, révélant la peau lisse de son épaule. Elle avait très envie de coucher avec lui. Sans délai.

— J'ai quelque chose pour toi, aussi, dit-elle en fouillant dans son sac.

Elle avait passé des heures à traîner dans les rayons du *Gotham Book Mart* pour lui trouver le cadeau idéal, caressant les éditions d'occasion de pièces célèbres ou de Mémoires de comédiens, avant de tomber sur l'édition en poche de l'autobiographie d'Anthony Hopkins. Après moult réflexions et plusieurs faux départs, elle avait écrit : « Pour Brett, le soir de sa première "première" », signant tout simplement Freya.

Brett retira l'emballage. Son beau visage s'illumina.

— Super ! (Il se pencha pour lui faire une bise.) Merci beaucoup.

Il sentait le propre, et une odeur masculine.

— De rien, fit-elle avec légèreté, et elle se tourna vers son voisin de gauche, un jeune homme baraqué avachi sur un coude.

— Vous ne buvez pas ? lui demanda-t-elle, remarquant son verre vide.

— Peux pas. (Il frissonna.) Pas après avoir joué comme ça.

— Pourquoi ? Qu'est-ce qui n'allait pas ?

— Ne faites pas semblant de ne pas avoir remarqué. J'ai tout foiré. À chaque répétition, j'étais immobile comme une pierre. Et voilà qu'à la première il faut que j'éternue. J'avais le rôle du mort, merde ! J'étais pas du tout dans mon personnage.

Freya attrapa la bouteille.

— Moi je n'ai rien remarqué, et pourtant j'étais au cinquième rang, mentit-elle en lui servant du champagne. Votre façon de placer vos bras, improvisa-t-elle, j'ai trouvé ça très réaliste.

— Wes est un perfectionniste. Pas vrai, mon grand ?

Une femme de l'autre côté de la table alla lui tapoter le bras. Ses cheveux teints au henné formaient deux nattes pointant de part et d'autre de sa tête, comme Dorothy dans *Le Magicien d'Oz*. Son regard se posa sur Freya et se durcit.

— Vous connaissez Brett depuis longtemps ?

— Environ trois jours.

Les deux femmes jetèrent un regard machinal à celui-ci, qui s'efforçait de ne pas rire, tandis qu'une des actrices agitait une pointe d'asperge vinaigrette au-dessus de sa bouche ouverte.

— Mignon, non ? dit-elle.

Freya haussa les épaules comme si elle n'avait pas fait attention.

— Vous savez, c'est fascinant ce que vous avez dit sur mes bras.

L'épaule costaude de Wes s'appuya contre la sienne.

— C'est important, les bras. J'ai étudié un tas de photos de cadavres pour préparer ce rôle. Je ne sais pas si vous connaissez la méthode de Stanislavski, mais...

Sur ce, il commença à parler d'une voix monotone. Freya nota qu'il avait trouvé le courage de vider son verre, finalement. Pendant ce temps, la table s'était garnie d'un tas de petites assiettes d'olives, de crevettes, de jambon fumé et de trucs en brochettes, et au champagne succéda un âpre vin rouge qui lui irrita la gorge. Une conversation concernant des gens qu'elle ne connaissait pas et des choses qu'elle ne voulait pas connaître lui tintait aux oreilles ; auditions, classes d'improvisation, pastilles pour la toux, stages d'été, saligauds de metteurs en scène, ce que A avait dit à B sur C. Mais tandis qu'elle parlait, écoutait et agissait normalement, plus ou moins, elle sentait la présence de Brett, captée qu'elle était dans son champ magnétique. S'il frôlait accidentellement son bras ou sa jambe, une onde de désir la traversait. Elle buvait sans arrêt.

Wes était toujours lancé à plein régime quand elle ressentit un petit pincement à la jambe.

— Et toi, comment ça va ? lui demanda Brett.

Il avait une façon de la regarder par en dessous qu'elle trouvait terriblement séduisante.

— Très bien. « Embrasse-moi », lui commanda-t-elle silencieusement.

Il se pencha davantage et promena le dos d'un de ses doigts sur son bras nu, électrisant ses cellules nerveuses.

— On s'est à peine parlé.

— Il y a beaucoup de monde, fit-elle stupidement.

— On peut aller où tu veux.

Freya se mordit la lèvre.

— C'est vrai ?

Cinq minutes plus tard, ils étaient dehors, goûtant la chaleur de la nuit. Dans l'air flottait une odeur de hamburger et d'ordures ; des phares trouaient les ténèbres. Ce bon vieux New York.

— Bon...

Brett racla sa basket sur le trottoir.

— Tu ne m'as pas dit que tu habitais par ici ?

— Tout près, admit Freya d'un ton détaché.

Elle enfonça les pouces dans les poches de son jean et examina la pointe de ses souliers.

— Tu me raccompagnes ?

Le sourire de Brett s'élargit.

— Tu parles.

Ils firent quelques pas en silence. « Tu n'as pas une petite amie ? aurait-elle voulu lui demander. Et la fille aux nattes ? Est-ce que je te plais ? Si tu venais en Angleterre avec moi, le week-end prochain ? »

— Je me demandais..., commença Brett.

Freya avala sa salive.

— Oui ?

— Comment tu m'as trouvé dans la pièce, *en vérité* ?

Donc, on parla de Brett : de ses talents et ambitions, des contraintes de ce spectacle, si exigeant – « prise de tête » selon son expression – qu'ils pouvaient seulement le jouer en alternance. Outre le fait de se maintenir physiquement en forme, les acteurs devaient méditer une heure avant chaque représentation pour éclaircir leur espace mental. Brett avait renoncé à la viande rouge, doublé la fréquentation de ses cours de yoga et songeait sérieusement à se convertir au bouddhisme. « Mais je suis trop vaniteux pour me raser la tête », avoua-t-il avec un sourire gamin qui le rendait encore plus charmant.

— Bien sûr, j'aimerais faire des trucs plus commerciaux. Je passe bientôt une audition pour *Cats*.

— Tu sais, j'ai vu la première à Londres.

— Mais... ça ne remonte pas aux années quatre-vingt ?

Oups. Le cerveau de Freya s'embrouilla dans les calculs mentaux. Brett devait avoir – flûte ! – sept ou huit ans, un gosse à vélo.

— Voyage scolaire, expliqua-t-elle allégrement. Je ne devais pas avoir plus de treize ans. Ou douze, même. Onze ou douze. Je dois admettre que je suis sans doute un peu plus âgée que toi... presque la trentaine.

Elle le regarda à la dérobée, guettant sa réaction.

— Et alors ?

Brett se tourna vers elle, l'air sincèrement surpris qu'elle ait pu croire que cela comptait.

Voilà ce qu'il y avait de bien avec les hommes plus jeunes : ils n'avaient pas de préjugés machos. En outre, ils étaient plus jeunes.

Brett lui sourit franchement et lui entoura les épaules.

— Je t'aime bien : c'est ça l'important.

— Bon.

Après une très légère hésitation, Freya glissa la main dans son dos, comme elle en rêvait depuis des heures, et referma ses doigts autour de sa hanche. Ils poursuivirent leur route ensemble, corps contre corps, allumant des étincelles. Le silence grésillait entre eux. La peau de Freya la chatouillait là où le bras de Brett frôlait sa nuque. Chacun de ses sens était en alerte rouge, et pourtant elle se sentait exquisément alanguie. Il lui semblait qu'ils flottaient au-dessus de ces rues sombres tels deux somnambules pris par le même rêve.

Je t'aime bien : c'est ça l'important. Comme c'était vrai ! Comme c'était simple, sans prétention. Quel changement par rapport aux luttes sourdes avec des hommes de son âge pour savoir qui « porterait la culotte » !

Elle jeta un regard à son profil – le tendre arrondi de ses lèvres et la traînée de ses cils noirs. Son corps semblait chaud et solide. Elle se rappela la vision de ses côtes dessinées et de son ventre plat disparaissant sous le sarong jaune safran. Oui, c'était la solution : un homme plus jeune, empressé, que personne n'avait encore gâché.

Elle s'arrêta devant la maison de Jack et se tourna dans le creux de son bras.

— Nous y sommes, dit-elle.

— Nous... ?

Il eut un sourire timide.

Freya ressentit une pointe d'énervement en constatant qu'il n'était pas plus péremptoire. Son propre instinct lui criait de le traîner à l'intérieur pour le manger tout cru.

— Tu peux entrer prendre un verre, si tu veux, suggéra-t-elle.

Il croisa son regard.

— J'aimerais bien.

Troublée, elle mit un certain temps à trouver sa clé ; puis elle s'obstina à la mettre à l'envers. En se dirigeant vers la porte, elle avait noté avec soulagement que la maison était plongée dans le noir – non qu'il eût fallu être un génie pour deviner que Jack serait sorti avec Candace après son cours. Même s'il rentrait tard et la surprenait à se bécoter dans l'obscurité avec un jeune freluquet – sur le divan, par exemple –, quelle importance ?

Enfin, elle parvint à ouvrir la porte et le précéda. Avant d'avoir pu dire ouf, elle avait allumé une lampe d'ambiance – pas de lumière trop crue –, mis un disque de Billie Holiday, ôté ses chaussures, et elle était dans la cuisine occupée à tailler de la glace de ses mains tremblantes. Musique, lumières, action !

— Super appart ! lança Brett du séjour.

Freya haussa les sourcils. Comme d'habitude, l'appartement de Jack était un dépotoir ; et elle n'avait jamais tenu Chelsea pour un quartier particulièrement huppé. Mais, pour quelqu'un qui partageait une chambre avec trois camarades, ça avait sans doute tout d'un palais.

— C'est à un ami... Comme je suis entre deux domiciles en ce moment, j'utilise sa chambre d'amis. (Elle marqua une pause.) Ce soir, il est sorti.

Quand elle revint avec les verres, Brett était assis sur le sofa. Elle le surprit à lisser ses cheveux en arrière d'un geste nerveux. Ces petits jeunes, n'étaient-ils pas adorables ? Elle alla vers lui pieds nus, en balançant les hanches, une invite dans les yeux.

— Tiens.

Elle se pencha pour lui tendre son verre. Au même moment, il fit un mouvement maladroit vers son bras, dans le but de la faire asseoir près de lui. Freya s'affala plus qu'elle ne s'assit sur le canapé. De l'alcool avait giclé sur son tee-shirt.

— Ouh ! Qu'est-ce que tu fais ? gloussa-t-elle en posant les verres. Je suis trempée.

En tapotant légèrement les taches, elle vit combien ses seins étaient visibles à travers le tissu humide.

Brett l'avait vu aussi. Son visage parut plus

concentré. Soudain, elle se retrouva sous son corps musclé, pressée contre le divan. Il trouva ses lèvres. Freya ferma les yeux et se rendit avec un soupir, ouvrant la bouche. Sa main glissa par-dessus l'épaule de Brett et se posa sur sa nuque. La langue du jeune homme s'enfonça dans sa bouche ; elle le sentit tirer sur son tee-shirt et sourit presque de son impatience. Mais le contact de ses doigts sur sa peau nue lui coupa le souffle. Son dos se cambra tandis que cette main voyageait plus haut ; lâchant un soupir de plaisir, elle baissa la main pour la passer violemment sous le tee-shirt de Brett, dévorée par l'envie de sentir son corps tout contre le sien. Elle en voulait plus. Tout. *Tout de suite*.

Soudain, Brett s'écarta.

— C'était quoi, ça ?

— Rien !

Elle se plaqua contre lui.

Mais tout en parlant, elle l'entendit aussi, ce léger raclement de serrure, puis le bruit de la porte qu'on claque.

— C'est moâââ, Jackie ! lança une voix horriblement familière.

Elle eut à peine le temps de se redresser et d'ajuster ses vêtements avant que la porte du salon s'ouvre et que Jack entre, côté jardin à gauche de la scène, portant deux cartons de pizza en équilibre sur une seule main levée au plafond.

— Langues d'alouette pour sa majesté ! déclara-t-il. Puis il repéra Brett et changea d'expression. Il baissa le bras. Il y eut un silence pesant.

— Qu'est-ce que tu fais là ? aboya Freya.

Jack marqua un temps d'arrêt comique.

— Je... euh, j'habite ici, non ?

Maintenant, il se grattait la tête comme Stan Laurel. Très drôle.

— Voici Brett, lui dit-elle froidement.

— Moi, c'est Jack. Le colocataire de Freya. Je suis homo.

— Ah, bon. Salut, Jack.

Brett ébaucha un signe de main nerveux. Il était à présent avachi dans le coin du canapé.

— Il fait sombre ici... (Ayant allumé le plafonnier, il déposa les pizzas avec naturel sur la table.) Qui a faim ?

— Personne ! gronda Freya.

— Ça ne vous embête pas si je casse la croûte ?

— Si. Tu ne peux pas aller dans la cuisine ?

Brett bondit du sofa.

— De toute façon, je m'en allais.

Freya en aurait pleuré de rage.

— Ne dis pas de bêtises. Tu viens d'arriver.

— La nuit ne fait que commencer, convint Jack, engouffrant un morceau de Quatre Saisons. (Même assis, il dominait la scène.) Je pourrais vous montrer la vidéo où je pêche à la ligne.

— Une autre fois, bredouilla Brett. Demain, je prends mon service tôt au *Bagels R US*. Il faut que j'aille me coucher.

Jack haussa un sourcil.

— Vous êtes cuistot, Brad ?

— *Brett !*

Freya en tapa presque du pied.

— Non, serveur – enfin, plutôt acteur –, du moins j'essaie.

— Acteur !

Jack accueillit cette nouvelle avec enthousiasme.

— Vraiment, vous devriez rester. Freya est sans doute trop modeste pour vous en parler, mais elle connaît à fond les pièces de Shakespeare.

— Ferme-la, Jack !

Qu'est-ce qui l'avait mis de si méchante humeur ?

C'était insupportable de le voir traiter Brett en écolier craintif.

— Il plaisante. Ne fais pas attention. (Elle lui sourit et lui prit la main.) Viens, je te raccompagne.

Elle claqua la porte du salon derrière elle, isolant Jack, pour ouvrir l'entrée.

— Jack est un mufle, expliqua-t-elle, faisant un pas dehors. Inutile de te dire qu'il n'est pas gay et ne possède pas de vidéo sur la pêche – juste un douteux sens de l'humour. Et maintenant, où en étions-nous ?

Elle s'adossa au mur, espérant à moitié reprendre là où ils s'étaient interrompus. Rien à faire. Brett était agité et gauche.

— Je t'appellerai, dit-il.

— Merci pour cette merveilleuse soirée, rétorqua-t-elle, et ils s'embrassèrent sur la joue.

Mais c'était un rituel vain. La magie s'était envolée.

Elle le regarda s'éloigner dans la rue, puis rentra en coup de vent dans la pièce, claquant les deux portes derrière elle, et posa les mains sur ses hanches.

— Comment oses-tu ?

Jack leva des yeux innocents.

— Qu'est-ce que j'ai fait ?

— Tu le sais parfaitement. Tu l'as chassé. Comment as-tu pu me faire ça ?

— Pardon. Je ne savais pas que c'était si important.

— Je n'ai pas dit que ça l'était. Je l'aime bien. J'aimerais le revoir. J'aurais aimé qu'il reste encore un peu.

— Oh !

— Quoi « Oh ! » ?

— Rien.

— Allons, Jack, tu ne parles jamais pour ne rien dire. Tu as dit « Oh ! » comme si tu étais étonné.

Jack mâcha sa bouchée sans y faire attention.

— Je l'ai simplement trouvé un peu jeune. Pour être

franc, je me suis demandé s'il s'était perdu en rentrant de l'école et attendait d'être récupéré par sa maman.

— J'en étais sûre !

Freya embraya au quart de tour, se frappant la cuisse.

— Toi, tu as le droit de sortir avec une fille plus jeune de dix ans et à peine capable d'aligner deux aboiements, et ça marche, parce que tu es un homme. Mais si une femme fait pareil, comme c'est vulgaire, comme c'est embarrassant, qu'a-t-il bien pu lui trouver ? (Elle attrapa le dossier d'une chaise pour se calmer.) La vérité, Jack, c'est que tu es un égoïste. Tu agis selon ton bon gré, mais tu ne veux pas que les autres s'amusent.

— Bon, bon, si ça te plaît de batifoler avec un...

— Il s'appelle Brett. Pas Brad, ni Brat, ni Skipper, Chippy ou Junior, ni aucun des désopilants sobriquets que tu peux inventer quand tu fais semblant d'écrire ton prétendu roman. Brett... B-R-E-T-T. Vingt-six ans, si ça t'intéresse. Moi, au moins, je ne baise pas l'un de mes élèves. Tu pourrais être viré pour ça, tu sais. Favoritisme sexuel, turpitude morale... Où est la petite chérie, au fait ?

Ses mots se figèrent sur ses lèvres, au moment où la tête de Jack se redressait, comme mue par un ressort.

— C'est donc toi ! s'exclama-t-il, le regard noir.

— Quoi, moi ?

Il se leva brutalement de table.

— Arrête de jouer l'innocente. Qui d'autre pourrait utiliser des expressions comme « turpitude morale » ? Merde, Freya, tu m'as flanqué des cauchemars avec cette lettre ! Comment as-tu pu me faire ça ?

Il lui jeta un carton à pizza, l'éclaboussant de sauce tomate.

— Comment ai-je pu te faire ça ? (Elle lui renvoya

le carton.) Qui m'a foutue dans les pattes de ce Bernard ?

— Tu sais quoi ? (Jack pointa le doigt sur elle.) Tu es jalouse.

— Jalouse !

— Oui, jalouse. Parce que je peux avoir toutes les femmes que je veux, alors que tu n'arrives jamais à garder un homme.

— Tu n'as pas de femmes, Jack. C'est elles qui t'ont – celles qui sont assez stupides pour avoir envie de toi.

— Tu ne devrais pas être en train de déménager ? J'avais dit deux semaines, maximum.

— Je vais appeler Cat. Elle m'hébergera.

— Tu seras bien aimable. En attendant, évitons de nous croiser. (Jack se dirigea à grands pas vers sa chambre.) Si j'ai besoin de te dire quelque chose, je t'enverrai un mémo.

— Si je n'ai rien d'autre à faire, je le lirai peut-être.

Jack fit demi-tour et hocha la tête, dégoûté.

— Je me demande ce que j'ai pu aimer en toi.

— Tu étais différent.

— J'étais beaucoup de choses.

Il claqua la porte derrière lui.

16

— MADEMOISELLE DA FILLIPO, je peux partir maintenant ?

Cat leva les yeux de son bureau pour voir sa nouvelle assistante, Becky, plantée sur le seuil, le sac déjà en bandoulière.

— Aujourd'hui, c'est l'anniversaire de mon fiancé. On va au restaurant et je dois me faire belle.

Elle consulta sa montre, étonnée de découvrir qu'il était déjà presque dix-huit heures.

— Comme le temps file, dit-elle.

Becky la contemplait fixement avec des yeux inquiets. Cat nota l'éclat de ses cheveux tout propres et la rougeur de ses jeunes joues lisses.

— Alors... je peux y aller ?

— Mais bien sûr !

Cat arbora son sourire le plus cordial, tâchant de chasser une image désagréable d'elle-même en épouvantable vieux dragon montant la garde devant une belle princesse.

— Passez une bonne soirée.

— Merci.

La voix de Becky vibrait de soulagement. Juste avant de s'enfuir, elle se retourna et ajouta poliment :

— Bonne soirée à vous aussi.

De toute évidence, Becky trouvait inconcevable qu'un être aussi ennuyeux que Cat – une célibataire approchant la quarantaine, vivant seule, entièrement vouée à sa carrière – pût passer une bonne soirée. Ce qui prouvait à quel point elle pouvait se tromper. Car, en vérité, Cat avait rendez-vous avec son frère pour voir un film et déguster une pizza – et elle s'en faisait une joie.

Elle éteignit son ordinateur, rangea ses affaires dans son attaché-case et vérifia si elle n'avait rien oublié sur son bureau. Son regard s'attarda sur le bouquet arrivé la veille, accompagné d'un bristol disant : « Recevez toute ma gratitude – et bonne chance avec votre jeune homme : Jessica Blumberg. » Elle se détourna et se dirigea vers l'ascenseur.

Il était, bien entendu, hors de question que Michael Petersen pût être son « jeune homme ». Ce serait une impardonnable trahison. Michael Petersen avait plaqué sa meilleure amie, la jetant à la rue sans prévenir. Elle appuya sur le bouton d'appel. Le fumier ! Le butor ! Elle ne comprenait pas quelle folle impulsion l'avait fait inventer cette histoire idiote de fiançailles rompues. Peut-être avait-elle eu pitié de lui à cause de son rhume ? Ce ne serait pas la première fois.

Les portes de l'ascenseur s'ouvrirent. Cat se glissa dans la cabine bondée et fixa d'un œil absent la veste de l'homme devant elle. Pour être tout à fait équitable – et Cat se flattait de l'être –, Michael n'était pas aussi odieux qu'elle l'avait imaginé. Elle n'avait pas prévu son sens de l'humour et il s'était montré très gentil avec sa mère. Elle approuvait cela, même si cette mère semblait être un vrai cauchemar. De plus, il n'était pas vilain. Ses bons yeux bruns étaient trompeusement chaleureux et honnêtes ; en outre, elle avait toujours apprécié ce type de cheveux, drus et élastiques, un peu frisés. En fait, quand M. Blumberg les avait fait s'embrasser, elle avait ressenti une étincelle d'attraction – enfin, plutôt un coup de tonnerre. Cat baissa les yeux.

Cela montrait combien on ne peut pas se fier à ses instincts les plus bas. Heureusement qu'elle avait renoncé pour de bon aux hommes. S'imaginer fiancée à un mec pareil ! « Oui, imagine... »

Elle eut un sursaut quand la cabine s'arrêta net, puis elle traversa le hall d'un pas vif. « Sois réaliste, Cat. » Tout le reste mis à part, Michael ne la remarquerait jamais. S'il n'avait pas trouvé Freya assez bien pour lui, avec ses jambes superbes et son accent anglais, il pourrait difficilement se rabattre sur une Italienne boulotte de Staten Island. Elle lissa sa robe jaune canari sur ses hanches. Elle allait chasser Michael Petersen de ses pensées. Heureusement, elle avait peu de chances de le revoir un jour.

Elle poussa la porte à tambour et sortit dans la rue. La toute première personne qu'elle aperçut fut Michael. Il se tenait sur le trottoir, les yeux distraitement levés au ciel comme s'il s'efforçait d'apprendre par cœur quelque chose. Son propre cœur fit un numéro à la Fred Astaire dans sa poitrine, et, d'une façon qui ne lui ressemblait guère, elle rentra en vitesse dans l'immeuble pour se cacher derrière un gros bac à fleurs. Cherchant frénétiquement ses lunettes de soleil, elle les chaussa et jeta un œil à l'extérieur. Elle n'était pas victime d'une hallucination. C'était bien lui. Que faisait-il ici ?

Elle le regarda passer la main dans ses cheveux. Il avait l'air nerveux, plutôt triste. Attendait-il quelqu'un – *elle* ? Les hypothèses fusaient dans son cerveau. Peut-être restait-il un détail à régler à propos des Blumberg ou bien voulait-il la consulter sur une question générale ; ou il avait décidé de récupérer Freya et avait besoin de son aide. Quelle brute ! Il n'y avait qu'un moyen de le savoir.

Sortant comme un boulet de canon, elle marcha droit vers lui.

— Qu'est-ce que vous faites là ?

Michael en resta bouche bée. Un petit sourire amusé éclaira ses traits.

— Je... je vous attendais.

— Pourquoi ?

Il n'était pas beau, il était génial.

— Caterina... on ne pourrait pas aller quelque part prendre un café ?

Il désigna d'un geste vague une cafétéria de l'autre côté de la rue, mais ses yeux plongeaient dans les siens avec une intensité hypnotisante.

— D'accord, s'entendit-elle répondre.

Vivement, elle essaya de reprendre le contrôle de la situation.

— Mais pas là. Leur café, c'est de la pisse de chèvre. Allons au coin.

Ils marchèrent dans un silence énervé. Sainte Vierge ! Avait-elle dit « pisse » à haute voix ? Il l'avait déjà rangée dans la catégorie des féministes autoritaires et fortes en gueule – non que son opinion comptât le moins du monde.

Le *Café Olé* était comme tous les endroits de ce genre : murs blancs, bois blond, machines en acier sifflantes et musique classique sur la chaîne hi-fi. Michael tint à l'installer à une petite table, tandis qu'il faisait la queue pour passer commande. Elle se sentait aussi étourdie et désorientée qu'au bord d'un précipice. Quelque chose de terrible allait arriver – ou de merveilleux ; elle n'aurait su dire quoi. Pour quelqu'un qui s'était toujours vanté d'avoir une cervelle dans le crâne et les pieds sur terre, c'était énervant.

Michael apporta deux tasses sur un plateau. Ses gestes étaient nets et prudents. Il avait de belles mains, des ongles propres et carrés. Quand il s'assit devant elle, à soixante centimètres, le trouble causé par sa présence physique la submergea. Sa perception péniblement aiguisée enregistra le tissu de sa chemise, la courbe de ses oreilles, la fossette au menton.

— Alors, de quoi vouliez-vous me parler ? s'enquit-elle d'un ton tranchant.

— Eh bien... (Michael mit un sucre dans son café et le remua une quinzaine de fois.) Je voulais vous remercier pour l'autre jour. (Il leva les yeux et lui adressa un sourire d'admiration.) Vous avez été fantastique.

— J'ai été folle.

Elle rejeta la tête en arrière mais ne put s'empêcher de se sentir radieuse.

— Mme Blumberg m'a envoyé des fleurs.

— Moi, j'ai eu une bouteille de vin.

Cat se demanda s'il avait aussi reçu une carte lui souhaitant bonne chance avec sa « jeune dame » et sentit ses joues s'embraser.

— Eh bien, vous m'avez remerciée maintenant.

Elle lui adressa un signe du menton très professionnel.

— Je voulais aussi vous parler de Freya.

Freya. Bien entendu.

— Qu'y a-t-il à dire ? Vous l'avez larguée, et elle est très contrariée. Voilà les faits. Moi qui suis sa meilleure amie, ça me gêne beaucoup d'être ici à boire un café avec vous.

— Je ne l'ai pas « larguée » !

— Comment appelez-vous cela, quand vous invitez au restaurant la femme avec qui vous vivez, et au lieu de...

Cat ravala ses mots. Ce serait déloyal de révéler les espérances de Freya au sujet du mariage.

— Je sais, je m'y suis très mal pris.

Michael fronça les sourcils.

— Et aujourd'hui, vous avez changé d'avis.

— Non ! (Il avait l'air ébahi.) Pas du tout.

Il tira farouchement sur son nœud de cravate.

— Vous pouvez l'ôter, si vous voulez, dit-elle.

L'ayant regardée comme si elle venait de faire une suggestion déplacée, il fit coulisser la cravate autour de son cou et déboutonna son col. Soudain, il faisait beaucoup plus jeune.

— Je voulais vous parler d'elle à cause de vos paroles de l'autre jour. Vous aviez l'air très en colère et... enfin, je ne veux pas que vous pensiez du mal de moi.

— Je vois.

Le cœur de Cat se mit à battre très fort. Elle ne parvenait pas à détacher son regard de lui.

Lentement, et avec beaucoup d'hésitation, il commença à expliquer pourquoi il avait mis un terme à sa relation. Ils avaient eu le projet d'aller ensemble à ce mariage en Angleterre – Cat devait être au courant. Elle confirma de la tête. Mais, plus la date approchait, moins il se sentait à l'aise. En son for intérieur, il savait que leur liaison n'avait pas d'avenir ; et il avait sincèrement cru que Freya le devinait aussi. Malgré toute l'admiration et l'affection qu'il lui portait, ils n'étaient tout simplement pas faits l'un pour l'autre. Ce n'était la faute de personne. Accompagner Freya en Angleterre et être présenté à sa famille comme son « compagnon » éveillerait certaines attentes qu'il ne pourrait honorer. Plutôt que de se mettre dans une situation fausse, il avait décidé de prendre l'initiative d'en discuter franchement. Bien sûr, il avait tout gâché. Il n'avait jamais été très bon pour s'exprimer.

Une extraordinaire sensation envahit Cat tandis qu'elle observait ce visage et écoutait ce rapport heurté. Elle *connaissait* cet homme. Comment et pourquoi, mystère, mais elle pouvait lire les contours de son esprit et de son cœur comme si elle en possédait la carte. Elle voyait ses incertitudes et sa gentillesse, ses espoirs et ses doutes, ses principes et ses désirs. Elle avait très envie de tendre la main et de le toucher. À la place, elle lui sourit franchement et répéta :

— Je vois.

Michael se pencha en avant :

— Elle est très fâchée ?

— Qui ? Oh... Freya.

Cat eut un sursaut de culpabilité. Elle s'efforça de retrouver sa vertueuse indignation, cependant il y avait eu un tel revirement dans sa perception qu'elle n'en était plus capable. Freya n'était pas faite pour Michael, et *vice versa* : c'était la pure et simple vérité. D'ailleurs, n'avait-elle pas reçu un appel téléphonique ce matin à propos d'un jeune type à bicyclette ? Freya n'était pas exactement en deuil ; il serait injuste de tromper Michael alors qu'il avait été d'une transparente sincérité à son égard.

— Elle s'en remettra.

— C'est ma faute. La première fois que je l'ai vue, elle était si belle et perdue. J'ai... imaginé, je crois, que je pourrais la rendre heureuse.

— Vous êtes un romantique, fit observer Cat.

D'un seul coup, elle se sentait elle-même heureuse au-delà de toute expression.

— Vous croyez ? On ne m'a jamais dit cela. (Mais il avait l'air plutôt réjoui.) En fait, je crois qu'elle s'ennuyait un peu avec moi. Elle est si vive et casse-cou. Vous savez qu'elle a perdu *cinquante dollars* au poker ?

— Non !

Cat écarquilla les yeux, pour le taquiner.

Michael reconnut sa propre pruderie avec un petit rire confus.

— Je pense que les avocats sont réellement un peu ennuyeux.

— Merci !

— Non, non, pas vous. Vous, vous ne pourriez jamais être ennuyeuse, Caterina.

Il lui sourit avec une telle chaleur que les défenses de Cat fondirent encore davantage. Lui parler n'avait rien d'une trahison. Elle décida de révéler à Freya qu'ils s'étaient rencontrés – point. À quoi bon la troubler avec une confession plus détaillée qui pourrait, très inutilement, jeter une ombre sur leur longue amitié ?

Ils se remirent à parler boutique – où ils avaient fait leurs études, ce qu'ils aimaient dans la profession, ce porc de juge qui faisait toujours pleurer leurs clientes. La conversation s'enflamma et ils ne surent pas comment ils en étaient venus à débattre vigoureusement des mérites relatifs des jardins botaniques de Staten Island et de Minneapolis, puis de la politique du maire de New York, des parents de Cat en Calabre et de l'usage approprié de l'huile de truffe. Michael ne semblait avoir aucune difficulté à s'exprimer. Il était penché sur elle, ardent et l'œil allumé, complètement différent de l'homme rencontré deux jours plus tôt.

— Et votre rhume ?

— Parti ! Je suis allé à la boutique que vous m'avez recommandée et ils m'ont donné un truc épatant.

— C'est vrai ? Vous y êtes allé ?

— Bien sûr.

Elle se sentait ridiculement flattée.

— Vous savez, c'est drôle qu'on ne se soit jamais rencontrés. J'entendais toujours parler de vous : et Cat ceci, et Cat cela.

— Moi aussi j'avais de vos nouvelles. Michael, Michael, Michael. Mais Freya a toujours été si cachottière.

— Elle avait peut-être peur qu'on ne s'entende pas ?

Ils se regardèrent. Aucun mot ne fut prononcé, mais

la vérité s'épanouit, chaude et palpable, entre eux. Ils s'entendaient parfaitement. Cat avait l'impression qu'elle pourrait rester assise là, avec lui, pour l'éternité.

— Bon sang ! s'exclama-t-elle en consultant sa montre. Il faut que je file.

Le visage de Michael se décomposa.

— Déjà ?

— J'ai rendez-vous...

— Oh ! (Il avait l'air complètement dépité.) Bien sûr, je vois.

Non, il ne voyait pas, ce grand nigaud.

— ... avec mon petit frère. Enfin, il a presque trente ans, mais si vous saviez dans quelles situations il est capable de se fourrer !

— Votre... petit frère, répéta Michael en écho, retrouvant sa bonne humeur.

— Le dernier d'une famille de cinq enfants, gâté pourri. Où ai-je mis mon attaché-case ?

— Là... (Michael tendit le bras pour l'attraper.) J'aurais aimé avoir une grande famille, dit-il. Ce doit être amusant. Moi, je suis fils unique.

Là-dessus, il se leva et lui demanda courtoisement s'il pouvait l'accompagner jusqu'à sa station. Il lui ouvrit la porte, insista pour porter sa mallette. Tout cela était si rétro ! Cat adorait. Et elle adorait la façon dont il prononçait son nom en entier. « Cat » était l'avocate pugnace, l'amie fidèle, la battante ; Caterina était plus féminine et mystérieuse. Elle pouvait voir son autre moi reflété dans le visage fervent de Michael chaque fois qu'il la regardait. Sans y penser, elle se mit à fredonner un air qu'elle avait entendu dans la cafétéria – le duo de *La Bohème*.

Michael s'arrêta tout net au milieu de la rue et se tourna vers elle.

— Vous aimez l'opéra ?

— Et comment ! Je suis italienne d'origine.
— Même... Wagner ?
— Surtout Wagner.

Il poussa un gros soupir, comme si un fardeau venait de lui être enlevé des épaules.

— Tant mieux. Il se trouve que j'ai justement deux billets pour le *Ring*.

17

*J*ACK*,*

Téléphoné à Cat aujourd'hui, mais elle était en réunion et n'a pas pu me parler. Va me recontacter. Prière de lui expliquer la situation si je ne suis pas là.

Messages :

1. *Ella veut que tu la joignes d'urgence.*
2. Voilà*, *elle dit que tu es en retard pour ta critique de* Brutes épaisses.
3. *Le livreur de journaux voudrait être payé.*

Pour la seconde fois cette semaine, je trouve en rentrant à la maison une assiette de beurre fondu sur la table de la cuisine. Après le petit déjeuner, PRIÈRE de te souvenir qu'il faut le remettre au frigo (le grand truc blanc). F.

Freya,

Ah ! c'est ça, le frigo ! Pas étonnant si mon linge n'en ressortait jamais propre.

J'espère que tu uses de l'expression « à la maison » dans un sens purement temporaire.

Aucune nouvelle de Cat. Le compteur tourne... J.

Jack,

Enfin parlé à Cat. Elle meurt d'envie de m'accueillir, mais le chat du voisin a fait ses besoins sur son lit pliant et elle a dû porter le matelas au nettoyage. Donc, ou je reste ici jusqu'à mercredi, date de mon départ, de toute manière, ou je vais à l'hôtel. Fais-moi connaître ta décision.

Ella a rappelé. Elle veut te voir. Rappelle-la S'IL TE PLAÎT.

Message, sur le répondeur, du désagréable Léo Brannigan. Que se passe-t-il ?

Au fait, Michael ne me fait PAS de procès pour ses pantalons. Cat est tombée sur lui par hasard et lui a posé franchement la question. Nan ! F.

PS. Personne n'a appelé ?

Freya,

Ainsi, le chat de Cat a déplié le lit tout seul ! Intelligent, le minou – ou c'est l'excuse la moins convaincante que j'aie jamais entendue.

Puisque tu le demandes si gentiment, d'accord : jusqu'à mercredi, DERNIER DÉLAI. Et tu peux payer le livreur de journaux.

Non, personne n'a appelé. Les acteurs sont des gens occupés. Tous ces cours de vocalises et de coiffure.

C'est toi qui as apporté ce truc blanc indigeste sous Cellophane ? Je l'ai trouvé dans le frigo et j'en ai mis un peu dans mon sandwich aujourd'hui. Pas terrible, même avec des cornichons. C'est anglais ? J.

Jack,

Ha ha ! Beaucoup de femmes mettent leurs sous-vêtements à rafraîchir au frigo quand il fait très chaud. N'Y TOUCHE PAS.

Ton père a téléphoné – quel charmeur ! J'ai cru comprendre que les gènes sautent souvent une génération. Il te donne rendez-vous à son hôtel à dix-huit heures dimanche – tu peux confirmer en appelant à sa « suite habituelle ». Il m'a invitée aussi – dit que j'avais l'air d'une « délicieuse demoiselle ». J'ai hâte de le rencontrer. F.

PS. Vu un cafard géant (piégé sous le verre). Je savais bien que ça arriverait.

Freya,

Ne t'emballe pas : papa draguerait une patate cuite s'il n'y avait rien d'autre en vue. Par ailleurs, tu es trop vieille pour lui. Mais merci d'avoir transmis l'invitation, où Candace et moi serons ravis de nous rendre.

Message embrouillé de Cat sur le répondeur – question de demoiselle d'honneur, je crois. Je riais tellement en essayant de t'imaginer en satin rose que j'en ai oublié la moitié. Y a-t-il quelque chose que tu devrais me dire ?

J'ai rapporté le cafard au magasin aujourd'hui. Le vendeur m'a confirmé que c'était une blatte sifflante de Madagascar, et non un spécimen originaire de Manhattan, achetée hier par une « grande dame blonde ». Je lui ai expliqué que ma femme était dérangée et que nous avions opté plutôt pour un teckel. Bien joué quand même.

Oh ! j'allais oublier ! Ton jeune galant a appelé.

B-R-E-T-T (je me demande si on prononce le dernier « t »). Il voulait savoir ce que tu fais samedi soir. Lui ai dit que tu serais sans doute en train de te laver les cheveux.

Ou était-ce Bernard ?

Non, Brett, j'en suis presque sûr.

Jack,

Voici ma contribution au loyer. Merci pour cette charmante semaine.

PS. Steven Spielberg a appelé – il voulait acheter les droits d'adaptation de Big Sky. *Il a laissé son numéro, mais comme je n'avais pas de papier, je l'ai noté sur ma main. Puis j'ai lavé ta vaisselle... quelle idiote !*

PPS. C'était Brett.

18

FRAISES... OU FRAMBOISES ?

Freya hésita à peine avant d'ajouter l'un et l'autre à la pile accumulée dans son Caddie. Elle poussa un joyeux soupir. On était samedi matin. Dans sept heures, Brett passerait la prendre à l'appartement – pour leur premier véritable rendez-vous !

Elle s'était réveillée de bonne heure, oppressée par l'émotion. À onze heures, elle s'était dépensée à la gym, avait pris son petit déjeuner, repéré dans une vitrine une robe fabuleuse qu'elle avait achetée, et était rentrée pour trouver l'appartement silencieux et Jack apparemment endormi. Toujours débordante d'énergie, elle avait décidé de faire une expédition dans les magasins d'alimentation et de remplir les placards de bonnes choses. Il n'était pas impossible, après tout, que Brett fût encore là le lendemain, ou pendant les jours (et les nuits) à venir. Un jeune homme bien portant comme lui avait besoin de s'alimenter. Jack pourrait se faire des sandwichs avec les restes.

Elle poussa le chariot au rayon pâtisserie en se demandant si Brett aimait les croissants. Ou préférait-il les muffins ? les pancakes ? les œufs ? Peut-être mangeait-il de ces céréales diététiques qui ressemblaient à des gravillons. Freya décida d'acheter le tout et ajouta des yaourts au lait de chèvre pour faire bonne mesure. Elle était en train de goûter le salami au comptoir de la charcuterie quand on lui tapa sur l'épaule.

— Salut, Candace, dit-elle, surprise. Comment ça va ?

La jeune fille lui tira la langue.

Freya frémit.

— Pouah ! Qu'est-ce que c'est ?

— Un piercing. (Candace prit un air satisfait.) C'est une surprise pour Jack.

— Oui... j'imagine que ça en sera une.

— Il a refusé de me voir toute la semaine à cause de ce truc prof/élève. Alors j'ai pensé : pourquoi ne pas saisir l'occasion ? Il faut quelques jours pour que ça désenfle.

— Ça n'a pas été horriblement douloureux ?

Le clou argenté était enchâssé comme un morceau de saindoux dans sa langue violacée. Freya décida de se priver de salami.

— Jack le mérite. En fait, je suis venue ici acheter du café et des trucs pour le petit déjeuner. Vous n'avez jamais rien à manger dans l'appartement.

— Ça va changer ! (Freya désigna le chariot.) En fait, je suis très contente de vous voir, Candace. Je n'ai plus qu'à prendre un peu de fromage et ensuite vous pourrez m'aider à tout transporter.

Candace réagit à sa requête avec un surprenant enthousiasme. Cette fille avait un bon naturel, en fin de compte, même si son ascenseur n'atteignait pas vraiment le dernier étage.

— Comment va Jack ? demanda-t-elle. Je n'ai pas voulu l'appeler parce que ma langue me faisait parler bizarrement.

Freya fronça les sourcils.

— On ne s'adresse plus la parole.

— Quel dommage. Je vous croyais si bons amis. Jack m'a dit tout de vous – comment vous êtes venue à New York sans argent pour suivre une école d'art tout en faisant ces jobs atroces, comment vous avez découvert cet artiste célèbre, comment vous avez habité tous les deux dans la même pension et alliez toujours au cinéma ensemble.

— Juste ciel, Candace, vous avez l'intention d'écrire ma biographie ?

Freya ne savait si elle devait se sentir froissée ou flattée par l'étendue de ces révélations.

— J'étais jalouse... Dingue, non ? Je n'ai pas arrêté de l'enquiquiner jusqu'à ce qu'il m'explique pourquoi il ne pourrait jamais être amoureux de vous.

— Et réciproquement, convint Freya sèchement.

— Vous devriez vous réconcilier. Tout le monde a besoin d'amis dans la vie.

— Je n'ai rien contre.

— Laissez-moi lui parler. Il pourrait au moins vous remercier d'acheter toutes ces provisions pour l'appartement.

— Eh bien, ce n'est pas exactement...

Mais Candace avait repéré le présentoir à magazines et partit comme une flèche. Elle rejoignit Freya à la caisse et jeta même un billet de vingt dollars à l'employée. Elles repartirent ensemble, les bras serrés autour de gros sacs bruns, leurs lunettes de soleil glissant sous la chaleur.

— Il paraît que ça pourrait monter jusqu'à 32 degrés, aujourd'hui. Je me suis entièrement tartinée de crème solaire.

— C'est magnifique, non ? dit Freya, songeant à sa soirée.

Sa robe neuve était courte et à bretelles – turquoise, ce qui lui allait bien, et coupée dans une étrange matière élastique miroitant comme des écailles de poisson. Elle se demanda si elle allait utiliser un genre de camouflage pour masquer sa pâleur. Faudrait-il en partout. ou seulement aux endroits visibles ? Et teint à l'orange ? Pour comparer, elle jeta un coup d'œil furtif à la peau de sa voisine, copieusement …ée dans une minirobe rouge attachée par des nœuds aux épaules, et une généreuse impulsion vint à bout de sa réserve.

— Je préfère vous prévenir : son père est en ville et il vous a invités, vous et Jack, à prendre un verre demain soir au *Saint Regis*.

— Le *Saint Regis* ! L'hôtel avec tout ce marbre et la petite guérite en cuivre pour le portier ?

— Le père de Jack y a une suite.

Freya mesura l'effet de cette information. Au bout d'un moment, Candace demanda :

— Les Madison sont-ils... enfin, une *vieille* famille ?

— Mon Dieu ! Plutôt des parvenus des années trente, d'une richesse écœurante ! Vous savez, le père de Jack doit avoir bien entamé sa fortune avec toutes les pensions alimentaires qu'il doit verser : il divorce régulièrement. Avec un peu de chance, Jack n'aura pas un sou.

Candace resta silencieuse – elle était probablement nerveuse, la pauvre petite.

— Ne vous en faites pas. (Elle lui adressa un sourire encourageant.) Je lui ai parlé au téléphone et il a l'air charmant.

— Je crois que je m'habillerai en noir.

— Je suis certaine qu'il vous adorera.

De retour dans l'appartement, elles déposèrent les courses sur le sol de la cuisine avec des grognements de soulagement. Aucun signe de Jack ; sa porte était toujours close.

— Je l'ai prévenu que je serais ici vers midi.

Il y avait un brin d'agacement dans la voix de Candace.

— Nul doute que vous trouverez un moyen de le réveiller, dit Freya, songeant à sa langue per[illegible]

Mais Candace avait d'autres idées. Allant da[illegible] salon, elle réapparut peu après avec une cassette [illegible] musique, qu'elle tendit à Freya pour inspection.

— Ça ?

Freya sourit de toutes ses dents.

— Oui, ça devrait marcher...

Cinq minutes plus tard, Jack apparaissait dans l'embrasure, sommairement vêtu d'un jean et d'un tee-shirt, et atterré de découvrir l'appartement envahi par la musique, le sol de la cuisine jonché de sacs pleins à craquer, et les deux femmes occupées à se faire la lecture à haute voix.

— Que se passe-t-il ? bougonna-t-il.

— Bonjour, Jack.

Candace lui lança un sourire éclatant, puis se tourna de nouveau vers Freya.

— Bon, question suivante : « Vous êtes dans un night-club avec votre partenaire quand un beau mec se mêle à la conversation et vous propose de le suivre à Paris pour y passer un week-end passionné. Vous *a)* lui dites d'aller se faire voir ; *b)* allez chercher tout de suite votre passeport ; ou *c)* vous écriez : "Super ! Si on y allait tous les trois ?" »

— Sans hésiter *c)*, répondit Freya, pleine d'entrain. C'est un test, fit-elle à Jack. « Êtes-vous sexy ? » Je crois que je suis en train de gagner.

— Bécasses de tous pays, unissez-vous ! (Jack exsudait un mépris masculin par tous les pores de sa peau.) Comment écrire le Grand Roman américain quand on est noyé sous les futilités ?

— Tu écrivais ? On croyait que tu dormais. (Croisant le regard de Freya, Candace pouffa, éberluée de sa propre audace.) Maintenant que tu es là, tu vas pouvoir nous aider à ranger tous ces trucs merveilleux que Freya a achetés pour toi.

— Quoi ?

La jeune fille se leva de table, sortit quelque chose au hasard d'un des sacs – un paquet de riz – et le lui flanqua dans les bras.

— De la nourriture. Pour toi. Il ne te reste plus qu'à la ranger.

— Mais je ne sais même pas où...

— Là, dit Freya, qui s'était postée près d'un placard au fond de la cuisine. Allez, envoie !

— Pendant ce temps, je vais caser les surgelés, proposa Candace.

Elle ouvrit le réfrigérateur et resta là, main sur la hanche, souriant d'un air d'attente à Jack.

— C'est ridicule, grommela-t-il, tenant le riz avec autant de précautions que si c'était un nouveau-né.

Au même moment, la bande-son de *Saturday Night Fever* éclata dans l'appartement, et une brusque folie s'empara d'eux. Candace commença à tortiller des hanches sur la musique en aguichant Jack telle une sirène. Gagnée par le rythme, Freya l'imita. Elle avait marqué quarante-six points sur cinquante au test, ce qui la classait dans la catégorie super sexy. Songeant à Brett, à sa soirée et à l'allure que lui donnerait sa robe turquoise, elle ricana sous le regard outré de Jack tout en ondulant de la croupe.

Avec un subit sourire d'impuissance, Jack capitula. En un éclair, il avait jeté à Freya le riz, puis, se penchant sur l'un des sacs, s'arma d'une banane et d'un concombre et se mit à pourfendre le vide – nord-est et sud-ouest – dans le style de John Travolta. Candace poussa un cri de ravissement. Encouragé, il fit une pirouette et les régala de la vue de son derrière se trémoussant tandis qu'il recommençait à pourfendre l'air, cette fois nord-ouest sud-est. Après cela, plus rien ne put l'arrêter. Il improvisa une sorte de danse limbo avec une fraise avant de la couper en deux avec ses dents. Il secoua un paquet de pâtes sèches comme des maracas. Il entrechoqua des casseroles, agita les jus de fruits, fit tournoyer une pizza surgelée sur un doigt et interpréta un tango avec la « Préparation pour pancakes de tante Jemima ». Candace riait si fort qu'elle en lâcha les œufs. Jack se cogna un orteil contre un pied de table. Freya balança des choses pêle-mêle dans le placard avec un grand sourire radieux. Elle avait presque oublié que Jack pouvait être ainsi. Et il avait un cul de rêve.

Quand la cassette s'arrêta, ils s'effondrèrent à table, riant et hors d'haleine. On dénombra deux œufs cassés, plusieurs pommes abîmées, et la pita que Jack avait lancée tel un frisbee à travers la pièce n'avait pas survécu, mais tout le monde était de bonne humeur. Candace mit du café à chauffer, Jack pressa des oranges, Freya sacrifia les muffins putatifs de Brett à l'intérêt général, et ils déjeunèrent tous les trois, bavardant aimablement de tout et de rien.

— Alors, où va-t-on ce soir ? demanda Candace à Jack.

— Où tu voudras. Au cinéma. Ou au resto. Pourquoi, tu avais une idée précise ?

— Oui. (Elle se redressa sur sa chaise, grave comme un pigeon qui se rengorge.) Je crois que ce serait gentil d'inviter Freya.

— Quoi ? s'écrièrent les intéressés en chœur.

— Voyez comme vous pouvez bien vous entendre quand vous faites un effort.

— Merci, mais j'ai d'autres projets, dit froidement Freya.

— Lesquels ?

Freya serra les dents.

— Je sors, Candace. Avec un homme.

— Ah ! je m'en doutais ! fit Jack avec cette bonhomie dont Freya avait appris à se méfier. Elle a un nouvel ami, expliqua-t-il en aparté.

Freya se mit à rougir et continua à bafouiller pour masquer sa gêne.

— On ira en train à Coney Island, en fait. Très populaire, Candace. Pas du tout votre genre.

— Mais j'adore Coney Island ! protesta Jack. Je n'y ai pas été depuis... euh, probablement, la dernière fois ça devait être avec toi, Freya. C'est ce jour-là que Larry a perdu son hot dog sur la grande roue ?

— J'ai toujours voulu aller à Coney Island, déclara Candace, joignant ses petites pattes de hamster. Ça doit être si amusant.

— Non, siffla Freya, se sentant piégée.

— Un double rendez-vous ! s'emballa Jack. Très rétro. Très Travolta. Zut ! où ai-je mis mon costume blanc ?

— Non.

— Je crois que ça pourrait être, vraiment, disons, une expérience enrichissante pour vous deux.

— J'ai dit non ! Point final !

19

— ... IL ÉTAIT GAUCHER, BIEN SÛR – grand type, gracieux comme un acrobate – et il a expédié ce ballon bien au-dessus des spots dans le terrain de droite. Tu aurais vu ça, Brett...

— Ça devait être supercool, Jack. Les gauchers sont toujours avantagés... Tu te rappelles quand les Tigres de Detroit...

Les deux hommes baguenaudaient sur la promenade, des cannettes de bière à la main, les manches de chemise battant sous la brise du large – indifférents aux derniers éclats du crépuscule rougeâtre et aux étoiles brillantes, aveugles aux attractions tapageuses qui les environnaient, et ignorant complètement les deux femmes derrière eux, deux ménagères sorties de leur banlieue, songea Freya férocement. Elle avait demandé à Jack d'être gentil avec Brett, pas de transformer la soirée en un symposium sur ce foutu base-ball.

— Les petites peaux, c'est le plus difficile, jacassait Candace à son côté. Ma manucure me jure que...

— Comment pouvez-vous parler de sélection *mondiale* alors qu'aucune autre nation ne joue au base-ball ? cria Freya dans leur dos.

Brett et Jack se retournèrent poliment, finirent ce qu'ils étaient en train de dire et lui adressèrent le même sourire préoccupé.

— Hm... ?

— Qu'est-ce que tu as dit ?

Elle nuança sa colère.

— J'étais tout simplement en train de me demander : on fait quelque chose ou quoi ?

Un regard de compréhension passa entre les deux hommes. Brett vint lui prendre la main.

— Bien sûr. (Il lui sourit.) Qu'est-ce qui te ferait plaisir ?

— Je sais pas, marmonna-t-elle, balançant sa main.

Elle aurait voulu l'entendre dire qu'elle était superbe. Elle aurait voulu poser les lèvres sur le sillon enfantin de sa nuque, où un catogan de cheveux noirs rencontrait une peau bronzée. Elle aurait voulu rire et faire l'idiote. Tomber amoureuse. Ou autre chose.

Ils allèrent donc à un stand de tir. Candace laissa Jack lui apprendre à viser, gigotant et gloussant si bien dans le cercle de ses bras qu'elle rata presque tous les coups. Pendant ce temps, Freya épaula son propre fusil et fit trois fois mouche.

— Dix d'affilée et tu gagnes un prix. Allez, Brett, c'est ton tour.

Encouragé, il récolta trois autres points, puis passa le fusil à Jack, qui en gagna encore trois. Cela faisait neuf : plus qu'un.

— Tiens, Brett, termine, proposa Jack avec courtoisie.

— Non, ça m'est égal.

— Si, vas-y.

— Non, franchement, je...

— Et moi ? protesta Freya.

— C'est à Brett, insista Jack.

Le pauvre, nerveux sous le regard intense de trois paires d'yeux, loupa son coup.

— Dommage...

Jack lui donna une tape cordiale sur l'épaule et lui sourit avec indulgence du haut de sa supériorité.

Freya passa un bras protecteur sous celui de son compagnon.

— Ça ne fait rien, va ! Et maintenant, qu'est-ce qu'on fait ?

Brett regarda vaguement autour de lui.

— Ce que tu voudras.

— On n'est pas obligés de rester avec eux, tu sais.

— Ça va. Ils sont très gentils.

— Tu trouves ? Bon, d'accord. Mais plus question de sport.

— Oui, patron.

Le quatuor déambula à travers le parc d'attractions, entraîné ici et là par une foule en majorité noire – pères harassés poursuivant des marmots fugueurs, grosses femmes boudinées dans des shorts, gosses collés à leur barbe à papa, adolescentes presque nues, précairement appariées à des adolescents manifestement vêtus des habits de leurs grands frères. Les manèges tournaient dans des éclats de lumières colorées. La musique vibrait. Des haut-parleurs vantaient prix et babioles avec des voix nasales aux accents de Brooklyn. L'air était chargé d'un sel qui collait à la peau. Freya avait suggéré à Brett d'aller à Coney Island parce que c'était une idée de sortie originale et bon marché, et qu'elle allait souvent s'y amuser quand elle avait vingt-six ans. La fameuse époque du « plus grand parc de loisirs » pour les masses new-yorkaises était depuis longtemps révolue : aujourd'hui, c'était un capharnaüm de matériel fourbu et de stands de hot dogs, avec des logements sinistres d'un côté et une bande de plage piétinée de l'autre, bondée de corps huilés et de parasols. Mais la nuit, quand l'obscurité cachait les ordures et la peinture écaillée, le mélange de lumières vives et du clapotis de l'océan lui donnait un certain charme. Freya montra à Brett ses points de repère favoris – les bosses genre serpent de mer des vieilles montagnes russes en bois ; le célèbre kiosque qui avait débité des saucisses de Francfort et des chips fabuleusement grasses pendant presque un siècle ; les lumières de Rockaway Point, de l'autre côté du bras de mer, et le noir océan au-delà, qui moutonnait jusqu'à l'Europe.

— Je n'arrive pas à croire que tu ne connaisses pas l'Angleterre, lui dit-elle alors qu'ils étaient accoudés, côte à côte, à la rambarde. C'est génial pour le théâtre. Tu serais enchanté.

— Ma tante y est allée l'été dernier. Il paraît qu'il pleut tout le temps.

— Euh, on a des toits, tu sais. Et des parapluies. Si jamais tu... tu bénéficiais d'un billet d'avion gratuit, par exemple, tu irais, non ?

— Bien sûr, ça dépendrait de mon travail.

— Quoi ? Tu laisserais passer l'occasion pour continuer à t'esquinter la santé dans ta gargote ?

Brett fronça les sourcils.

— ... mon travail d'acteur.

— Ah oui, évidemment. (Sa gaffe la fit rougir.) Mais *Grains de vérité* s'arrête mercredi, non ?

— Merci de me le rappeler.

En dépit de l'enthousiasme du public le premier soir, les critiques avaient été mitigées.

— Je suis sûre que tu trouveras bientôt un autre rôle, dit-elle.

« Mais pas tout de suite », ajouta-t-elle silencieusement. Le billet de Michael attendait dans sa valise. Elle se voyait très bien assister au mariage de sa sœur au bras de ce garçon si indiscutablement désirable – un cavalier de prix. « *Vingt-six ans, pour être précis* », dirait-elle si on lui posait la question. Il n'y aurait pas besoin d'expliquer son état de célibataire : ses avantages seraient flagrants. Elle jeta un regard furtif au profil sculptural de Brett. Il était beau, amusant, sexy – et il l'aimait bien. Il sauterait sur l'occasion.

Elle s'attela à la tâche d'être l'âme de la fête, surtout pour lui. Elle les traîna à la galerie des glaces et persuada un Brett gros et petit de déclamer un de ses morceaux de bravoure. Puis ils allèrent aux autos tamponneuses, pour tournoyer sur un sol de caoutchouc noir au son d'une musique techno propice à ébranler le sol. Freya laissa le volant à Brett, tandis qu'elle-même se bouchait une oreille contre son épaule et le poussait à percuter la voiture de Jack et Candace. Au cours de la soirée, Jack gagna un poisson rouge, qu'il donna à une petite fille en larmes parce qu'elle avait fait tomber sa boule de glace. Brett gagna une casquette de base-ball et tint à la porter à l'envers, même si Freya lui déclara qu'il avait l'air stupide avec cette touffe de cheveux dépassant comme ça. Finalement, leur déambulation les conduisit parmi les ombres intriquées des énormes piliers de bois qui soutenaient les montagnes russes. Au-dessus d'eux, ils entendaient le fracas grandissant des voitures prenant de la vitesse, puis un chœur de cris quand elles plongeaient en piqué.

— Le Cyclone, dit Jack en se frottant les mains. Vous avez intérêt à vous tenir le ventre, les enfants.

— On ne risque rien ? questionna Brett, scrutant les rails d'un air de doute.

— Bien sûr que non, fanfaronna Freya. J'y suis allée des milliers de fois. Quatre places, s'il vous plaît, demanda-t-elle au guichetier.

Mais, à ce moment-là, Candace considéra son pied menu, chaussé de sandales, et ses ongles écarlates. Rien ne pourrait la convaincre de monter sur l'une de ces machines infernales.

— Moi, j'y vais ! déclara Jack.

— Nous aussi, renchérit fermement Freya, regardant Brett.

Il baissa la tête.

— Ça ne fait rien. Allez-y, vous. Moi je resterai pour tenir compagnie à Candace.

— T'en fais pas pour elle, fit Freya en agitant la main comme pour chasser une mouche.

— Merci, Brett. (Candace lui adressa un sourire éclatant.) C'est très galant.

Avant que Freya puisse protester davantage, Jack avait acheté deux tickets et la précédait jusqu'aux voiturettes à l'arrêt. Freya le suivit en maugréant. Ce n'était pas du tout ce qu'elle avait prévu. Elle prit place à côté de lui, puis jeta un coup d'œil à Candace et à Brett, déjà en grande conversation.

Jack suivit son regard.

— Comment peut-elle songer à un autre homme alors qu'elle m'a, moi ? plaisanta-t-il.

Freya haussa une épaule.

— Non que le jeune Brett ne soit un régal pour l'œil...

— Quelle remarque révoltante ! Brett est un garçon gentil, intelligent, charmant – pas un accessoire de mode.

— Si tu le dis. Il n'a pas le goût des hauteurs, en tout cas.

— Il s'est conduit en gentleman – tu ne peux pas comprendre.

Ils bouclèrent leurs ceintures en silence, attendant que les voitures se remplissent. L'air était doux et humide, presque tactile, du velours sur la peau. Chaque fois que Freya bougeait, sa robe accrochait un reflet d'argent. C'était drôle que personne ne l'ait complimentée. Était-ce trop court, trop serré, trop ado ? Elle tripota timidement la jupe, tâchant de l'étirer sur ses cuisses.

— Tu sais, la première fois que je suis venu à Coney Island, c'était avec toi, dit Jack.

— Vraiment ? Je ne m'en souviens pas.

— Il y avait aussi Larry et notre voisine hispanique qui nous avait rendus dingues avec sa guitare, plus un bizarre végétarien qui portait un bandeau sur la tête.

— Ash... (Freya sourit à ce souvenir.) Ashley Franks, sculpteur et militant écolo. Il croyait que tous les problèmes de la planète seraient résolus si on ne mangeait que des graines. Je le trouvais formidable.

— Vous me paraissiez tous si exotiques. J'étais comme Gulliver.

Freya hocha rêveusement la tête, contemplant ses genoux.

— Tu avais les cheveux longs... Quand on est montés sur le Cyclone, je me souviens qu'ils ruisselaient sur ma figure. Je ne savais plus si j'étais en haut ou en bas.

— Pas de danger, ce soir. (Freya passa la main dans sa coupe de garçon.) Au fait, as-tu appelé Ella ?

— Je la vois lundi. Ne me harcèle pas.

La voiture se mit à bouger, roulant jusqu'à la première inclinaison abrupte, les hissant dans un ciel à présent vraiment sombre, avec un quartier de lune suspendu très haut au-dessus de l'océan. Au sommet, elle oscilla dangereusement pendant quelques secondes.

— On est morts, lâcha Jack, comme on énonce un fait.

Freya sentit son propre corps se tendre avec un mélange de terreur et d'exaltation. Elle gonfla ses poumons au moment où le véhicule penchait de façon écœurante pour plonger en piqué.

— Iiiiiii... ! hurla-t-elle.

— Aaaaaah... ! rugit Jack.

Les yeux bien clos, Freya agrippa la barre de sécurité et s'abandonna aux mouvements de l'engin ivre. Il y eut un grondement dans ses oreilles ; le vent s'engouffra dans sa bouche ouverte. Ils accomplirent un tour, montant et descendant ; puis, de nouveau, ce bond palpitant vers le ciel. À tout moment ils allaient être catapultés dans l'espace, mais elle n'en avait cure. Elle se sentait capable de voler jusqu'aux étoiles.

Le wagonnet ralentit enfin et roula cahin-caha jusqu'à son point de départ. Poussant un soupir saccadé, Freya cligna des yeux.

— Je viens de penser à une scène de roman. (L'haleine de Jack lui chatouilla l'oreille.) Une proposition de mariage sur le Cyclone. Qu'est-ce que tu en penses ?

— Hummm. Un mélange de *L'Inconnu du Nord-Express* et de *La Mort aux trousses* ?

— Exactement. Comme je t'ai bien éduquée ! Quand je t'ai rencontrée, le seul film de Hitchcock que tu connaissais, c'était *Psychose*.

— Mais le Cyclone est trop bruyant. Elle n'entendrait jamais la question ; et si elle l'entendait, lui n'entendrait jamais la réponse.

— Ça ferait partie de l'intrigue : la complication psychologique.

Freya se tourna vers lui. Ses cheveux étaient tout hérissés, comme s'il avait été électrocuté.

— Tu sais ton problème ?

— Je suis trop parfait ? Trop génial ?

— Trop fantaisiste.

— Je suis écrivain.

« Les écrivains écrivent », faillit-elle répliquer. Mais elle était de trop bonne humeur pour entamer une querelle.

— Je meurs de faim, dit-elle, mettant pied à terre.

— Moi aussi. Si on poussait jusqu'à Brighton Beach, boire de la vodka et manger des fruits de mer ?

Freya protesta contre cette tentation.

— Pas question. Brett ne peut pas se le permettre, et je ne veux pas le gêner en payant pour lui. Il faudra se contenter d'un hot dog et de clams.

— La dernière fois que j'ai mangé des coquillages dans la rue, j'ai passé le lendemain à vomir. Je pourrais payer l'addition ?

— Super ! dit-elle, acceptant cette offre magnanime.

— Tu me rembourseras après.

Quand ils réapparurent dans la foule, Candace et Brett avaient disparu.

— Ils se sont peut-être éclipsés, avança Jack.

— Les voici.

Freya indiquait la promenade, où une bande de jeunes Noirs dansaient en formant un cercle serré, agité, autour d'une source de musique invisible et tonitruante. Les deux visages blancs qui marquaient la cadence au bord de ce cercle étaient faciles à repérer.

— Où ça ? fit Jack en plissant les paupières et en cherchant ses lunettes dans sa poche de poitrine.

— Allez, rejoignons-les.

Freya partit la première.

Mais, quand elle eut atteint le groupe, le courage lui manqua. La communion des danseurs, concentrés et graves, l'excluait. Elle vit Brett faire tournoyer son corps agile, les bras en l'air, tandis que Candace se trémoussait et se balançait. Quand la cassette eut fini de se dérouler, Brett se faufila jusqu'à elle. Ses yeux brillaient ; de la chaleur montait de son corps comme une vapeur.

— On s'est bien marrés, dit-il, hors d'haleine.

— Il est temps de dîner, déclara Jack, prenant en main la situation. C'est moi qui invite.

Il s'éloigna sur les planches avec Candace, lui tenant tranquillement la nuque entre le pouce et l'index. Pour la première fois depuis longtemps, Freya aurait aimé être petite et mignonne, afin que Brett pût passer un bras de propriétaire autour de ses épaules, au lieu de sautiller à son côté, mains dans les poches, et de discuter de clubs de sport dont elle n'avait jamais entendu parler.

Les lumières et la rumeur de la fête s'estompèrent, au point que tout ce qu'ils purent voir, quand ils regardèrent en arrière, fut la lueur de la grande roue, rose et violette sur le ciel bleu, avec ses minuscules nacelles miroitant telles des breloques sur un bracelet. Soudain, tout le monde était blanc et parlait russe : vieux couples promenant leur chien, jeunes filles jacassant en bande, femmes d'âge mûr en robe dos nu ou mini-jupe, aux racines de cheveux noires, à l'affût de la fièvre du samedi soir.

— C'est incroyable ! s'exclama Brett.

Freya lui sourit en retour.

— Les immigrés russes ont commencé à s'installer ici dans les années cinquante. Ils ont appelé cet endroit Little Odessa. J'ai pensé que ça te plairait.

Ils arrivèrent à une rangée de restaurants de plage, avec des tables en plein air, bourrées de familles et d'amis en goguette. De jolies serveuses en tablier apportaient et remportaient des plateaux depuis des cuisines embuées, sous l'œil attentif des propriétaires, sinistres derrière leurs lunettes noires. Une musique d'orchestre pleine d'entrain s'entendait de la plage. L'atmosphère était douillettement européenne : pas de hamburgers, pas de musique de supermarché ni de cadres de Manhattan, pas de divas anorexiques de la Cinquième Avenue – juste le tapage des gens ordinaires qui s'amusent.

Elle finit par repérer une table vide, à laquelle ils s'installèrent. Jack s'occupa de la commande : vodka, bien sûr, caviar d'aubergines, salade de pommes de terre, anguilles fumées...

Les plats arrivèrent sur une succession de petites assiettes. Freya expliquait chaque spécialité à Brett, tout en lui enfournant de fins morceaux dans la bouche. La conversation roula aisément : le piercing, les locations d'appartement, l'horreur des auditions, le côté superficiel des listes de best-sellers.

Brett fut impressionné d'apprendre que Jack avait publié un livre.

— Tu écris sous quel nom ?

— Le sien, bien sûr, intervint vivement Freya.

Elle savait que, pour Jack, c'était la numéro un dans la liste des questions les plus stupides à poser à un auteur.

— Ah, d'accord. Je regarderai dans la bibliothèque.

C'était la numéro deux.

Freya mena la conversation sur la Russie et les Russes, bien que cela les entraînât sur un autre terrain délicat, quand Jack et Brett s'affrontèrent au sujet de la Seconde Guerre mondiale.

— Mais les Russes étaient nos ennemis, insista Brett.

— Pas du tout, dit Jack doucement. Songe à Yalta.

Brett parut froissé.

— Dans tous les films que j'ai vus, les Russes étaient les méchants.

— Absolument, Brett. (Elle donna un coup de pied sous la table à Jack.) La guerre froide et tout ça...

Jack la contempla, bouche bée. Elle le foudroya du regard. Brett n'était sans doute pas Einstein, mais elle n'allait aucunement tolérer qu'on l'écrase. Elle ne l'avait pas choisi pour ses diplômes. Heureusement, à ce moment-là, Candace se mit à parler d'une émission de télé où l'on voyait un personnage négatif qui avait l'accent russe. Brett l'avait vue aussi, et ils se lancèrent dans une discussion animée. Freya ne savait pas du tout de quoi il était question. À la fin, elle renonça et bavarda assez gentiment avec Jack.

Entre-temps, le niveau sonore avait implacablement monté. Vers minuit, les chants commencèrent – mélodies enjouées, rythmées, incluant refrains entonnés en chœur et applaudissements. Puis la danse démarra, parmi spots et jeunes filles tourbillonnant en robes disco de Nylon, pour déborder en farandole, les entraînant tous les quatre dans une colonne décousue qui sautillait, tapait du pied, levait la jambe et chantait en passant autour des tables. Freya s'agrippa à la taille de Brett. Il avait la chemise en bannière : ses pouces éraflèrent sa peau tiède et lisse. Fermant les yeux, elle appuya la joue contre son dos bondissant. Elle avait le tournis. Il était temps de rentrer.

Ce n'était pas pour rien que le train du retour était surnommé Le Transsibérien. La vue était monotone, le voyage interminable, et les autres passagers aussi gais que des prisonniers déportés – à l'exception de Candace, qui n'arrêtait pas de tourner autour des mâts en métal tout en chantant des chansons salaces et en agitant sa langue percée à l'adresse de Jack. « Dieu merci, on ne se fait pas autant remarquer », songea Freya, assise à côté de Brett, son bras sous le sien. Elle avait commencé à l'appeler Brettski.

— Ça ne te dérange pas si Brett passe la nuit chez toi ? avait-elle demandé à Jack, en aparté, au cours du dîner.

— Il en a envie ?

Freya l'assassina du regard. Bien sûr qu'il en avait envie ! Jack agissait comme s'il était le seul être de toute la Création habilité à faire l'amour.

— Son vélo est dans l'appartement, avait-elle répondu évasivement. Avec toute cette vodka, je doute qu'il puisse rentrer chez lui, de toute façon.

— Je parie que ça te serait égal si moi je devais me taper la traversée de New York à vélo.

— Toi ? Ne sois pas ridicule.

— Candace vient aussi, tu sais. Tu n'auras pas beaucoup d'intimité.

— Allez, Jack, ne sois pas bégueule.

Cependant, quand ils finirent par déboucher dans l'appartement, elle réalisa la bizarrerie de la situation au moment où tous les quatre se regardaient en clignant les yeux dans la lumière crue. Il était deux heures du matin. Trop d'alcool et le long périple du retour avaient eu raison de l'euphorie de la soirée. Comme Jack l'avait fait remarquer, la topographie des lieux n'était pas propice à l'intimité. Les deux chambres donnaient sur le séjour et étaient séparées par un mur que des placards n'isolaient phoniquement qu'en partie. Pour atteindre la salle de bains, il fallait traverser l'arène du salon.

— Qui veut un verre ? proposa Freya, désireuse de maintenir l'ambiance, et de pouvoir sombrer dans un romantique état d'oubli.

Mais Candace avait déjà agrippé Jack par la ceinture de son pantalon et le tirait en arrière vers sa chambre.

— Toi, tu viens avec moi, mon petit.

Jack écarta les mains désespérément.

— Quand faut y aller, faut y aller !

Son expression béate parut s'attarder, comme le sourire du chat d'*Alice au pays des merveilles*, même après que la porte se fut refermée derrière eux. Freya y vit un défi à relever.

Elle marcha vers Brett, qui était assis sur le mol accoudoir d'un fauteuil, balançant une jambe. Elle avait oublié cela, chez les jeunes hommes ; ce devait être toute cette testostérone. De la pièce à côté leur parvinrent un gloussement aigu et un grincement de ressorts.

— Alors, Brettskovitch... (Elle lui ébouriffa les cheveux.) Enfin seuls...

La porte de Jack s'ouvrit, et il apparut, drapé lâchement dans son peignoir, la longue ceinture traînant à terre.

— Encore ici, Brett ? dit-il en se dirigeant vers la salle de bains.

Le jeune homme se leva.

— Je crois...

— Moi aussi, coupa Freya, qui lui empoigna le bras pour le conduire jusqu'à sa chambre. Entrons là. Comme ça, on ne sera plus dérangés.

Elle repoussa la porte derrière eux et s'adossa au battant. De la lumière entrait obliquement de la rue, plongeant le visage de Brett dans l'ombre. Ses yeux étincelaient quand il se tourna vers elle.

— Tu as passé une bonne soirée ? lui demanda-t-elle.

— Oui, géniale.

Il s'avança avec un sourire, tendit la main vers son visage. Enfin !

— Tu as ma casquette de base-ball, fit-il en reprenant son bien.

Freya eut l'impression d'entendre son cœur taper contre sa colonne vertébrale ; puis elle réalisa que quelqu'un frappait à la porte. Elle l'entrouvrit. Candace entra d'autorité dans la pièce, rose et voluptueuse, à moitié enveloppée d'un drap.

— Oh ! mince, vous êtes encore habillés ! Je sais que c'est très gênant, mais... vous n'auriez pas des... protections ? Notre réserve a littéralement fondu. (Elle les regarda alternativement, avec un sourire mutin, sans aucun complexe.) C'est très très urgent.

Freya attendit en vain que Brett intervienne. Pourquoi les hommes considèrent-ils toujours que ce genre de choses relève de la responsabilité de la femme ? Tout à coup, elle se dirigea vers la valise qui lui servait de table de chevet et sortit un étui de préservatifs. Elle s'efforça de le cacher dans sa main, furieuse de devoir révéler que c'était un paquet tout neuf, comme si elle l'avait acheté spécialement pour l'occasion. Ce qui était le cas.

— Tiens !

— Merci ! Tu me sauves la vie. Littéralement.

La jeune fille agita les doigts dans leur direction – Amusez-vous bien, vous deux ! – et s'enfuit, le drap traînant derrière elle.

— Hé ! Attends !

Freya fonça et réussit à la rattraper devant la porte de Jack.

— J'en ai besoin aussi, chuchota-t-elle furieusement.

— Oh, pardon ! (Candace se mit à tripoter l'emballage en Cellophane de ses ongles écarlates.) Il t'en faut combien ?

— Pour l'amour du ciel ! Dis-moi combien *toi*, tu en veux !

Il y eut un bruit de chasse d'eau, et la silhouette de Jack se dressa dans la demi-pénombre.

— Que se passe-t-il ?

— Rien ! glapit Freya.

Une expression satisfaite envahit son visage quand il se rendit compte que sa colocataire était encore tout habillée.

— Brett est rentré chez lui ?

— Un, deux, trois, quatre, cinq, *six* préservatifs. (Freya les compta dans sa main.) Ça devrait suffire jusqu'à demain matin. Merci, Candace. Fais de beaux rêves, Jack.

— Ouf... aah... hummm...

Jack était allongé sur le dos, pas trop à son aise, tandis que Candace nasillait et rebondissait au-dessus de lui. Ouf... son ventre ! Il n'aurait pas dû manger autant.

Six préservatifs. *Six !* Était-ce elle qui se vantait ou

lui qui vieillissait ? Ou peut-être n'avait-il jamais été extraordinaire ? Officiellement, il n'avait jamais reçu aucune plainte en ce domaine, pas dans le genre « pas assez », en tout cas.

Mon Dieu, qu'arrivait-il ? Il faudrait interdire aux femmes de secouer les cheveux ainsi, ça vous éborgnerait un homme ! Il redisposa sa tête sur l'oreiller et ferma les yeux.

Ça devrait suffire jusqu'à demain matin. Par « demain matin », il fallait entendre, disons, dix heures, ce qui signifiait six fois en moins de huit heures, soit une fois toutes les heures et vingt minutes. Ou, si on comptait quatre heures de sommeil, une fois toutes les quarante minutes – six fois d'affilée. Merde.

Il retint son souffle, guettant des bruits, mais Candace faisait trop de tapage. D'ordinaire, il appréciait assez ses commentaires détaillés, mais ce soir, pas moyen de se concentrer correctement. Il se demanda si les deux autres l'entendaient – ou étaient-ils trop occupés ? Occupés à quoi ? Pas à parler de Platon, sans doute. En règle générale, Freya n'était pas du genre à perdre son temps avec des gens moins intelligents et moins spirituels qu'elle-même, Jack le savait très bien. Avec lui, elle n'avait jamais minaudé ainsi, ni paradé dans une robe aussi étriquée. Il fit la grimace. Que voyait-elle, exactement, dans cet étalon d'opérette ?

Et s'il allait l'espionner ? C'était son appartement, après tout. Et il avait atrocement chaud, soudain. Il avait besoin d'un verre d'eau.

À ce moment-là, Candace fit quelque chose de vraiment surprenant. Instantanément, la conscience de Jack subit un genre de court-circuit et son esprit laissa la priorité à une tout autre partie de son anatomie.

— ... Bon, Arthur Miller est un bon auteur, mais Andrew Lloyd-Webber aussi. Mon agent dit que je suis parfait comme meneur de revue pour les comédies musicales, même si je ne veux pas qu'on m'enferme dans un genre... Qu'en penses-tu ?

— Je pense que tu es merveilleux dans tout.

Freya se coucha sur le lit en se tortillant et tendit une longue jambe afin de toucher la cuisse de Brett de son pied nu, en manière d'encouragement. Hum. Ferme, le muscle. Dommage qu'il eût toujours son pantalon.

— Quand on a ton physique – et ton talent —, on est obligé de réussir.

— Tu parles.

Il donna à son pied une caresse taquine, qui la laissa vibrante de désir.

Une roucoulade gutturale s'échappa de la chambre voisine. Sûrement Candace, dans les affres de la passion. Au début, elle avait trouvé cela irritant ; maintenant, elle commençait à espérer que Brett comprendrait le message. Jusque-là, il s'était contenté de rester assis en tailleur au bout du lit tandis qu'elle était appuyée contre un oreiller à l'autre bout – deux écoliers dans un dortoir. Elle avait entendu parler de préliminaires, mais là c'en était ridicule. Enfin, il n'avait que vingt-six ans, le pauvre chou. Naturellement, il devait être pétrifié devant son expérience et, ne nous voilons pas la face, sa supériorité intellectuelle. Toutes ces paroles dissimulaient une timidité compréhensible. Il fallait qu'elle lui signale sa... disponibilité.

Elle étira les bras langoureusement au-dessus de sa tête et poussa un soupir profond et sensuel. Brett leva les yeux. Elle lui sourit.

— Prête à te coucher ?

Gagné !

— Pas toi ? (Son corps se liquéfiait d'impatience.) Si tu venais près de moi, que je puisse t'examiner à fond ?

Brett eut un rire incertain, comme si elle venait de faire une blague obscure.

Si la montagne ne vient pas à Mahomet... Se mettant à quatre pattes, elle rampa sur le lit telle une panthère, poussa un doux grognement en atteignant Brett, se rassit et glissa la main entre les boutons de sa chemise et sur la plaine, dure et bien plate, de son ventre. Le jeune homme se contracta.

— Relax...

Ses doigts suivirent l'arc soyeux de poils qui la mena plus bas. Elle trouva le creux du nombril et y introduisit délicatement le doigt. À côté, les gazouillis tournaient à des gémissements plus profonds, émaillés de jappements excités.

Brett laissa échapper un rire nerveux et se redressa.

— Je me demande si...

— Oublie-les. (La voix de Freya était apaisante.) Ils n'ont aucune importance.

— Je ne crois pas...

— Ne t'en fais pas, tu seras très bien.

Elle tendit de nouveau la main vers lui. Il était si chaud, si lisse, si ferme, si...

Avec une soudaineté choquante, il se dégagea et se leva.

— Je rentre chez moi.

— Quoi ?

Elle en cligna des yeux.

— Il est tard. Je devrais déjà être parti.

Il entreprit de rentrer sa chemise dans son pantalon.

— Mais... pourquoi ?

— Je ne me sens pas... à l'aise.

Freya s'agenouilla sur le lit, les bras serrés sur son ventre pour juguler la douleur de son désir et sa déception.

— Pourquoi ? répéta-t-elle.

Brett baissa la tête d'une façon qui était à présent adorablement familière.

— Je ne suis pas à ma place, ici. Il y a de mauvaises vibrations. Je ne veux pas d'un truc trop lourd, tu vois ?

Freya s'efforça de décoder ces mots. L'avait-elle, par hasard, offensé ? Se sentait-il snobé par Jack ? Dérouté par les activités dans la chambre à côté ? N'aimait-il pas faire l'amour ?

— Tu n'es pas gay, hein ?

— Non ! (Il releva le menton.) Et je ne suis pas non plus un objet sexuel.

— Quoi ?

— C'est toi qui as organisé la soirée, comme si tu étais chargée de quelque chose. Tu parles de trucs que je ne connais pas et tu me caresses la tête comme si j'avais six ans, et maintenant tu veux...

Il s'interrompit, haussant les épaules d'embarras.

Freya fixa sur lui un regard vide. Elle pouvait en tout cas décoder ceci : il était en train de lui dire qu'elle était trop *vieille*. Ça tambourinait dur derrière le mur, comme si quelqu'un y plantait un clou.

— Très bien !

D'un mouvement preste, elle se leva et le regarda dans les yeux.

— C'est très clair.

— Attends ! (Il lui mit la main sur le bras.) Ce que je voudrais te dire, c'est que je t'aime bien. J'aime parler avec toi. Et tu es très séduisante. Mais peut-être qu'on pourrait être... juste amis ?

— Bien sûr... (Freya réussit un haussement d'épaules.) De toute façon, je pars en vacances la semaine prochaine. Je t'appellerai éventuellement à mon retour.

— Génial.

Elle ouvrit la porte et gagna le couloir où Brett avait

laissé son vélo. Elle put lire sa hâte et son soulagement dans la façon dont il détacha son casque du guidon et posa les mains sur son engin bien-aimé. L'humiliation lui donnait des fourmis dans le corps. Déverrouillant la porte d'entrée, elle la tint ouverte à son intention.

— Bon, alors, au revoir..., dit-il avec gaucherie, passant devant elle.

Elle comprit qu'il se demandait s'il pouvait lui donner une bise sur la joue. C'était insupportable.

— Une seconde ! Tu oublies ta casquette de baseball.

Elle alla la chercher dans la chambre, la lui planta sur la tête – à l'endroit – et lui baissa la visière de façon taquine, comme une vieille tante rigolote. Puis elle croisa les bras sur sa poitrine et fit un pas en arrière.

— Au revoir, Brettski.

— Salut...

Il traîna son vélo au bas des marches et disparut dans la nuit.

Pendant quelques instants, Freya resta sur le seuil, à respirer fort par le nez. Elle aurait voulu lui crier : « C'était pour la bagatelle, tu sais. Je n'avais pas l'intention de t'épouser ! »

Mais elle était brûlante de honte et de dégoût. Comment pouvait-elle s'être mise dans une situation pareille ? Elle fit le tour du jardinet de la façade, se torturant avec les scènes de son humiliation. Même étendue sur le lit, dans la semi-obscurité, avec sa robe retroussée, elle n'avait pas inspiré le désir. Même ivre et fatigué, il avait préféré rentrer chez lui. Puis il y avait eu le mortel « mais ». « Tu es fantastique, *mais*... Je t'apprécie beaucoup, *mais*... Tu es très séduisante, *mais*... » Exactement comme avec Michael. Pourquoi les hommes voulaient-ils seulement son amitié ? Elle flanqua son pied dans la poubelle. Même ses amis ne voulaient plus la voir ! Cat, par exemple, qui l'avait repoussée avec une excuse minable et ne répondait pas à ses coups de fil. Quant à Jack...

Un ivrogne se dirigeait vers elle en jurant. Il était temps de rentrer. Elle referma doucement la porte et fit une pause dans le séjour, l'oreille aux aguets. Tout était calme. Elle se représenta les deux tourtereaux s'abandonnant à un sommeil paisible et tapa du pied. Elle se sentait méprisée, rejetée, vexée et – bon sang ! – frustrée. Mais le pire, ce serait le triomphalisme de Jack quand il découvrirait que Brett s'était envolé. Comme il fanfaronnerait ! Il en ferait des gorges chaudes avec Candace.

À moins que... Elle rôda dans le séjour, tâchant de se mettre en condition.

— Hmmm..., fit-elle de façon hésitante. Aah... ! Ooh ! (Sautant sur le divan, elle le piétina.) Oh, Brett ! lança-t-elle d'une voix rauque, en direction de la chambre de Jack. Comme c'est booooooon... !

Elle repéra un ressort cassé qui vibrait de façon intéressante et se mit à rebondir dessus, en faisant voler ses bras pour faire bonne mesure. « Ah... ah... aaah ! » Elle vacilla à travers les accoudoirs épais du divan et le long du dossier, se jetant à l'occasion sur l'assise avec un cri dépourvu d'inhibition.

— Oh, *oui !...* oh ! Brett... oh... !

Une ombre bougea à la périphérie de sa vision. Elle se figea. Il y avait quelqu'un, un verre d'eau à la main.

— Tu t'amuses bien ? s'enquit Jack.

20

Le père de Jack avait toujours été attaché aux bonnes manières. Un véritable gentleman sudiste, aimait-il à dire, était toujours ponctuel, galant et soucieux de « bien s'habiller » – par là il entendait une veste, une cravate et des souliers lacés en cuir (les mocassins étaient pour les femmes, les étrangers et les Yankees). Ce fut donc avec vingt bonnes minutes de retard, une chemise au col déboutonné et des tennis, Candace trottinant derrière lui, que Jack fit son apparition au *King Cole Bar* de l'hôtel *Saint Regis*.

Comme c'était un dimanche, et le début de la soirée, la pièce lambrissée était peu peuplée. Mais même si elle avait été pleine à craquer, Jack aurait repéré son père rien qu'en cherchant la silhouette d'un serveur courbé avec déférence au-dessus d'une table. Dans chaque établissement qu'il fréquentait, le père de Jack avait vite fait de s'approprier un copain dans le personnel, qu'il présentait comme « mon vieil ami Alphonse » ou « Eddie, le meilleur barman de ce côté de la frontière Madison », avant de lui demander un service spécial. Effectivement, là, dans un angle du fond, son père était confortablement installé à la meilleure table, en train de tailler une bavette avec un genre de majordome à gants blancs.

Candace lui agrippa le bras.

— C'est lui ?

— Oui...

— Comme il est beau ! Tu lui ressembles.

— Mais non.

En approchant, Jack se sentit envahi par un mélange confus de sentiments – méfiance, rancune, culpabilité, et un genre de familiarité qui tenait vaguement lieu d'affection, sans doute une grossière réminiscence d'un lien génétique. Pour le moment, la méfiance prédominait. Non, il ne retournerait pas travailler dans l'entreprise familiale, même si son père le suppliait. Au contraire, il allait réclamer une augmentation de sa rente – rien d'excessif, une simple augmentation raisonnable, en conformité avec son âge et son train de vie.

Son père se leva, aussi grand et large d'épaules que Jack, l'air ravi de les voir. Sa moustache avait été fraîchement taillée ; ses épais cheveux blancs, scrupuleusement divisés par une raie et peignés.

— Jack, mon petit. Je suis bien content de te voir ! (Il serra chaleureusement la main de son fils, lui tapotant l'épaule dans un geste mi-bourrade, mi-embrassade virile.)

— Le plaisir est réciproque... (Juste à temps, Jack ravala le « monsieur » dont on lui avait rebattu les oreilles depuis son plus jeune âge.) Voici Candace, ajouta-t-il, la présentant comme un trophée – ou un bouclier.

La figure de son père exprima un surcroît d'intérêt. Il appréciait les femmes, qui le lui rendaient bien. Même si Jack avait dit à Candace que ce n'était pas la peine de se mettre en frais pour l'occasion, il ne pouvait s'empêcher de ressentir de la fierté en la voyant si belle dans sa robe noire subtilement sexy.

Il y eut du remue-ménage le temps de s'asseoir et de décider ce qu'il convenait de boire. Le père de Jack suggéra une coupe de champagne rosé pour Candace ;

les deux hommes se récrièrent sur le fait qu'elle n'en avait jamais goûté – c'était une merveilleuse occasion d'essayer, bla-bla-bla, bla-bla-bla. Rien que pour l'embêter, Jack commanda une bière. Au cours de cette comédie, lui et Candace furent présentés à « mon vieil ami George », le serveur.

— Chaque fois que vous voudrez passer par ici, George s'occupera bien de vous. N'est-ce pas, George ?

— Avec plaisir, monsieur Madison.

— Oh ! merci, George ! (Soudain, Candace se conduisait comme la reine d'Angleterre.) N'est-ce pas très aimable, Jack ?

Ce dernier haussa les épaules.

— Je ne passe pas souvent dans le quartier.

Il savait que ce n'était pas très élégant, mais c'était plus fort que lui. Il y avait eu une époque, à l'adolescence, où il s'était diverti de sa position d'héritier Madison ; partout où il allait, il y avait un porteur pour lui, un coiffeur favori, même un agent de police compréhensif pour fermer les yeux. Son père avait pris plaisir à l'initier aux rites de l'âge adulte, plus particulièrement à être un Madison. Il était le fils Madison, qui chausserait un jour les bottes de Madison père. Sauf que c'était maintenant hors de question.

Son père était en train de raconter à la jeune femme l'histoire de cet hôtel, édifié au tournant du siècle pour John Jacob Astor (avec du cristal de Waterford et du marbre importé de France), qui voulait en faire le plus bel hôtel du monde.

— Et, à mon avis, il l'est toujours... Malgré tous ces petits gadgets qu'ils ont ajoutés lors de sa rénovation. Je demanderai à George de vous faire visiter, pendant que Jack et moi aurons une petite conversation privée. Qu'en dites-vous ?

Candace tortilla les épaules et déclara qu'elle en serait enchantée.

— Mme Madison est-elle ici, avec vous ?

Le père de Jack parut surpris, puis ses yeux se plissèrent avec humour et il fit mine de palper ses poches.

— Non. Je ne crois pas en avoir pris une avec moi, aujourd'hui.

Il cligna de l'œil à son intention et se lissa la moustache.

— J'ai déjà quatre épouses éparpillées sur ce continent, quatre de trop. C'est plus coûteux qu'un bateau de pêche, de nos jours.

Candace lui adressa un regard qui ne pouvait être qualifié que de coquin.

— Ne me dites pas que vous préférez les poissons aux femmes, monsieur Madison !

Il lui tapota le genou avec entrain.

— Ça dépend du mal qu'elles vous donnent !

Jack tourna son verre entre ses doigts, le visage de glace. S'il était habitué de longue date aux marivaudages de son père, que Candace pût lui répondre sur le même ton lui semblait une trahison. Il se demandait pourquoi, exactement, il restait avec elle, à part pour le motif le plus évident. Dans le Sud, on faisait une nette distinction entre les filles « bien » et les grisettes. Même si les premières pouvaient être très grisettes, et les grisettes très bien, on n'épousait pas ces dernières. Dans quelle catégorie se rangeait Candace ?

Il l'écouta babiller sur sa vie, radieuse d'être un objet d'attention.

— Je ne comprends pas comment vous faites pour vivre ici, avec tout ce bruit et cette crasse, dans ces petites cellules que vous appelez des appartements.

— Je vois ce que vous voulez dire, fit Candace, soupirant avec sagesse, comme si son vrai foyer spirituel était un manoir à la campagne grouillant de serviteurs.

— Tout le monde a l'air si las et éreinté, vous exceptée, ma chère. Ces Yankees ne pensent qu'à travailler, même le dimanche.

Il désigna un groupe d'hommes en complet-veston penchés sur des dossiers.

— Ce sont des Japonais, père.

— Si tu le dis. De nos jours, il me semble que n'importe qui peut être un Yankee. Il n'y a même plus besoin de parler anglais.

— J'aimerais bien visiter le Sud. (Candace se pencha en avant, d'un air de confidence.) Vous avez un passé si prestigieux, et tous ces arbres magnifiques !

— Il faudra venir avec Jack, un de ces jours.

— Oh ! Jack, tu voudras bien ? (Elle se tourna vers lui dans un nuage de parfum.) Ça a l'air si joli.

Jack but une nouvelle gorgée de bière.

— On verra.

Ils bavardèrent encore un moment, le temps que la jeune femme termine son champagne. Quand ce fut fait, le père de Jack pria l'obligeant George de lui faire visiter l'hôtel.

— Nous avons à causer entre hommes, expliqua-t-il à son invitée avec une œillade. Vous comprenez ?

— Bien sûr.

— Bonne petite. Prenez bien soin d'elle, George, c'est entendu ?

Il détacha avec difficulté les yeux de son postérieur tandis qu'elle s'éloignait d'un pas dansant.

— Jolie fille.

Jack acquiesça d'un signe de tête.

— Pas l'une de ces arrivistes casse-couilles qu'on croise à New York.

— Non.

— Je n'ai pas l'impression que ce soit la même qui m'a répondu au téléphone l'autre jour – une femme à l'accent anglais ?

Il jeta à son fils un regard malicieux.

— C'était Freya. Elle loge chez moi.

— Oh, oh.

— Juste une amie.

— Hum... (Son père grimaça, puis agita les glaçons dans son verre.) Alors, dis-moi : comment ça va ?

— Très bien.

— C'est fini, ce livre ?

— Presque. J'ai été accaparé par des travaux de journalisme, récemment. C'est la seule chose qui rapporte.

— Mlle Holly guette toujours tes articles, tu sais. (Mlle Holly était l'ancienne institutrice de Jack, maintenant à la retraite, qui prêtait main-forte à la bibliothèque locale.) Je crois qu'elle en a toute une collection. Bien sûr, elle est devenue assez sénile, à présent.

Jack grommela et agita la main comme si peu lui importait ce qu'était devenue Mlle Holly. Il était tout à fait conscient de la réaction de la population locale à la nouvelle qu'il était « monté » dans le Nord pour être – tenez-vous bien ! – écrivain. New York était un lieu de perdition. Écrire était au mieux excentrique, au pire efféminé. Il devinait qu'ils attendaient tous de le voir revenir, la queue entre les jambes, pour admettre qu'il était guéri de cette lubie et allait enfin mener une vie normale. Personne là-bas ne se doutait de la difficulté d'écrire un livre.

Son père fit signe à un serveur d'apporter encore de l'alcool. Cette fois, Jack commanda un bourbon. Mentalement, il révisa son discours : le coût de la vie à New York, l'incompatibilité entre écrire des romans et des articles, sa certitude d'être sur le point de percer si on lui laissait un peu de temps. Mais avant qu'il eût pu trouver une ouverture, son père s'adossa à son siège, écarta ses doigts manucurés sur la table et prit la parole.

— Fils, je suis heureux d'avoir cette chance de te parler. Il y a eu dernièrement des changements à la papeterie, et à mon avis il est juste que tu en sois informé, même si tu n'y as jamais témoigné beaucoup d'intérêt.

— Ce n'est pas que ça ne m'intéresse pas, père, mais...

— Je sais. Tu as choisi une autre voie. C'est pour cette raison que je tenais à te parler.

Son père enchaîna sur la concurrence étrangère et les derniers marchés ; la législation du travail et les nouvelles taxes ; les récentes technologies mises en œuvre à grands frais et les menaces de prises de contrôle heureusement repoussées. Un membre du conseil de direction était mort, un autre prenait sa retraite... Jack cessa d'écouter. Il savait où cela le menait. En effet, son père entama un long discours sur la recherche d'un nouvel administrateur – quelqu'un qui aurait un lien avec l'affaire, quelqu'un digne de confiance.

— Arrête ! (Jack leva la main. Il sourit, afin de montrer que ce qu'il allait dire n'avait rien d'offensant.) Je sais, je suis ton fils aîné, et tu ne songes qu'à mon bien, mais il faut que tu saches que je ne rentrerai pas pour t'aider à conduire tes affaires.

Son père eut l'air si choqué qu'il ajouta :

— Pardon, père...

Ce dernier s'esclaffa bruyamment :

— Toi ! Diriger la papeterie !

À présent, c'était au tour de Jack d'être choqué.

— Ce... ce n'est pas ce que tu allais me demander ?

Son père domina son hilarité.

— Jack, ça fait dix ans que tu vis à New York. Comment pourrais-tu connaître quoi que ce soit à nos affaires ?

Jack le dévisagea, se sentant complètement stupide. Il avait conscience de son air confus et du poids mort de ses mains sur ses genoux.

— Naturellement, si tu voulais rentrer chez nous, je tâcherais de te trouver une situation quelconque. (Là, froncement de sourcils sceptique.) Mais ce ne serait pas très bien payé. Tu n'as pas les compétences requises.

— Euh, peut-être pas. Mais...

Il s'interrompit, dérouté.

— Alors, dans ce cas, pourquoi m'as-tu raconté tout cela ?

— Je tenais à te mettre au courant que, le mois prochain, nous allons proposer à ton frère Lane d'entrer au conseil de direction.

— Lane ?

Dieu sait pourquoi, Jack imagina son frère dans sa tenue de football américain du lycée, avec ses épaules rembourrées et un casque dissimulant ses traits.

— Je sais qu'il n'a pas tes diplômes, mais il comprend le papier.

Lane ? Si Jack avait bonne mémoire, Lane n'avait jamais rien compris à rien.

— Il y a une époque où j'ai espéré que tu reviendrais, mais tu ne l'as pas fait, et aujourd'hui c'est trop tard. Les affaires sont les affaires. J'ai des responsabilités vis-à-vis de mes employés et de la communauté. J'ai besoin de quelqu'un prêt à s'engager.

Jack opina, tout étourdi. Lane avait une tête de sanglier naturalisée au mur. Il était abonné à des revues sur l'automobile. Lane avait engrossé l'une des filles Danforth âgée de dix-huit ans, et on l'avait envoyée se faire avorter en cachette.

— Jusqu'à présent, je vous avais donné à tous deux une pension pour vous aider à vous lancer dans la vie. Lane a appris le métier du papier, et toi... toi, tu as dû apprendre ton « métier » aussi, je présume. (Son père gloussa en songeant à cette idée pittoresque.) Certes, Lane est plus jeune que toi, mais dorénavant il aura son traitement... Vous êtes donc quittes.

— Que veux-tu dire ? Comment ça, « quittes » ?

— Cela veut dire que je résilie sa pension en même temps que la tienne.

Résilie ! Jack le dévisagea, sans voix.

— Tu resteras toujours mon aîné, et bien entendu tu toucheras ta part d'héritage à ma disparition. Mais le moment est venu de te tenir sur tes deux pieds. Diable ! À ton âge, j'avais déjà une épouse et commencé à rembourser ma maison.

Jack tâcha de se ressaisir.

— Quand penses-tu...

— Le mois prochain, tu toucheras ton dernier chèque.

— *Le mois prochain ?*

Son père lui adressa un sourire de requin que Jack connaissait bien et n'appréciait guère.

— Pourquoi attendre ? Tu me dis que cela marche pour toi, ce dont je ne doute pas. La papeterie Madison est une affaire, pas un train de plaisir. Nous ne pouvons pas transporter des passagers.

Jack prit une bonne rasade de bourbon. *Résilier* : le mot se fracassa et résonna dans sa tête. Le ressentiment lui brûlait la gorge. Son père dépensait plus à courir les filles qu'à l'entretenir. Et pourquoi Lane devait-il « toucher » un traitement simplement parce qu'il avait été trop timoré pour se forger une carrière ? Ses yeux frôlèrent le costume blanc cassé de son interlocuteur, sa cravate de gommeux. Il ravala sa panique et serra les dents. Il n'allait pas supplier.

Mais son tourment devait se voir, car son père sourcilla.

— Tu n'as pas de soucis, fils ?

Jack le regarda droit dans les yeux.

— Non.

L'expression du vieil homme se relâcha pour adopter un petit sourire badin.

— Tu t'habilles toujours en clochard ? Ça doit être la mode. Les New-Yorkais étaient pourtant si élégants..., comme elle, ajouta-t-il, le regard illuminé.

Jack tourna la tête pour voir Candace approcher de son nouveau pas de reine. Il se leva aussitôt, ébranlant la table.

— Il faut qu'on parte.

— Si tôt ? (Madison père se leva avec courtoisie et prit la main de Candace.) Et si vous veniez dîner tous les deux demain soir ?

— Je ne crois pas..., fit Jack.

— Bien volontiers, dit Candace en même temps.

Jack lui empoigna le bras et la propulsa en avant, loin de l'atmosphère sinistre de ce bar. Ils longèrent le foyer, avec ses palmiers, son marbre et ses couples buvant des cocktails, passant devant des vitrines qui exposaient des chemises haute couture et des cravates de créateurs. Jack aurait voulu en fracasser une de son poing nu. Il fixa son regard droit devant lui, sur un tableau entouré d'un cadre doré accroché au fond du couloir. C'était le portrait d'un homme pas tellement plus vieux que lui-même – chic, moustachu, sûr de lui, posant parmi les symboles de son succès. En approchant, il déchiffra le nom : *John Jacob Astor III (1822-1890)*. Et lui il était là, Jack Madison III – sans le sou, évincé, débouté.

Candace s'extasiait sur des rideaux à commande électronique et des baignoires gigantesques. Jack croisa le regard brun et hautain de John Jacob. « Au secours ! Je me noie... »

21

FREYA SE TRAÎNA JUSQU'À L'ARRÊT DU BUS, laissant des traces rouges sur le vulgaire trottoir. Elle avait marché sur un tube de rouge de cadmium lors d'une visite de soutien moral à l'un de ses artistes dans son atelier d'Alphabet City. D'habitude, c'était l'aspect de son travail qu'elle préférait. Mais aujourd'hui...

Gênée par un filet de sueur, elle cligna les yeux en regardant le bus approcher au ralenti, pris dans les embouteillages. À des moments pareils, c'était à se demander comment New York pouvait passer pour une ville superbe. Encore une journée infernale. La crasse se déposait sur sa peau. Ses poumons s'obstruaient à chacune de ses respirations. Tout le monde avait l'air tracassé et de mauvais poil. La ville était couleur de croûte séchée, sous son pansement de smog dégoûtant.

Le bus était bondé. Des coudes égarés s'enfoncèrent dans ses côtes. Ça sentait le pneu chaud et la transpiration. Sa petite robe de travail, trop chic, lui collait au dos. Se frayant un chemin jusqu'à trente centimètres carrés d'espace libre, elle agrippa la poignée au-dessus de sa tête et contempla des publicités qui l'invitaient à souscrire une assurance vie et à se faire corriger l'implantation des dents.

Un sentiment de désespoir et d'échec s'abattit sur ses épaules. Elle s'était fait une place ici à la force du poignet, et maintenant tout tombait en poussière à ses pieds. Depuis l'épisode Michael, elle avait subi humiliation sur humiliation – et ne pouvait se départir d'une horrible impression de faute. Rien ne marchait. Elle s'était ridiculisée avec Bernard ; plus encore avec Brett. Juste au moment où elle avait besoin d'une amie, Cat était trop « occupée » pour la voir – à faire quoi ? Mystère... Elle ne supportait plus de camper dans un coin du bureau d'un autre, l'appartement d'un autre. Vivre avec Jack, avec qui elle s'était toujours entendue – *toujours !* –, avait tourné au cauchemar. Mais son vrai cauchemar, sa véritable obsession, la pensée qui la faisait craquer, c'était de savoir que dans deux jours elle retournerait en Angleterre pour assister au mariage de sa sœur.

En arrivant, l'appartement était silencieux, et presque aussi étouffant que l'extérieur. Jack n'avait rien fait pour remédier aux cliquetis funestes du climatiseur ; de toute évidence, il ne fonctionnait plus. Si seulement il avait été là, elle aurait pu se remonter le moral en lui faisant une bonne scène. Avec un soupir, elle se déchaussa, balança sa mallette et se dirigea droit sur la cuisine pour boire une bière au goulot. Elle déboutonna le haut de sa robe et passa la bouteille sur sa peau. Cela vaudrait presque le coup d'aller en Angleterre rien que pour avoir froid en plein été. Presque...

Tout à coup, elle reposa la bière et gagna la salle de bains en se déshabillant. Debout sous le jet glacé, elle s'obligea à se concentrer sur ce qui restait à faire avant le départ : envelopper le cadeau de Tash dans du plastique bulle, lui acheter une carte, choisir les tenues à emporter, essayer de se faire rembourser son billet superflu. Car à quoi bon prétendre qu'elle n'irait pas seule ? Aujourd'hui, c'était lundi ; son vol partait mercredi soir ; elle n'avait plus le temps. *Seule* : le mot se planta dans son cœur comme une écharde.

Elle sortit de la douche en se frictionnant. Bien sûr qu'elle saurait subir cette épreuve toute seule. Elle crut entendre la voix vivifiante de Cat disant : « Je n'ai pas besoin d'un homme. » Fort juste. Drapée dans sa serviette, elle ramassa ses habits et se dirigeait vers sa chambre quand elle fut surprise par un bruit si familier qu'elle l'aurait reconnu même les yeux bandés au milieu d'une fête. « A-heum. » Jack se raclant la gorge.

Elle s'arrêta derrière la porte de ce dernier et lança :

— C'est toi ?

— Ouais...

— Qu'est-ce que tu fais ?

— Rien.

— Ça a l'air intéressant.

Silence.

— Bravo pour le climatiseur.

Pas de réponse. S'était-il faufilé dans l'appartement pendant qu'elle était sous la douche ou avait-il été là dès le début ? Haussant les épaules, elle gagna sa chambre. Le temps d'enfiler un short et un tee-shirt bleu délavé, elle avait de nouveau trop chaud. En retournant chercher sa bière à la cuisine, elle tomba sur Jack. Il avait tiré sa chaise près du frigo ouvert et calé ses pieds nus sur la clayette du haut. Il ne la regarda même pas.

— Ça t'ennuie si j'en fais autant ?

— Je t'en prie.

Freya mit une chaise à côté de la sienne. Il bougea les pieds pour lui faire de la place, et ils passèrent un moment en silence, à contempler les pots de mayonnaise, de cornichons et de gelée de raisin.

— Quelle chaleur ! dit Freya.

— Ouais.

Il passa la main sur sa figure. Il semblait exténué.

— Tu ne devais pas aller dîner ce soir avec ton père ?

— Ouais.
— Et alors... ?
— J'y suis pas allé.
— Pourquoi ?
— Pas capable...
— Ah !

Elle lui lança un coup d'œil à la dérobée. Qu'avait-il ? On aurait dit qu'il boudait, sauf que Jack n'était pas un boudeur.

— Où est Candace ?

— Elle y est allée toute seule. Père lui montrera certains de ses coins favoris.

— Elle en a de la chance !

Jack haussa les épaules, comme si cela lui était égal. Freya changea de tactique.

— Et ton déjeuner avec Ella ?
— Je préfère ne pas en parler.
— Ah !

Ils restèrent donc ainsi, dans cette atmosphère étouffante, jusqu'à ce que le réfrigérateur se mette à couiner de fatigue. L'humeur sombre de Jack se diffusait à la façon d'un gaz toxique. Elle l'aurait bien laissé s'asphyxier, mais... si c'était vraiment grave ? Elle n'aimait pas le voir déprimé.

— Eh... ! (Elle lui toucha le pied.) Je n'ai rien prévu pour ce soir. Toi non plus, on dirait. Si on se faisait une toile ? Au moins, on pourra profiter de la climatisation.

— Pas envie. Vas-y, toi.
— Ne fais pas la tête.
— J'aime bien faire la tête.

— Allez, quoi ! (Elle se leva.) C'est pas drôle d'y aller seule.

Il releva la tête pour lui lancer un regard torve.

— Tu as certainement envie de voir une connerie.
— Non. Je paye le pop-corn.
— Le beurre aura ranci.

— Eh bien, on ne le mangera pas ! Debout, mon gros. Allons voir ce qu'on joue. Tu pourras me dérider grâce à ton entrain et à tes brillantes reparties.

— Ouf ! (Il remua ses orteils.) Va falloir que je mette des chaussures.

On aurait dit qu'il parlait d'escalader l'Everest.

— Va les chercher ! Oust !

Jack referma du pied le réfrigérateur et se leva avec difficulté.

— On ne t'a jamais dit que tu étais autoritaire ?

— Décidée, plutôt.

— Si j'étais ton mari, je deviendrais fou.

— Si j'étais ta femme, je serais déjà folle.

Elle alla ramasser ses propres souliers et son sac, et attendit dehors que Jack eût fermé la porte. Ils marchèrent dans la rue, à l'ombre des grands sophoras qui fleurissaient à peine. Le vieil Italien était assis sur son perron, comme d'habitude, en maillot de corps grisâtre et distendu, à boire de la bière ; il les salua au passage. Freya commençait à aimer Chelsea, ses rues tranquilles aux élégantes maisons de briques rouges à liseré vert, dont beaucoup n'étaient pas encore envahies par des jeunes gens branchés et abritaient de grandes familles ou des locataires bénéficiant de loyers modérés. Elle aimait les petits terrains de jeux secrets et les jardins cachés mangés par le lierre, les rambardes en fer forgé rouillées et les balustrades ornées d'ananas et de feuilles d'acanthe, et le fait que tout le monde semblait posséder un bon gros chien à poils longs.

Leur premier arrêt fut pour une grande librairie sur la Septième Avenue, divinement climatisée. Jack alla y acheter le journal afin de pouvoir consulter la liste des programmes, tandis que Freya prenait son temps pour choisir sa carte de vœux. Il n'y avait peut-être pas une grande affection entre elle et sa sœur, mais Freya tenait à ce qu'on ne puisse rien lui reprocher. Ayant réglé son achat, elle partit à la recherche de Jack. Il était près d'une des grandes tables placées près de l'entrée, apparemment en train de réviser la présentation. Il y avait quelque chose de vaguement furtif dans son comportement, et elle s'arrêta pour le regarder manipuler une haute pile de livres identiques. Qu'est-ce qu'il fabriquait ? D'abord, il prit un livre. Le tenant par la tranche, il le feuilleta rapidement – bien trop rapidement pour pouvoir lire quoi que ce soit ou, à plus forte raison, pour voir si quelque chose était caché à l'intérieur. Puis il le reposa, non en haut de la pile, mais *sous* une pile d'autres titres. Pendant une minute entière, elle le vit répéter ce manège sans varier, puis le rejoignit tranquillement.

— Qu'est-ce que tu fais ?

— Rien !

Il referma sèchement le livre. *Le Pouce de Vanderbilt*, de Carson McGuire. En regardant mieux, elle remarqua que chacune des piles bien nettes d'autres titres comprenait un exemplaire du roman de McGuire, en général près de la base. La pile consacrée à McGuire avait complètement disparu.

— En route, dit-il, la poussant vers la sortie.

Freya le suivit, songeant à toutes les fois où elle était entrée chez un libraire pour mettre *Big Sky* en haut des piles de best-sellers.

— C'est un peu méchant, non ? Qu'est-ce qu'il t'a fait, ce McGuire, pour que tu veuilles cacher ses livres ?

— Je vérifie simplement si son bouquin se vend vraiment ou si c'est du battage publicitaire. Quand je vois une grande pile, je prends l'exemplaire du haut et je corne une page – la 313, en fait. Comme ça, le jour où je reviens, je peux voir s'il s'est vendu ou si c'est toujours la même pile.

— Et la page 313 était cornée ?

— Non.

— Mais tu as quand même dissimulé tous ces livres !

— Les gens peuvent toujours demander un exemplaire, si ça les intéresse vraiment.

Freya s'étrangla de rire devant cette conduite pitoyable.

— Tu es jaloux !

— Cesse de me dire ce que je suis ! Tu ne me connais pas. Personne ne me connaît !

Freya recula, choquée. Elle ouvrit la bouche pour lui répondre sur le même ton, mais il était vraiment bouleversé. À la place, elle effleura le journal qu'il tenait sous son bras et demanda d'une voix neutre :

— Alors, qu'est-ce qu'on va voir ?

Ils s'arrêtèrent sous un auvent et, blottis l'un contre l'autre, survolèrent la liste des titres. Soudain, Freya poussa un cri et pointa le doigt sur la page :

— Regarde ! *Haute Société.*

— Nunuche...

— Romantique.

— Bing Crosby, romantique ?

— Frank Sinatra. Cole Porter. Grace Kelly... en maillot de bain.

— D'accord, tu as gagné.

C'était le choix idéal. Ils s'installèrent au fond du cinéma à moitié vide, les pieds sur les sièges de devant, piochant distraitement dans le carton de pop-corn coincé entre leurs coudes selon une technique peaufinée au fil des ans. Leur humeur morose se dissipa à mesure que le film distillait sa magie, les enveloppant dans l'atmosphère de folie douce d'un mariage dans la bonne société des années cinquante. Crosby chantait combien cette soirée était chouette. Sinatra affirmait à Grace Kelly que cela lui était égal si on l'appelait « Miss Frigidaire » car elle était *sensationnelle*. Kelly elle-même flottait à travers l'écran, ravissante et insupportable, tâchant de choisir son mari entre son gommeux de fiancé, le journaliste de presse à scandale qui lui révélait honnêtement les choses de la vie et l'homme qu'elle avait toujours aimé sans jamais se l'avouer. C'était une pure, une irrésistible niaiserie sentimentale. Quand le générique défila, ils se levèrent avec des sourires béats et lointains et échouèrent sur la chaussée, prenant le temps de se réadapter à la canicule et à la frénésie de la ville.

Jack ôta et rangea ses lunettes. Il lui sourit.

— Tu as faim ?

Freya exécuta un langoureux haussement d'épaules à la Grace Kelly.

— Peut-être une glace chez les Italiens de Broome Street ?

— Le *Café Pisa* ? C'est sur Mulberry Street.

— Broome Street.

— Mulberry.

Ils finirent par tomber sur l'étroite entrée, signalée par une plante jaunie dans un bac. Dans la vitrine il y avait une réplique en plastique de la tour de Pise.

— Broome Street, ah ! dit Jack.

— Ils ont changé d'adresse.

Ils se faufilèrent le long du bar étroit où des hommes âgés buvaient de la grappa, perchés sur des tabourets, traversèrent la salle bruyante et surpeuplée pour déboucher dans une cour décorée de guirlandes lumineuses. Au fond, deux colonnes en béton de style vaguement ionique ajoutaient à l'ensemble une touche d'authenticité. Un haut-parleur dangereusement bidouillé crachotait un pot-pourri de chansons sentimentales sur l'*amore*. Ils commandèrent des cafés liégeois et restèrent assis dans un silence agréable sous un parasol estampillé Martini. Jack tripotait sa paille. Joue dans la main, Freya traçait des motifs sur le plateau poussiéreux, en attendant d'apprendre ce qu'il avait sur le cœur.

— Ma maison d'édition a annulé mon contrat.

— Quoi ?

— C'est pour ça qu'Ella voulait me voir. On a engagé là-bas quelqu'un dont la mission est de balayer les inutilités – dont moi, apparemment.

— Mon Dieu, Jack. Ils ont le droit ?

Cela semblait le cas, en dépit des plaidoyers et protestations de son loyal éditeur. Jack avait dépassé la date limite. Non seulement on annulait son contrat pour « non-respect des termes », mais en plus on lui réclamait l'argent qu'il avait déjà reçu – et dépensé.

— Et le bouquet, c'est que mon père a choisi ce moment pour sucrer ma pension.

— Non !

— Je ne peux donc pas rembourser. Ni vivre en attendant d'avoir terminé le livre. Je suis complètement foutu.

— C'est affreux, Jack. Je suis désolée.

En secret, elle songea que s'il n'avait pas gaspillé son temps dans des cocktails littéraires et à batifoler avec ses petites nanas, il aurait fini depuis longtemps, mais Jack avait l'air si affligé qu'elle n'eut pas le cœur de l'enfoncer.

— Qu'est-ce que tu vas faire ?

— Aucune idée.

— Qu'en pense Candace ?

— Je ne lui ai rien dit pour l'instant.

— Je vois.

— Je vais devoir quitter l'appartement, peut-être New York pour toujours. Trouver un emploi.

Ses doigts ratissèrent sa chevelure. Pour la première fois, Freya lui remarqua deux petites rides au front.

— Au moins, tu n'as pas à t'en faire pour moi. J'ai trouvé une sous-location.

— Tu déménages ?

Il paraissait surpris.

— Oui ! J'emporte mes affaires mercredi et je les flanque là-bas. Comme ça, tout sera prêt à mon retour d'Angleterre.

— Oh ! oui... l'Angleterre ! (Il se rembrunit.) J'avais oublié. (Il racla le reste de sa glace et laissa tomber sa cuillère dans la coupe.) Voilà, ma vie est foutue. Et toi, quelle est ton excuse ?

— Mon excuse pour quoi ?

— Pour ton comportement spécial, ces derniers temps. Il y a quelque chose qui ne va pas. Je le sens.

— Mais non ! (Elle releva le menton.) Je n'ai rien fait de spécial...

À part, évidemment, répondre à des annonces sentimentales, draguer des jeunes gens, écrire des lettres anonymes et se faire passer pour une bonne mexicaine.

— Tu ne peux rien me cacher, tu sais...

À la fin, elle se retrouva en train de tenter d'expliquer le problème d'une femme seule et d'un certain âge assistant au mariage de sa sœur cadette – pis encore, sa demi-sœur – sans cavalier. C'était une tâche ardue.

— Où est le problème ? Tu choisiras sur place. J'ai toujours pensé que les mariages étaient un terrain de chasse très fertile.

— Parce que tu es un homme.

— Quelle différence ça fait ?

Freya lui fit les gros yeux.

— Qui, d'après toi, pourrait bien me draguer ?

— Moi !

Il lui souriait de toutes ses dents.

— Non. Pas dans un endroit grouillant de succulents tendrons de vingt-cinq ans.

— Je comprends. Mais quand même, c'est toi que

je choisirais ! À propos de tendrons, pourquoi tu n'emmènes pas le Petit Prince ?

— Si tu parles de Brett, c'est terminé. (Elle croisa les bras d'un air prude.) Non, j'irai seule. Au moins je ne serai pas encombrée quand je rencontrerai M. Perfection. Pardon : lord Perfection.

— Tu ne peux pas faire ça !

— Pourquoi ? Je croyais que les mariages étaient un terrain de chasse fertile.

— Mais tu devrais rester en Angleterre et te mettre à porter des fichus. Je ne te verrais plus.

— Et alors ? Tu parles bien de quitter New York.

— Oui, mais...

— Dans quelques mois, on ne sera peut-être plus là ni toi ni moi.

Jack eut l'air accablé par cette pensée, puis laissa échapper un soupir désespéré.

— Tu as raison.

— Au fait, je te rappelle que tu as promis de m'inviter à dîner pour mon anniversaire. Où que nous soyons. Un pari est un pari.

— Le 8 à huit heures. J'y serai !

— À moins que je ne sois devenue lady Perfection.

— Et moi en train de faire mon discours de réception du Pulitzer.

Tout à coup, Freya eut l'impression d'une totale défaite. Écartant largement les bras, elle renversa la tête en arrière pour contempler le ciel d'un noir usé, ses pâles étoiles presque éclipsées par le halo électrique de la cité. Jadis, elle avait de longs cheveux blonds, une énergie bouillonnante, une palpitante succession d'emplois et d'amants, d'amis, de fêtes, un avenir mystérieux et prometteur. Jadis, Jack était le plus bel homme de New York, le plus chanceux, le plus talentueux. Maintenant... Jack était fauché, sa carrière à l'eau. Et elle, elle était une pitoyable trentenaire trop effrayée pour affronter sa famille sans un homme dans son sillage. Ils étaient au bout du rouleau.

Finalement, elle se redressa et poussa un profond soupir. Ses yeux rencontrèrent ceux de Jack.

— Qui veut être millionnaire ? chantonna-t-il.

— Moi !

Ils se sourirent.

Une serveuse passait avec un plateau. Jack la héla.

— Deux grappas, s'il vous plaît.

— Je ne veux pas boire d'alcool.

— Mais si.

— Mais non.

Le regard de la serveuse alla de l'un à l'autre, perplexe. Jack lui adressa un sourire de conspirateur.

— *Due grappa, per favore.*

Fait assez écœurant, cette femme, qui devait avoir cinquante ans bien sonnés, entreprit de flirter avec lui et repartit chercher la commande en balançant des hanches. Elle fut de retour aussitôt, se penchant très bas pour déposer les verres et lancer à Jack un sourire effronté. Certaines ne reculent devant rien ! Freya posa le menton dans sa main et fixa le vide d'un regard morne.

Soudain, Jack lui enfonça à plusieurs reprises le doigt dans le gras du bras.

— Je viens d'avoir une idée géniale !

— Arrête, ça fait mal !

— Écoute... (Il rapprocha sa chaise.) Tu cherches quelqu'un qui puisse venir à ce mariage avec toi, oui ou non ?

— Dix sur dix.

— Respectable.

— Oui.

— Beau.

— Impérativement.

— Sympa.

— De préférence.

— De sexe mâle.

— Ha ha !

— Eh bien, voilà.

Il se renversa dans son siège et croisa les bras.

— Comment ça : « voilà » ?

Il haussa les sourcils comme si la réponse était évidente. Elle haussa les siens pour lui montrer que tel n'était pas le cas.

— Moi.

Elle le considéra un moment, puis éclata de rire.

— Ne sois pas ridicule.

Les traits de Jack se décomposèrent.

— Je déteste t'entendre dire ça. En quoi est-ce ridicule ?

Elle poussa un soupir exaspéré.

— Tu ne comprends pas ? Je suis censée y aller avec un *fiancé*.

— Et alors ? Pourquoi je ne pourrais pas faire semblant ? C'est l'affaire de deux jours.

— Quatre. De jeudi à dimanche. On partagerait une chambre. Tu devrais me tenir la main, me regarder avec amour et feindre de croire que je suis merveilleuse.

— Mais c'est ce que je fais de mieux !

— Tu ne saurais t'empêcher ni de courir les demoiselles d'honneur, ni de te soûler, ni de me contredire tout le temps.

— Qui oserait te contredire ?

— Tu devrais être charmant.

— Je suis charmant ! Pardon, lady Basset, je crois que ceci est votre face-à-main.

— Oh ! Jack...

Freya ne put s'empêcher de rire.

— Alors, d'accord ? Ce serait amusant.

— Tu as vu comme tu es fringué ?

— J'ai de vrais vêtements – même si je ne les porte pas !

— Et tes cheveux !

— J'ai toujours été coiffé comme ça !

— Justement.

— Si je les coupais... pour toi ? Clic, clic, clic...

Il poussait son charme sudiste au maximum. Freya retint un sourire.

— C'est seulement un prétexte pour fuir tes problèmes.

— J'ai envie de t'aider.

— C'est vrai ?

Il lui prit la main, ce qui la surprit.

— On pourrait s'aider réciproquement.

Sa bouche esquissa un sourire familier et taquin, mais ses yeux étaient graves. Elle sentit le contact de sa paume, chaude et sèche, la ferme emprise de ses doigts. « Jack, songea-t-elle. Jack ?... »

Se libérant, elle saisit son verre de grappa, sondant ses profondeurs tourbillonnantes. Un élan irrésistible grandissait en elle, comme si elle se trouvait tout en haut du Cyclone, sur le point de faire le grand saut. Elle porta le verre à ses lèvres, le vida d'un seul trait, farouche, et le reposa sèchement. Ses yeux, enflammés par l'alcool, croisèrent ceux de Jack.

— Soit, tu es engagé.

22

— SYMPA, LE PIEU !

Jack rebondit sur le lit à baldaquin, délogeant une pluie de particules des tentures en lambeaux. Il scruta la pénombre de ces altitudes poussiéreuses. Il n'aurait pas été surpris d'apprendre que toute une famille de souris vivait là-haut depuis l'époque d'Élisabeth Ire. Sir Souris et lady Souris et leurs petits aristocrates de souriceaux. Il se représenta leur blason : rat rampant sur une part de cheddar, et la devise en latin – *Au litum pas de chatum*. Puis il s'allongea sur le dos en gloussant. Ce truc rose que le père de Freya lui avait fait boire produisait un certain effet.

— Contente qu'il te plaise. (Freya était en train d'ouvrir sa valise.) Tu seras à même d'admirer ses qualités les plus subtiles d'ici...

Elle désignait la méridienne.

Jack se hissa sur un coude pour distinguer un meuble anguleux qui ressemblait à un croisement entre un châlit de prisonnier et un vieux fauteuil de dentiste.

— Allez, quoi ! Je suis bien trop grand. Tu ne veux tout de même pas assister à ce mariage avec le bossu de Notre-Dame ?

— Oh ! arrête de faire cette horrible grimace.

— *Oui, madame**. Mais je ne dormirai pas sur ce truc.

— Il faut bien que quelqu'un se dévoue. Nous faisons simplement *semblant* d'être un couple.

— Quel soulagement ! Je ne sais pas si je pourrais supporter encore longtemps cette douce atmosphère conjugale. Ah ! Raté !

Jack tendit le bras pour attraper le missile que Freya lui avait lancé : l'une de ses chaussures. (Elle en avait emporté huit paires – huit ! –, ainsi qu'il l'avait découvert quand il avait proposé de porter sa valise à l'aéroport, manquant se déboîter l'épaule.) Il retourna le soulier dans sa paume, émerveillé par la fragilité du haut talon fuselé et des fines lanières qui devaient, selon toute vraisemblance, maintenir l'ensemble attaché au pied. Il le lui jeta.

— Prends ça, Cendrillon !

Sans commentaire, elle le rangea dans la grosse armoire sculptée qui penchait dangereusement sur le sol inégal, et continua à défaire ses bagages. Jack décida de l'imiter.

Elle avait été ainsi, tendue comme un ressort, depuis l'atterrissage. Pendant la première heure du trajet en voiture, c'était à peine s'il avait regardé le paysage : ses yeux n'arrêtaient pas de se poser sur le compteur de la voiture de location, qui descendait rarement au-dessous de cent vingt kilomètres à l'heure. Freya était au volant comme elle était ailleurs – rapide, butée, avec un certain goût pour le danger. « Wiltshire, avait-elle annoncé, tandis qu'ils traversaient le patelin tel l'éclair sur la nationale à trois voies. Somerset... Devon. » Elle ne semblait pas fatiguée. Quand il s'était un peu plaint de sa nuit blanche sur le siège étriqué de la classe économique, elle lui avait répondu fermement qu'elle ne croyait pas au décalage horaire. Il n'avait pas trouvé le courage de prononcer le mot « déjeuner » et s'était réfugié dans le sommeil.

En plein après-midi, ses yeux s'étaient ouverts sur le

spectacle sidérant d'une rangée de modernes moulins à vent au sommet d'une colline, qui agitaient les bras comme des monstres d'acier surgis des pages de H.G. Wells. Freya déclara qu'ils pénétraient en Cornouailles. Jack chaussa ses lunettes pour observer autour de lui avec intérêt. Il était déjà venu en Angleterre, mais sans s'aventurer au-delà de Londres et du circuit touristique classique ; jamais il n'avait rencontré de vrais Anglais chez eux. À première vue, la Cornouailles semblait assez déprimante, mélange de landes rébarbatives et de villages lugubres en granit. Des poteaux indicateurs signalaient des endroits appelés Ventongimps, Zelah et Goonhaver. À un moment donné, il repéra une haute cheminée pointant féeriquement au milieu d'un champ de broussailles, qui, d'après Freya, était le vestige d'une vieille mine d'étain. La voiture montait et descendait sur un ruban de route grise et lisse. Peu à peu, le paysage s'adoucit pour offrir au regard un patchwork de prairies étendues où broutaient des vaches pie. Ils croisèrent de petits villages tranquilles, avec leur pub et leur clocher carré. Au bord du chemin, des écriteaux peints à la main vantaient randonnées, campings, « cueillez vous-mêmes vos fraises », fêtes locales, maquereaux frais et, dans un seul cas, plus intrigant : « Terriers – à emporter ». Les arbres étaient plus rares et plus chétifs, malmenés par les intempéries qui leur avaient fait adopter des formes bizarres, tels des parapluies retournés par le vent. Des plantes épineuses, pareilles à des palmiers, surgissaient de façon insolite aux façades des maisons, comme en Floride. Kilomètre après kilomètre, l'horizon semblait s'aplatir et reculer dans un halo d'argent. Jack sentit frémir l'espoir en lui : on approchait de la mer.

— La prochaine colline, dit Freya, lisant dans son esprit, et effectivement, à la montée suivante, il eut la vision exaltante d'une étendue d'eau étincelante, fonçant jusqu'au bleu ardoise.

Elle lui jeta un coup d'œil et sourit, comme si elle avait manigancé tout cela.

Bientôt, la voiture quitta la route principale pour s'engager dans un dédale de petites voies qui plongeaient au cœur de ravins boisés ou contournaient des criques étroites et secrètes. Haies touffues et festons de fleurs blanches bordaient leur passage. New York semblait à une distance inimaginable. Jack baissa sa vitre pour humer la douceur de l'air anglais. « Chaud soleil d'été luisant dans un ciel bleu. Bon présage », pensa-t-il.

À un creux de la route, Freya bifurqua sur une entrée flanquée de piliers de pierre délabrés.

— C'est ici, lâcha-t-elle, reprenant de la vitesse sur un chemin étroit.

De chaque côté, des arbres poussaient en rangs serrés, noueux et rendus bulbeux par l'âge, ou s'élevaient, lisses et gris comme une peau d'éléphant, leurs feuilles formant un dais qui filtrait la lumière vert cuivré sur la piste truffée d'ornières. Ils la suivirent sur presque un kilomètre, et Jack en profita pour réviser son image mentale de la « grande et vieille maison » dont Freya avait quelquefois fait mention. Elle n'avait jamais beaucoup parlé de ses proches, même si dans l'avion elle l'avait renseigné sur son « horrible » belle-famille. Finalement, ils émergèrent des bois. Un paysage de pâturages sans enclos parsemé de moutons descendait en pente douce de chaque côté de la route pour aller se nicher dans des replis sombres de bois. D'ici, la mer n'était pas visible, même si on devinait sa présence à la luminosité du ciel. Là-bas, ombragé par des bouquets d'arbres élégants, se dressait un gros manoir de pierres grises. Il semblait très vieux – quatre cents, six cents ans ? Jack écarquilla les yeux. Des pignons décoratifs étaient romantiquement recouverts de plantes grimpantes et une immense fenêtre centrale, de deux étages de hauteur, semée de petits carreaux, s'ouvrait tel un panneau de diamants. Une forêt de cheminées en brique jaillissait d'un toit vallonné d'ardoises usées par le temps. Il apercevait un éparpillement de dépendances, un clocher, le dôme d'une chose qui ressemblait à une chapelle.

— J'ignorais que tu vivais dans un endroit pareil.

— Je vis à New York. C'est la maison de ma belle-mère.

Il s'attendait à voir de fidèles serviteurs se mettre en rang d'oignon à l'entrée pour accueillir Mme la baronne à sa descente de carrosse – mais il devait avoir regardé trop de films en costumes. En réalité, Freya fit le tour de la maison, passant sous un arc de pierre pour se garer dans une cour, parmi des voitures rouillées parquées en dépit du bon sens, une corde à linge où séchaient des torchons, des tas de vieilles briques, un bac à géraniums de guingois et quelques poules qui prirent la poudre d'escampette. Le claquement des portières n'attira nul plus noble personnage qu'un labrador noir, qui remuait la queue et répondait, semblait-il, au nom de Bedivere.

Elle le précéda dans un couloir sombre où s'alignaient des bottes crottées et des cadavres de bouteilles, des crochets de cuivre chargés de manteaux et de chapeaux, d'épuisettes, de cordes, de sacs en plastique et de laisses. Ils entrèrent dans une vaste pièce avec des poutres au plafond, un sol de pierre nu et des fenêtres de chaque côté. Jack cligna les yeux dans la lumière poudreuse. Cela ressemblait à une cuisine, bien que d'un genre spécial : pas d'éléments encastrés, pas d'ustensiles étincelants, pas même un réfrigérateur, sauf à considérer la minuscule chose recouverte de petits aimants. Contre un mur, un grand buffet, où s'entassaient brocs et vaisselle. Son plateau était surchargé de journaux, lettres, pots de fleurs en plastique, pinces à linge, sachets de semences et une brosse à cheveux. Il y avait un grand évier carré en pierre, profond, avec des robinets de cuivre terni et une tache jaune là où l'eau avait goutté. Au centre de la pièce, une grande table de chêne où le couvert était mis pour cinq. Quelque chose mijotait sur un drôle de fourneau rétro, aux brûleurs protégés par des couvercles métalliques ronds, tels des hublots de sous-marin. Une délicieuse odeur de cuisine emplissait la pièce, à laquelle se mêlaient le parfum des pois de senteur dans leur pot en terre cuite et celui d'une couverture pour chien.

— Dehors, sans doute, fit Freya mystérieusement.

Elle gagna la fenêtre ouverte – comme si c'était parfaitement normal –, l'escalada grâce à un solide bloc de bois placé là de toute évidence pour cet usage, et enfin sauta de l'autre côté. Jack l'imita, avec la sensation de traverser le miroir. Il se retrouva dans un petit jardin entouré de hautes haies vertes et divisé en quatre par des chemins empierrés. Des odeurs de plantes aromatiques et un murmure d'abeilles s'élevaient d'un labyrinthe gris-vert de plantes, surmonté de fleurs jaunes et violettes.

Freya se dirigea vivement vers un passage ombragé ménagé dans la haie, puis se retourna pour l'attendre. Il distinguait des voix à présent, des voix féminines, qui se disputaient.

— Maman, c'est *mon* mariage ! disait l'une, pétulante.

— Je sais, chérie, mais tu ne peux quand même pas demander au pauvre révérend Thwacker de lire le *Cantique des cantiques* à l'église, n'est-ce pas, Guy ?

Il y eut un bruit de pièces de bois s'entrechoquant, puis un doux cliquetis, et une voix masculine triomphale hurla :

— J'ai gagné !

Jack sentit son bras soudain pris dans une poigne d'acier.

— Souviens-toi : tu es mon petit ami. Tu m'adores. Je suis une merveille.

Jack ressentit une pointe d'agacement. Il jouerait le jeu à sa façon. Il ne doutait pas de charmer toute la famille – y compris Freya. Prenant sa main, il la fourra sous son bras, constatant sa tension.

— Appelle-moi chéri, dit-il, et ils passèrent sous l'arche ensemble.

C'était une scène typiquement anglaise. Devant eux s'étendait une longue pelouse nivelée, parsemée de marguerites et limitée par une haute haie, avec au-delà les rondeurs imbriquées des vertes collines. Un élégant conifère – cyprès ? cèdre ? – projetait son ombre sur un ensemble de chaises longues rayées et une table en fer forgé supportant un plateau de rafraîchissements. Tout d'abord, leur présence passa inaperçue. Deux femmes leur tournaient le dos ; appuyées à leur maillet de croquet, elles regardaient un homme coiffé d'un panama se pencher pour positionner sa boule non loin d'un cerceau blanc. Il se redressa, mit sa main en visière et s'écria gaiement : « Freya ! »

Elle fit quelques pas en tirant Jack, puis s'arrêta, indécise.

L'homme se hâta de venir à leur rencontre. Il était grand et dégingandé, si pareil à sa fille que Jack faillit en rire tout haut : même visage ovale, mêmes nez long et sourire oblique, mêmes position des épaules et inclination de la tête. Seule la couleur était différente. Freya devait tenir ses yeux et ses cheveux de sa mère.

— Ah, enfin !

Il embrassa sa fille avec chaleur et sans complexe.

— Quel bonheur !

D'un geste tendre, il lui caressa les cheveux et s'illumina.

— Bonjour, Freya. Contente de te voir.

Elle, ce devait être Annabelle, élégante femme digne en corsage blanc et jupe à fleurs arrivant au mollet. Ses cheveux sombres étaient striés de gris et retenus par un bandeau. Son visage était marqué, mais avenant. En fait, elle n'avait rien d'une marâtre. Freya se laissa embrasser sur les deux joues.

La plus jeune restait en arrière, balançant son maillet. Une jolie brune tout en couleurs, aux lèvres pleines et aux yeux obliques qui lancèrent à Jack un regard entendu. Elle portait un corsaire blanc et un haut sans manches montrant des bras ronds et lisses.

— Salut, Freya.

— Salut, Tash.

Elles gardèrent leurs distances, se considérant avec des sourires crispés et un œil critique. « Aïe ! » songea Jack. Il y eut un silence gêné. Puis Annabelle s'avança avec un sourire de bienvenue et lui tendit la main.

— Vous devez être Michael, dit-elle.

Jack sentit une nouvelle pression autour de son bras.

— Lui, c'est Jack, corrigea Freya avec un air de défi. Mon... ami, Jack Madison.

— Excusez-moi...

Annabelle rougit.

— Je t'avais prévenue, marmonna Freya, irritée.

— C'est ta faute, Freya, tu en as tant !

Tash lança à Jack un sourire malicieux.

— Ravi de vous avoir parmi nous, déclara le père de Freya en s'avançant. Guy Penrose... et voici mon épouse, Annabelle. Maintenant, laissez-moi vous initier aux mystères du Pimms. Une étrange boisson anglaise, mais je crois que vous l'apprécierez.

Avec un certain soulagement, Jack l'accompagna à la table des rafraîchissements, loin du champ d'attraction affectif des trois femmes. Les hommes sont tellement plus directs... M. Penrose avait un petit cigare coincé dans le ruban effiloché de son panama. Jack l'aimait déjà. Ils conversèrent, debout, tandis que les ombres s'allongeaient et que les oiseaux filaient comme des flèches dans le ciel. La boisson ressemblait à un punch, pleine à déborder de fruits et de brins de menthe. Jack but goulûment. La fatigue du voyage s'évanouit. Il commençait à se plaire ici.

— Vous n'êtes pas avocat, hein ?

C'était Tash, lui coulant un regard par-dessous ses longs cils.

— Non, c'était Michael, répondit-il d'un ton sec.

S'il avait réellement été l'amant de Freya, il aurait été très agacé.

— C'est bien ce que je pensais. Les avocats sont *siiii* pénibles !

— Ah, merci ! fit Jack en riant.

— Qu'est-ce qui vous fait rire ?

Soudain, Freya était à son côté.

— Oh ! Freya... je voulais m'excuser. (Le visage de Tash se durcit.) Cela ne t'ennuie pas de ne pas être demoiselle d'honneur, hein ?

— Bien sûr que non !

— Tant mieux. Parce que, d'après papa, j'aurais dû te demander...

— Ça va. Jack ne me voyait pas vraiment en satin rose.

Jack se rappela le message sur son répondeur, une semaine plus tôt – un peu tard, songea-t-il, étant donné que le mariage serait célébré après-demain.

À présent, la jeune fille agitait les doigts sous le nez de sa sœur.

— T'as vu ma bague ?

— Oh, oui ! (Elle se pencha pour l'examiner.) Très jolie. Vraiment très jolie.

Sa voix n'était pas précisément chaleureuse, mais on sentait qu'elle faisait un effort.

— Des rubis... ça coûte un max, tu sais. Heureusement, Rolls gagne très bien sa vie. Je n'aurai pas besoin de travailler. Pas comme toi, ma pauvre, qui te crèves au boulot.

Freya haussa un sourcil. « Oh oh », songea Jack.

— C'est drôle, je croyais qu'une femme vertueuse n'avait pas de prix.

— Encore un peu de Pimms, vous autres ?

S'emparant de la cruche, Jack remplit d'autorité les verres.

— Guy chéri, pourquoi ne pas les aider à porter leurs valises pendant que je surveille le dîner ? proposa Annabelle. Vous devez avoir hâte de vous changer après ce long voyage.

— Bonne idée, fit Jack de tout cœur. Une petite douche, et je serai comme neuf.

Il fut étonné de les voir échanger un sourire complice.

— C'est un Américain, expliqua Freya.

Bien entendu, il n'y avait pas de douche. La prétendue salle de bains présentait très peu de ressemblance avec ce que Jack connaissait. Bien que somptueusement vaste, avec une belle fenêtre encadrée de pierre que Freya appela un « meneau », sa plomberie semblait presque aussi historique que le reste de la maison. Le siège des toilettes était un trône en acajou de grande capacité juché sur une estrade et surmonté d'une réserve d'eau en métal noir à laquelle pendait une chaîne digne d'une salle de torture. À en juger par la bibliothèque débordant de livres d'humour, ce devait être une habitude britannique que de passer une bonne partie de son temps dans cette posture, à rire à gorge déployée. Il y avait une immense baignoire à pattes de lion au milieu de la pièce, avec un robinet d'eau froide marqué « Chaud » et un robinet d'eau chaude marqué « Froid », ainsi que Jack le découvrit à ses dépens. Sans doute une ruse destinée à saper le moral de l'envahisseur allemand pendant la Seconde Guerre mondiale.

La maison dans son ensemble était un intrigant mélange d'Edgar Poe et de Mary Shelley. Il y avait un vestibule grand comme une grange avec un époustouflant plafond à grosses poutres. Il y avait aussi la chambre Élisabeth, la chambre Rouge, la chambre au Miroir et quelque chose qui portait le nom déconcertant de « Crypte ». Il y avait encore la « nouvelle » aile, datant du dix-septième siècle. Des bustes en bronze et des pendules pittoresques, des tapis persans grossièrement rapiécés, de hideux vieux canapés recouverts d'indienne, un meuble chinois peint et surmonté d'un chat vivant, qui clignait des yeux dans son sommeil. La décrépitude était partout : plâtre effrité, lambris fendus, taches de moisissure au plafond, tapisseries damassées en lambeaux aux murs. Difficile de savoir si les Penrose étaient très riches ou très pauvres. Freya l'avait conduit, à travers un dédale de corridors et d'escaliers, jusqu'à cette vaste chambre au mobilier sinistre et aux tapis en loques, sans rien expliquer, comme si tout cela était parfaitement normal. Tant pis. Il parviendrait bien à reconstituer le puzzle de l'histoire familiale. Peut-être même pourrait-il en tirer un roman. En attendant, observer Freya dans son habitat naturel était instructif.

Jamais il ne l'avait vue aussi nerveuse. Il n'aurait su dire si c'était à cause de sa famille ou de lui. Il jugeait, certes, un peu étrange de se retrouver avec elle dans cette chambre. Le très grand lit semblait être une invite, ce qui poussait Freya à se retirer sur des hauteurs glaciales tandis que lui-même tentait des blagues idiotes. Pourtant, c'était bien elle qui cherchait désespérément un petit ami, et il ne demandait qu'à jouer ce rôle. Ce pourrait être amusant.

Elle défit ses bagages ; il défit ses bagages. Il plaça son pyjama – acheté tout spécialement pour l'occasion dans un souci de décence – sur un côté du lit. Après une légère hésitation, elle plaça le sien – rose pâle, gansé de noir – sur l'autre. Jack en ressentit un certain émoi, jusqu'au moment où elle prit son pyjama pour aller le placer d'un air entendu sur la méridienne. Puis il alla se changer dans la salle de bains ; elle fit de même, revenant dans un pantalon moulant blanc et un haut lilas assorti à son teint. Tandis qu'elle tripotait ses cheveux, il se posta à la fenêtre pour jouir de la vue magique sur le jardin, les prairies à moutons et le distant croissant de mer. Pas de route en vue, pas de fils électriques ni de voitures, rien pour rappeler le vingtième siècle.

Enfin, elle fut prête, subtilement transformée. Il lui ouvrit la porte d'un grand geste du bras.

— Après vous, ma mie.

Freya tourna sèchement la tête. Elle était si hautaine qu'il en rit.

— Allons, quoi ! On est en Angleterre. Il ne pleut pas. Et nous sommes passionnément amoureux. Profitons-en !

Il lui offrit son bras. Elle capitula avec un petit sourire.

— D'accord... chéri.

Ils descendirent le grand escalier pour dîner, bras dessus bras dessous.

Freya se retourna pour la énième fois. Elle avait essayé toutes les positions concevables sur cette maudite méridienne, et toutes étaient une torture. Si elle s'asseyait correctement contre le dossier, elle attrapait un torticolis. Si elle se couchait de tout son long, jambes par-dessus l'extrémité rigide, le sang n'arrivait plus à ses pieds. Si elle se recroquevillait, son os iliaque s'engourdissait et elle attrapait des crampes aux jambes. Chaque fois qu'elle bougeait, l'édredon glissait, exposant des parties de son anatomie au froid humide de la nuit. Il était presque deux heures du matin, elle le savait grâce à cette fichue horloge qui sonnait tous les quarts d'heure dans l'escalier.

Dehors, un chat-huant faisait ce que font tous les chats-huants. Dedans, un doux ronflement régulier émanait de Jack, profondément endormi dans le lit à baldaquin. Freya brûlait d'aller le rouer de coups. Comment osait-il dormir sans s'inquiéter de rien, alors qu'elle était si mal ? Elle se redressa, agacée, et jeta un regard fulminant dans sa direction. La lune était pleine et les rideaux usés. On pouvait voir la tête du dormeur divinement nichée dans un amas moelleux d'oreillers, et la grande masse étalée de son corps. Comment pouvait-il être là, et elle ici ?

Elle se rallongea sur son lit de douleur. C'était sa faute. Jack avait prétendu que le matelas était bien assez grand pour deux, mais elle n'avait pas beaucoup aimé la façon fringante avec laquelle il avait fait cette suggestion. C'était elle qui avait proposé, pour couper court à toute discussion, de le jouer à pile ou face, et elle avait perdu. Maintenant, elle s'en voulait d'avoir été si bêtement équitable et maudissait Jack d'avoir accepté sa victoire aussi facilement. Un vrai gentleman aurait protesté, préférant dormir par terre plutôt que de priver une dame de son confort.

Mais Jack n'était pas un vrai gentleman, il faisait juste semblant. Freya rumina sa comédie au dîner, quand il s'était introduit sans vergogne dans les bonnes grâces de tous. « Laissez-moi porter cela, madame Penrose... Merveilleux cigare, monsieur Penrose. » Même Tash avait ravalé ses commentaires grinçants.

Parfaitement à son aise, avec cette chemise bleue et ce pantalon repassé qu'elle ne lui connaissait pas – et sa nouvelle coupe de cheveux –, il les avait régalés de ses anecdotes sur sa ville natale et de son drôle d'accent sudiste. Son père était même allé chercher spécialement une bouteille de porto à la cave, comme si Jack était un bon garçon et non cette brute épaisse et sans cœur.

« Hou, hou », ululait la chouette. « Ting, ting », tintait l'horloge. « Rrr, rrr », ronflait Jack. « Sauve qui peut », suppliait une bestiole à laquelle elle préférait ne pas penser.

Rejetant l'édredon, Freya se leva. Assez. Si ça continuait, elle serait hagarde et grisâtre demain. C'était déjà assez pénible d'être la grande sœur de Tash, inutile en plus d'être prise pour sa mère. Marchant d'un pas d'éléphant jusqu'au lit, elle toisa le dormeur d'un œil mauvais. Il était allongé sur le dos, au beau milieu du matelas, dans la noble et stupide posture d'un bœuf abattu.

— Jack...

Pas l'ombre d'une réaction.

Elle hésita. Elle était si lasse – et gelée. Est-ce que de parfaits étrangers ne se réchauffent pas ensemble quand ils sont perdus dans les alpages ? Des cow-boys dorment même avec leurs *chevaux* ! Quelle importance si elle empruntait un tout petit coin de lit, juste pour quelques heures ? Jack n'en saurait rien, si elle se réveillait assez tôt le lendemain pour retourner à sa méridienne. C'était le plus pratique. Posant la main sur son épaule, elle le repoussa. Il se tourna docilement, lui laissant un bel espace libre. Freya grimpa dans le lit.

Le paradis... ! Elle enfonça la tête dans l'oreiller et allongea ses jambes avec volupté. Les draps étaient délicieusement tièdes et fleuraient bon un léger parfum masculin, aussi doux et réconfortant que l'odeur du pain frais. Elle faillit en grogner de plaisir et de soulagement. Ses contractions musculaires commençaient déjà à se dissiper quand Jack fit soudain un bruit effrayant, se retourna et jeta un bras pesant en travers de sa taille. Freya se renfrogna. Cela, sans doute, était sa réaction machinale à une présence féminine dans son lit. Elle souleva son bras et le reposa sur la couverture. Au bout de quelques secondes, il poussa un grommellement endormi et le remit à la même place. Elle le reposa de nouveau. Il le remit de nouveau et, cette fois, la serra contre lui avec un petit gémissement satisfait. Freya abandonna. Elle était bien installée, au chaud, et avait sommeil. Vraiment, elle était... très très bien. Ses yeux se fermèrent. Son esprit se mit à vagabonder.

C'était l'automne. Les rues étaient pailletées de feuilles aussi dorées que les cheveux de Jack quand il avait hurlé vers sa fenêtre qu'il avait vendu sa première histoire. Elle avait dévalé l'escalier pour lui dire qu'elle aussi avait une merveilleuse nouvelle. Enfin, elle avait décroché la carte verte, ce précieux document qui lui permettrait d'exercer des métiers corrects, correctement payés, au lieu de trimer pour des salaires de misère. Pour fêter leur vieille amitié, leur nouvelle fortune et la gloire imminente, ils avaient décidé de s'offrir un restaurant de luxe. Jack avait déniché un smoking, elle s'était pomponnée, et ils avaient pris un taxi comme un couple de gens huppés. Là-bas, ils avaient commandé sans compter, trinquant sans arrêt pour se congratuler, et se faisant goûter mutuellement leurs plats. Jack avait fumé un cigare, elle aussi, pour ne pas être en reste. Ils avaient parlé, discuté et ri jusqu'au moment de payer la scandaleuse addition, et ils étaient rentrés éméchés. Jack l'avait raccompagnée à sa porte, ils s'étaient dit bonsoir – puis il avait tout gâché en lui sautant dessus et en déclarant qu'il voulait coucher avec elle. Comme ça ! Sans préambule romantique, sans tentative pour lui faire la cour, juste l'attaque brutale des hommes immatures quand ils sont ivres. Il en avait envie, Freya était à sa portée – pourquoi pas ? Elle avait dit non, bien sûr. Pour qui la prenait-il ? L'incident n'avait plus jamais été mentionné, même si son souvenir était comme une épine dans leur amitié. Il avait sans doute tout oublié.

Freya eut un petit rire silencieux. Voilà qu'elle était, après tout ce temps, au lit avec Jack Madison. Ce n'était pas si mal. Mais, bien sûr, il dormait. Elle s'installa plus confortablement, calant le dos contre sa poitrine, bâilla langoureusement. Surtout, ne pas oublier de se réveiller demain matin. Oui. Pas de problème.

La respiration de Jack était devenue plus régulière. Sa tête reposait à trente centimètres de la sienne. Qu'est-ce qu'il y avait donc dans cette caboche ? Quels rêves de femme, de gloire, de sombres déambulations, de poursuites ? Elle bâilla de nouveau. Ses yeux se fermèrent. Elle dormait.

23

Jack se réveilla avec une formidable sensation de bien-être. Chacun de ses muscles était détendu, chaque membre, d'une exquise pesanteur ; tout son squelette était reposé. Pendant un moment, il resta immobile dans ce douillet cocon, à reprendre lentement connaissance, incapable de soulever ne fût-ce qu'une paupière.

Peu à peu, il enregistra des indices de son environnement : pas de bruit de circulation, pas de sirène, pas de grondement souterrain ni de vrombissement mécanique, juste l'inepte et plaisant babil des oiseaux ainsi que l'apaisant murmure d'une distante tondeuse à gazon. Ça sentait l'herbe fraîche et le bacon grillé. Une lumière dorée dansait à la périphérie de ses paupières closes, gage d'une matinée ensoleillée. Il ouvrit en grand la bouche pour un long, un interminable bâillement. Ô l'Angleterre, en juin. Un sourire satisfait flottait sur ses lèvres quand il ouvrit les yeux, roula la tête sur l'oreiller et faillit mourir de stupéfaction : quelqu'un dans son lit ! Une femme, dont la courte tignasse blonde lui était extrêmement familière.

Il se leva d'un bond et resta planté sur la carpette effrangée en se lissant frénétiquement les cheveux. Quoi ? Comment ? Quand ? La méridienne était vide. Au sol, l'édredon dans lequel Freya s'était enveloppée la veille. Leurs vêtements respectifs étaient posés, nets, sur des fauteuils distincts. Rien n'indiquait un...

comportement inopportun. Frappé d'une soudaine pensée, il abaissa un regard affolé sur son propre corps : il avait toujours son pyjama – les deux moitiés. Contournant le lit à pas de loup, grimaçant au moindre grincement du parquet, il alla scruter son visage. Elle dormait à poings fermés. Le drap lui arrivait au menton ; impossible de savoir ce qu'elle portait. Sans doute se rappellerait-il si... ? Il n'aurait pas dû abuser du porto.

Comme elle dormait paisiblement... Les croissants jumeaux de ses cils étaient immobiles, ses lèvres à peine entrouvertes pour laisser passer le flux et le reflux de sa respiration. Elle était couchée sur le côté, une joue câlinant l'oreiller, l'autre légèrement rose et luisante. Jack sourit de la voir aussi silencieuse et désarmée. Comme consciente de son indiscrétion, elle prit tout à coup une profonde respiration. Jack se recula vivement, mais elle ne fit que changer de position. Pourtant, elle pouvait se réveiller à chaque instant, et il aurait bonne mine, pris comme un lapin au piège de ce farouche regard bleu. Mieux valait battre en retraite dans la salle de bains afin d'examiner sa situation.

Tandis qu'un filet d'eau chaude coulait dans la baignoire avec parcimonie et moult gargouillis, il se mit torse nu et savonna son visage à l'aide du blaireau. Des yeux inquiets le contemplaient dans le miroir. Ce n'était pas la première fois qu'il découvrait au réveil une femme dans son lit. Il était toujours gênant de ne pouvoir se rappeler comment elle avait atterri là – ni même qui elle était –, bien que, pour être juste, cela ne lui était pas arrivé depuis longtemps. Mais Freya ! C'était plus que gênant : inconcevable.

Il se rappela avec embarras l'affront qu'elle lui avait infligé, quelques années plus tôt, quand elle s'était refusée à lui...

Ouille ! Il s'était coupé au menton. Ouvrant le robinet d'eau froide, il tamponna la petite entaille. L'eau du bain avait atteint une vingtaine de centimètres. Quittant son pantalon de pyjama, il enjamba la baignoire et glissa contre la surface granuleuse. « Je veux coucher avec toi. » Jack ferma les yeux. Voilà ce qu'il lui avait dit. Quelle brutalité, quel suprême manque de tact ! Après un silence froid, elle avait souri, moqueuse, et, haussant ses sourcils fabuleux, avait répondu : « Enfin, Jack, je suis bien trop vieille pour toi ! »

Ce souvenir le fit se redresser dans un tourbillon d'eau et chercher le savon, juste pour s'occuper les mains. Il examina ce gros morceau brun et résineux d'un œil soupçonneux, puis s'en frotta vigoureusement la peau. Une femme frigide, voilà ce qu'elle était – ou plutôt ce qu'il avait pensé en rentrant chez lui, ulcéré, car ses aventures à répétition suggéraient que c'était loin d'être le cas ; simplement, il n'était pas son type. Heureusement, elle n'avait plus mentionné cet épisode et il espérait qu'elle l'avait oublié. Mais il restait cuisant dans sa mémoire. Il s'était bien juré de ne jamais, jamais refaire la même erreur.

Alors, hier soir ? Pouvait-il... ? Avait-elle... ? Il aperçut une grosse araignée noire tapie avec malveillance au plafond et décida qu'il avait tout intérêt à découvrir la vérité. Libérant la bonde en cuivre, il enroula la chaîne autour d'un des robinets et sortit du bain pour poser le pied sur une sorte de caillebotis datant de la Première Guerre mondiale, qui apparemment servait de tapis de bain. L'affreuse vérité, c'est qu'il n'avait gardé aucun souvenir de cette nuit.

Les reins ceints d'une maigre serviette, il jeta son pyjama sur l'épaule et déverrouilla la porte. Voyons : fallait-il descendre par cet escalier-là, puis tourner à droite... ou à gauche ? Il était complètement perdu, quand une voix effrontée déclara :

— Bonjour, Tarzan. Bien dormi ?

Il se retourna pour voir Tash, à moitié enveloppée dans un machin de soie rose, qui le jaugeait du regard.

— Euh, oui... merci.

Son sourire angélique suggérait qu'elle connaissait ses activités de la nuit, même si lui les ignorait. Il posa la main sur sa serviette pour vérifier que tout était en place.

— Votre chambre, c'est par là... Ici, c'est l'aile familiale.

Elle fit un pas en arrière et agita les doigts.

— Alors, à plus tard...

Jack la regarda s'éloigner. Sur le coup, il se demanda pourquoi Freya n'était pas logée dans l'« aile familiale », puis il n'y pensa plus et tourna dans la direction indiquée. Il bombait un peu le torse en marchant. Tarzan, hein ?

Ayant retrouvé la porte de sa chambre – de leur chambre –, il resta à l'extérieur, l'oreille tendue. Tout était calme. Peut-être était-elle en train de dormir, ou de prendre son petit déjeuner en bas. Cette dernière pensée était réjouissante ; ce serait bien plus facile d'être confronté à elle en public. Posant la main sur la poignée, il la tourna furtivement jusqu'à ce que le battant cède sous sa discrète pression, fit un pas en avant et reconnut les lieux.

Freya était allongée contre les blancs oreillers, bien réveillée et le regardant en face. Un sourire rêveur, content, flottait sur son visage.

— Bon... bonjour, dit-il.

— Bonjour.

Sa voix enrouée, comme sa façon d'effleurer son torse du regard, semblaient ajouter les mots « mon grand ».

Pour gagner du temps, il referma la porte et choisit un terrain neutre au milieu de la pièce, histoire de la surveiller à une distance prudente. Elle avait l'air plutôt sexy, dans le genre décoiffé et espiègle, mais le drap était tiré sur son menton ; difficile de savoir si elle avait des vêtements sur le corps.

— Tu... tu as bien dormi ? tenta-t-il.

— Hmmm... merveilleusement.

Ses paupières s'abaissèrent avec ravissement, ne laissant que deux fentes d'un bleu étincelant.

— Bien sûr, je n'ai pas vraiment *dormi* tout le temps.

Jack opina gravement, en se demandant ce que ça pouvait bien vouloir dire. Il se sentait stupide dans cette tenue, mais comment s'habiller sous ses yeux ? Pour compenser, il se surprit à se conduire comme John Wayne. Ajustant virilement son pyjama par-dessus son épaule, il rentra le ventre et tendit le pouce en direction de la méridienne.

— C'était comment... ?

— Affreux !

Elle eut un frisson délicat.

Jack opina de nouveau, en pointant la mâchoire. S'il avait eu une chique de tabac dans la bouche, il l'aurait crachée par terre.

— Non, tu avais raison, Jack. Le lit c'était... beaucoup mieux comme idée.

Il déglutit. Ses mains pendaient, larges comme celles d'un bandit prêt à dégainer.

Elle se tortilla dans les draps en poussant un voluptueux soupir.

— Oh, Jack ! Quelle nuit inoubliable, non ?

Il ouvrit de grands yeux.

— Ça... tu... l'as dit... !

Comme le silence s'éternisait, il comprit douloureusement que ce n'était pas la bonne réponse. Le sourire de Freya s'effaça.

— Quoi, tu ne te rappelles rien ?

— Eh bien... je me sens en superforme. (Il se cogna

la poitrine, dans le genre Tarzan.) Mais les détails m'échappent un peu.

— Oh, Jack ! Comment as-tu pu oublier ? (Sa voix était tremblante de reproche.) La maestria avec laquelle tu as arraché les couvertures... Ce puissant hennissement, tel le cri de l'étalon sauvage... La façon si sexy dont tu te retournais dans le lit comme un hittopo... hippopotame...

À ce moment-là, Freya riait si fort qu'elle dut se mettre à genoux pour reprendre sa respiration. Secouée d'hilarité, elle bascula en avant, en se tenant le ventre. La couverture tomba, révélant qu'elle était vêtue d'un jean et d'un tee-shirt.

— Très drôle...

Il aurait dû s'en douter. D'ailleurs, il s'en était douté. Marchant d'un pas digne vers la penderie, il en sortit une chemise tandis que son esprit ourdissait une prompte vengeance.

Freya se tamponnait les yeux.

— Franchement, Jack, tu aurais dû te voir, ronflant la bouche ouverte. Cela aurait été comme de faire l'amour avec une baleine sous tranquillisants.

Très calme, il commença à boutonner sa chemise.

— Moi, au moins, je ne parle pas dans mon sommeil.

— Quoi ? Tu prétends que je parle... ? (Elle fronça les sourcils.) N'importe quoi.

Il haussa les épaules.

— Si tu ne veux pas savoir ce que tu as dit, je me tais.

— Je ne parle jamais dans mon sommeil.

— Comme tu voudras.

— Qu'est-ce que j'ai dit, alors ?

— Je ne sais pas si je dois...

— Allez !

— Supplie encore.

— Dis-le-moi !

— D'accord.

Joignant les mains telle une demoiselle, il battit des cils, prenant une voix de soprano :

— Oh ! Jack, comme tu es beau, comme tu es intelligent ! Oh ! Jack, Jack... sois gentil avec moi ! *Ouf !*

Un oreiller l'atteignit à la figure. Il le lui renvoya. Elle lui en lança un autre. Bientôt, la bataille fit rage. Jack visait mieux, mais Freya trichait en se cachant derrière les montants du lit. Elle dut sortir malgré tout pour récupérer les oreillers, et c'est durant une telle tentative que Jack réussit à la cueillir de plein fouet, la déséquilibrant. Il leva les bras en signe de victoire, oubliant un moment que sa serviette était mal ajustée. Il la sentit se desserrer et glisser à terre. Pendant ce temps, Freya s'accrochait follement à l'une des tentures, qui soudain céda et s'effondra sur sa tête. Elle se débattit sous ses plis poussiéreux, émergeant avec du duvet aux cils et une marque sur le nez, juste au moment où Jack recouvrait en vitesse sa nudité. Tout autour d'eux, une tempête de plumes tombait lentement jusqu'à terre.

Leurs yeux se rencontrèrent, concluant une trêve.

— On déjeune ? dit Jack.

24

Ils trouvèrent Annabelle à la cuisine dans une humeur de sergent-major, verres à double foyer sur le nez et écritoire en main. Tandis que Freya préparait toasts et œufs brouillés pour Jack et elle-même, des garçons à boucles d'oreilles et des villageoises à tablier se succédaient dans la pièce, prenant des ordres à propos de marquises, de fleurs, de traiteurs, de voitures et de draps de lit. Une douzaine d'invités passerait la nuit à la maison, dont deux demoiselles d'honneur et les parents de Roland (« épouvantablement riches... nous devons faire bonne impression ») ; on avait réservé des chambres pour Roland et ses copains au pub. La plupart des « jeunes gens » viendraient en train de Londres, il faudrait aller les chercher à la gare et les véhiculer. Le père de Freya s'était rendu à Truro pour y prendre un livre qu'il avait commandé (« Aujourd'hui, vraiment, ton père est impossible ! »). Tash, apparemment nerveuse, était retournée se coucher, « pauvre petite ». Depuis toujours, Annabelle avait la manie de confier à sa belle-fille des corvées ménagères – cueillir des roses pour décorer la table, ou administrer le vermifuge aux chiens –, et Freya n'avait jamais eu le courage de dire non. Elle mâchait lugubrement son déjeuner, en attendant le coup de hache.

Mais il ne vint pas. Jack persuada Annabelle de cesser ses allées et venues pour s'asseoir près de lui avec une tasse de café. Il prit connaissance de la liste, l'écouta énumérer toutes les choses à faire et expliquer pourquoi elle ne serait *jamais prête* ! Puis il emprunta son crayon et réduisit par miracle le tout à cinq têtes de chapitre sur une simple feuille de papier. Il cerna l'une des entrées, l'étiqueta « F et J », et rendit la liste à une Annabelle médusée.

— Nous serons de retour vers six heures, lui dit-il.

Les tâches pour lesquelles il s'était porté volontaire comprenaient le fait de passer au pub, réceptionner une commande de poissons frais dans un village que Freya avait l'intention de lui montrer de toute façon, et de prendre Roland et deux de ses amis à la gare en fin d'après-midi. En d'autres termes, ils avaient la journée à eux.

— Comment as-tu fait ça ? demanda Freya en l'accompagnant à la voiture.

— Oaksboro est plein de femmes dans son genre : jamais aussi heureuses que lorsqu'elles sont occupées, mais adorant se plaindre. Annabelle n'est pas méchante. Elle a simplement un peu peur de toi.

— De moi ?

Freya se figea sur place. Elle se rappela toutes les fois où elle avait ravalé son ressentiment et poliment accepté de faire quelque chose, pour que sa belle-mère ne puisse pas se plaindre d'elle.

— Pourquoi ? Qu'ai-je de si effrayant ?

— Tu es une fille de la grande ville, intelligente, blonde, et son mari t'adore. Elle, c'est une mère de famille provinciale d'âge mûr qui s'efforce d'être à la hauteur.

D'un geste ample, il désigna les poules, le jardin et la grande maison décatie – et même, peut-être, son père.

— Te mettre à contribution, c'est sa façon de te dire que tu fais partie de la famille, et qu'ici c'est ton foyer

– même si tu y viens rarement et si tu la bloques complètement. Ça ne te tuerait pas d'être plus aimable avec elle, tu sais. Bon, qui prend le volant ?

Freya était tellement estomaquée par cette séance de psychanalyse à l'emporte-pièce qu'elle entendit à peine la question. Annabelle était la marâtre qui s'était imposée dans sa vie afin de lui voler son père. La femme qui avait collé à ce dernier une seconde fille alors qu'il en avait déjà une faisant très bien l'affaire. L'idée qu'elle pût aussi être un individu ordinaire, avec ses forces et ses faiblesses, était révolutionnaire. Freya sentit que Jack la regardait avec curiosité, la main tendue pour recevoir les clés de la voiture. Elle se cacha derrière ses lunettes noires.

— Je conduis.

D'abord, ils descendirent gaiement jusqu'au pub chaulé dominant l'estuaire, où Roland et compagnie allaient loger, pour s'assurer que tout était en ordre, conformément aux instructions de la maîtresse de maison. Puis Freya se dirigea vers la mer, empruntant des petits chemins sinueux, ourlés de haies croulant sous chèvrefeuilles et églantiers. Le soleil était haut et chaud dans le ciel d'azur. Par les vitres ouvertes, on percevait la cacophonie des mouettes et l'odeur un peu métallique de la mer. Pour la première fois depuis son arrivée, elle commençait à se détendre. À part le fait d'avoir trop dormi et de s'être réveillée dans le lit de Jack, erreur dont elle estimait s'être brillamment tirée, tout allait bien. La journée s'annonçait belle. Elle fit un crochet par son église préférée, dressée sur une plage de sable, si près de la mer que lors de tempête les vagues balayaient la nef ; mais la bâtisse tenait bon depuis cinq siècles et resterait encore debout aussi longtemps. Puis elle repartit à l'intérieur des terres et s'arrêta au village, où le poissonnier tenait boutique sur un quai pavé. Des bateaux de pêche dansaient dans le petit port cerné de cottages gris ; Freya constata que la marée descendait. Après en avoir terminé avec la commande d'Annabelle, elle ajouta la sienne : des genres de petits pains croustillants fourrés à la chair de crabe frais qu'elle glissa dans un sac à dos contenant déjà une bouteille d'eau, un sachet de prunes juteuses et des affaires pour nager. Son plan, auquel Jack avait adhéré au petit déjeuner, était de prendre à partir de là le sentier qui menait à la plage, pour y pique-niquer et s'y baigner.

Elle allait avec lui à la campagne pour la première fois et ne savait pas comment il se comporterait. Et s'il était de ces pauvres mecs qui ne veulent jamais descendre de voiture et salir leurs chaussures et qu'on doit féliciter d'avoir survécu à toute « marche » plus éprouvante qu'une simple balade sur terrain plat ? En fait, il progressa à bonne allure, portant le sac à dos, avec l'air de tout apprécier, depuis l'ingénieuse construction des échaliers en pierre jusqu'aux moutons cocasses qui broutaient sur les promontoires herbeux, en passant par le fait que les fleurs magenta jaillissant de feuilles en forme d'épée portaient localement le nom de « Jack siffleurs ». Le sentier étroit montait et descendait à travers fougères et haies de ronces qui leur arrivaient à la taille, passait sur des falaises balayées par le vent, devant les tours en ruine de carrières de cuivre abandonnées, contournait des anses couvertes de galets et des terrains de caravaning bourdonnant d'activité. Ils finirent par dominer une étendue arrondie de sable lisse, léchée par une mer d'un bleu tentant. Ayant dévalé un raidillon à pic en s'aidant des pieds et des mains, ils finirent, en nage et couverts de poussière, par s'écrouler sur un coin charmant de cette plage presque déserte. Une petite grotte creusée dans la falaise prodiguait un peu d'ombre pour le pique-nique et assez d'intimité pour que Freya puisse aussitôt passer son bikini.

— Le dernier à l'eau est une mauviette ! hurla-t-elle en sprintant sur le sable avant de se jeter dans les vagues. Elle est bonne, ajouta-t-elle, serrant les dents contre le froid glacial.

Elle le vit plonger après elle et éclata de rire quand il resurgit avec un braillement de protestation. Elle resta juste le temps nécessaire pour prouver combien elle était une dure à cuire, puis ils se poursuivirent sur le sable afin de se réchauffer et remontèrent lentement en examinant coquillages et empreintes de pattes d'oiseaux, effarouchant de petits crabes qui se sauvaient dans leurs trous. Ils déjeunèrent assis sur leurs serviettes, observant au loin les bateaux de pêche qui tremblotaient sur l'horizon brumeux, puis s'allongèrent sur le ventre pour bronzer et jouer au morpion dans le sable. À bâtons rompus, ils évoquèrent des souvenirs de vacances, leurs amis communs, les films qu'ils avaient vus, discutèrent du choix idéal : vivre à la campagne ou à la ville, jusqu'à ce que le soleil et le bruit du ressac les réduisirent à un silence satisfait. C'est seulement quand Freya sentit l'ombre fraîche de Jack sur son corps et entendit sa voix lui rappeler l'heure qu'elle eut conscience d'avoir dormi. Sur le chemin du retour, elle le laissa marcher en tête, les yeux fixés sur ses mollets bronzés et le va-et-vient de ses tennis fatiguées. Elle se sentait étourdie par le soleil. Sa peau la picotait agréablement sous l'action de la chaleur et du sable.

Revenus au village, ils rangèrent des caisses de poissons, conservés sur de la glace pilée, dans le coffre de la voiture et se dirigèrent vers la gare. Freya ne connaissait Roland que de nom. Elle savait juste qu'il avait vingt-neuf ans et exerçait une activité lucrative dans l'immobilier. Tash s'était vantée de son appartement ultrachic dans un ancien entrepôt reconverti au sud de la Tamise, avec sa vue fabuleuse sur la Tour de

Londres, qu'il avait acquis pour une bouchée de pain grâce à une combine quelconque. Mais quand le train arriva, il aurait été difficile de se tromper sur l'identité des trois jeunes gens qui descendirent bruyamment sur le quai, chemise bariolée flottant sur leur large short. Le trajet avait duré cinq heures et ils donnaient l'impression d'avoir passé tout ce temps à boire. Ayant chargé leurs valises sur un diable, deux d'entre eux le poussèrent sur le quai en zigzaguant à toute vitesse, tout en chantonnant : « Voici le fiancé ! » tandis que le troisième, sans aucun doute Roland, se tenait perché au-dessus, en équilibre précaire. Brun, le teint très clair, les paupières lourdes, il était assez beau garçon dans le genre impertinent. Au moment où Freya se présenta, il lorgna ses jambes nues et lui dit qu'elle pouvait le draguer à tout moment, argh argh. Ses amis s'appelaient Jamie (le brave type fou de sport, estima Freya en elle-même) et Sponge (boucles blondes, collège privé, snob). Tous les trois étaient si survoltés que sans Jack elle n'aurait jamais réussi à caser leurs bagages ni à les faire se serrer, en protestant, sur la banquette arrière.

— Comment va ma petite Tash ? demanda Roland, tandis que Freya accélérait en sortant du parking. Pas encore changé d'avis, j'espère ?

— Bien sûr que non.

— Pas de veine, Roll, plaisanta Jamie. Tu es un homme maqué.

Et il fredonna les premières mesures de la *Marche funèbre*.

— Laisse tomber !

— Il a raison, tu sais, déclara Sponge. « Jusqu'à ce que la mort nous sépare », *et caetera*.

— La ferme !

— Ou le divorce, j'imagine, ajouta Sponge.

— La ferme !

Freya entendit un bruit de gifle côté banquette.

— Remarque, tu as encore la nuit devant toi... (Jamie baissa la voix de façon suggestive.) Il est toujours temps de faire machine arrière.

— Comme l'actrice disait au...

— Chut !

Le trio se perdit en ricanements et gros éclats de rire. Une aigre odeur de bière et de cigarettes se répandit dans la voiture. Roland réclama le silence pour donner un important coup de fil professionnel de son portable ; il y avait une grosse commission à la clé. Jetant un coup d'œil à Jack, Freya fut amusée de le voir hausser un sourcil complice.

Vraiment, il s'en tirait très bien. Elle qui voulait un homme capable de faire bonne impression... jusqu'à présent il s'était surpassé. Elle se félicita d'avoir misé sur lui. Un ami est tellement plus reposant qu'un amant. Les amis sont fiables et faciles à vivre : inutile d'être séduisante à chaque seconde de la journée. Partager la chambre ne constituait même pas un problème. Soudain, le visage de Cat s'imposa à son esprit, quand elle s'était penchée vers elle, au restaurant chinois, pour la mettre en garde contre d'éventuels assauts. Ridicule. Freya se demanda distraitement ce que son amie pouvait avoir programmé pour sa soirée. Voyons... Vendredi soir. Sûrement en train de regarder *Friends* à la télé en faisant la dînette sur ses genoux. Elle eut une pensée attendrie. Cette brave Cat.

De retour à la maison, elle s'accorda une petite sieste pendant que Jack prenait un bain. Puis ils permutèrent. Au moment où elle retournait dans la chambre, Jack avait disparu, lui laissant avec tact la possibilité de s'habiller pour la soirée. Debout près de la fenêtre, elle se pencha sur le miroir à main, s'efforçant de capter la lumière d'un soleil encore ardent à travers des lambeaux de nuages tout roses. Ses joues étaient légèrement hâlées, et ce n'était pas un mal. Elle décida de laisser sa peau tranquille. Ce soir, elle opterait pour le look naturel – enfin, pas trop : elle attrapa son fidèle mascara. Maquillée et coiffée, elle se glissa dans sa robe – le modèle de sirène turquoise qu'elle avait étrenné à Coney Island – et s'assit devant la coiffeuse pour vérifier le résultat dans la glace. Pas mal.

On toqua à la porte.

Freya saisit un peigne.

— Oui ?

— C'est moi, fit Jack en ouvrant. Pas encore prête ? (Il s'avança et fit une pause.) Oh... la panoplie de sirène !

— Dommage que tu n'aimes pas. Je n'ai pas d'argent à dépenser en frais supplémentaires.

— Qui a dit que je n'aimais pas ?

Lui-même portait un jean d'un blanc immaculé, une chemise en lin bleu électrique et des tennis noires à lacets blancs. Ses cheveux blonds étaient propres et peignés, lissés en arrière. Avec son large visage bronzé, on aurait dit M. Amérique en personne.

Il vint se pencher à côté d'elle afin de vérifier l'impression qu'ils donnaient, dans une proximité qui lui sembla déconcertante.

— Le couple parfait, lança-t-il avec un sourire.

Croyant qu'il se moquait, elle bondit sur ses pieds.

— Avant de rejoindre les invités, je dois remettre ça à ma sœur...

Elle ôta du lit un grand paquet enveloppé dans du papier cadeau.

— Laisse-moi le porter.

— Pourquoi ? dit-elle, soupçonneuse.

— Pourquoi pas ?

Il lui prit doucement le cadeau des mains.

Tash et Roland tenaient leur cour dans la bibliothèque du rez-de-chaussée, nageant parmi les papiers froissés et cernés par le butin des mariés : serviettes de bain à leurs monogrammes, pots de confiture en cristal, gadgets chromés, bols japonais, tasses à café italiennes, draps en coton d'Égypte et les innombrables objets indispensables du monde moderne. À genoux, rouge de plaisir, Tash déchirait du papier sous les regards admiratifs de ses amies. La scène rappela à Freya tous ces anniversaires qu'elle avait subis, avec Tash en reine de la fête et elle-même en soubrette d'une timidité paralysante. Assis près de sa promise sur le canapé, Roland fumait rêveusement une cigarette pendant que Tash poussait des « oh ! » et des « ah ! » à chaque nouvelle découverte. « Une machine à faire les pâtes ! Génial. » Elle portait une robe légère et satinée, presque une nuisette – rose fuchsia sur un soutien-gorge turquoise.

Freya reprit son paquet. Profitant d'un trou dans le déroulement du rituel, elle fit un pas en avant et le tendit à Tash avec son plus beau sourire. Ignorant le message sur la carte, qui avait coûté tant d'efforts à son auteur, cette dernière se mit à déchirer le papier.

— Mince, c'est quoi ? (Elle le passa par-dessus sa tête à Roland.) Au fait, vous autres, voici la fille que papa a eue de sa première femme – celle qui est morte. Et ce beau mec est son petit ami. Alors, les filles, bas les pattes !

— C'est une peinture, fit Freya d'une voix légère. D'un jeune artiste que je défends et que je crois promis à une brillante carrière.

Roland considérait le tableau la tête inclinée sur une épaule, puis sur l'autre. De la fumée sortit de ses narines.

— Ça se regarde dans quel sens ?

Tash gloussa, puis lorgna sa sœur. Ses yeux luisaient comme des braises.

Freya s'efforça de sourire.

— Mettez-le au grenier si vous n'aimez pas, mais je vous conseille de ne pas vous en défaire. Cela pourrait valoir très cher, un jour.

— Ah, d'accord.

Soudain ragaillardi, Roland s'extirpa du canapé pour donner à sa future belle-sœur un baiser un peu trop baveux.

— Merci beaucoup. C'est sympa. Ça nous change de tous ces porte-toasts, n'est-ce pas, chérie ?

— Hmm... Oh ! regarde ce que Lulu nous a offert, Roll : une cruche en forme de cochon. Comme c'est mignon !

Freya se tenait très raide, souriant vaguement à un flou bariolé de papiers cadeau et de robes habillées, avec la sensation d'être aussi déplacée qu'une cigogne parmi des pigeons roucoulants. Dès que l'attention générale se reporta ailleurs, elle capta le regard de Jack et battit en retraite par les portes-fenêtres. Ses talons claquaient sèchement sur la terrasse de pierre, surprenant un merle caché derrière une irrégulière colonne de cartons.

— En tout cas, moi, j'aime, affirma Jack. C'est un portrait, non ?

— Bien sûr ! Même toi, tu es capable de le voir. (Elle croisa les bras.) Pourquoi faut-il qu'elle soit toujours aussi méchante ?

— C'est juste une jeune personne qui va se marier demain. C'est un grand moment pour elle.

— « Voici la fille que papa a eue de sa première femme... » Elle n'arrive même pas à prononcer mon prénom à haute voix. Quand je pense au mal que je me suis donné pour lui faire un cadeau original.

— Laisse tomber. Elle est sans doute un peu jalouse. Toi, tu es vraiment la fille de ton père, et elle le sait. Tu es plus grande, plus intelligente, et tu as un super beau mec. Comment ne pas être jalouse ? Maintenant, allons rejoindre les autres.

Il lui entoura les épaules.

— Qu'est-ce que tu fais ?

Freya se déroba par des contorsions.

Des yeux d'un bleu serein plongèrent dans les siens.

— Je joue mon rôle. Nous sommes à une fête, et tu es ma petite amie, tu ne te rappelles pas ? C'est ainsi que se comportent les couples légitimes.

— Ah, d'accord.

Freya s'autorisa à se détendre un peu dans le creux tiède de son épaule. Au moins Jack était grand, elle pouvait donc porter de vrais hauts talons.

Depuis un bon moment, des échos de musique lui parvenaient, ainsi qu'un brouhaha indiquant que la fête commençait. Elle regarda autour d'elle. Une procession ordonnée de voitures était en train de remonter la longue avenue carrossable, dispersant les moutons vers les ombres allongées des chênes verts et des aubépines. La couleur quittait le ciel, laissant des serpentins d'un nuage mandarine et prune, tandis qu'une lumière diffuse et dorée couvait l'herbe de la chartreuse. De toutes parts, des gens surgissaient des arcades et traversaient les pelouses pour converger sur le large chemin menant à la cour où se tenait la fête.

Au secours ! Elle reconnut quelqu'un, la fille du grand veneur, qu'on lui avait présentée comme « camarade de jeux » le jour où elle était venue pour la première fois en Cornouailles et qui était devenue son amie de vacances. Vicky. Bonté divine, comme elle avait grossi ! Freya croisa son regard, et la figure de Vicky s'illumina. Elle vint à elle, au bras de son mari, Toby (crâne dégarni, âge mûr, bedonnant, très notaire de province). Chatouillée dans son amour-propre, Freya présenta Jack (jeune, américain, écrivain). Leur quatuor rejoignit la foule, bavardant en bons camarades. Freya retrouva sa bonne humeur. Tout irait bien.

À l'entrée, une rangée de filles et de garçons empressés, recrutés au village, tendaient des plateaux de verres. Freya se servit un Pimms, laissant son regard errer tandis que Vicky et Toby bavardaient avec Jack. La vaste cour, d'ordinaire encombrée de bois de chauffage, d'engins et autres articles dépareillés en train de rouiller, avait été complètement nettoyée. Au milieu, sur un carré de gazon tondu, un orchestre de jazz jouait *Just One of Those Things*. Le long d'un mur, une batterie de barbecues rougeoyait, prêts à griller le poisson que Jack et elle avaient acheté un peu plus tôt. Tout près, des tables à tréteaux chargées de baguettes, de saladiers et de parts de fromage, ponctués par des gerbes de fleurs sauvages dans des seaux de fer-blanc – simple mais festif. Freya aperçut sa belle-mère en train de parler à l'un des hommes employés au barbecue et, prise d'une impulsion, s'excusa auprès de ses hôtes pour aller la retrouver.

— Félicitations, Annabelle. C'est magnifique. Tu as dû trimer comme une esclave pendant des semaines.

— Oh ! eh bien...

Annabelle parut troublée par ce compliment. Elle lissa sa robe sur ses hanches.

— C'est très aimable à toi d'avoir fait ce long voyage, dit-elle. Je serais très heureuse si tu venais plus souvent. C'est vrai.

Leurs yeux se croisèrent.

— J'essaierai.

— Et amène Jack aussi. Nous l'aimons beaucoup.

— C'est vrai ?

Freya tourna les talons pour localiser Jack, voulant partager cette plaisanterie avec lui, et vit qu'il s'ennuyait ferme avec Toby. Saisissant son regard, Jack lui lança un muet appel au secours.

Freya lui fit signe de venir, par un geste qui signifiait aussi d'apporter à boire à sa belle-mère. Une minute plus tard, il s'était tiré de ce pétrin et tendait un verre à Annabelle.

— Voici pour vous, madame Penrose. Cul sec !

— Oh ! appelez-moi Annabelle ! Je me sens assez vieille comme ça.

Elle prit une longue gorgée et laissa échapper un soupir reconnaissant.

— Merci à vous deux. Ça fait du bien ! Maintenant, seriez-vous assez gentils pour aller voir ce que fabriquent ces hommes là-bas, dans les communs ?

Elle désignait le bâtiment délabré qui fermait l'un des côtés de la cour.

— Tash tenait tellement à son *karawaki*, je n'ai pas pu dire non, mais je n'aime pas trop l'idée que des inconnus jouent avec l'installation électrique. Ce serait dommage que cet endroit soit réduit en cendres au bout de cinq cents ans, non ?

Ses interlocuteurs réussirent à garder leur sérieux jusqu'à l'entrée du bâtiment.

— Humour typiquement anglais : j'adore ! s'écria Jack. Un vieux château qui brûle, et c'est *dommage* !

— *Karawaki* ! gloussa Freya. On dirait une marque de voitures japonaises.

Elle contempla la vaste salle, avec ses grosses poutres au plafond, son sol dallé, ses hautes fenêtres aux vitres fendues ou cassées, son odeur de moisi. On y avait donné les fêtes du village, à Noël, jusqu'au jour où les fuites du toit avaient été trop importantes. C'était ici qu'elle avait fait du patin à roulettes, trépidant sur les pavés inégaux, et disputé des parties de ping-pong épiques avec Vicky les jours de pluie. Là aussi, Annabelle avait fait des merveilles. Il y avait des tables recouvertes de nappes en papier rose et décorées de fleurs, déjà colonisées par des invités munis d'assiettes pleines. Un grand espace était occupé provisoirement par une piste de danse ; au-dessus, des ballons roses et argentés, sur lesquels on avait imprimé les noms des mariés, étaient suspendus aux chevrons. Plus loin, tout au fond de la salle, se dressait une estrade, où deux hommes étaient en train d'installer des haut-parleurs et une machine à karaoké.

Elle suivit Jack sur la scène et, tandis qu'il engageait une conversation à propos d'ampères et de fusibles, scruta avec curiosité l'appareil. Elle fut rejointe par un jeune homme en veste à paillettes, l'air important, qui se présenta comme étant Rocky et lui demanda ce qu'elle voulait chanter. « Tout ce que vous voulez, sauf *Stand by your Man*. J'en ai jusque-là des demandes de cette chanson ! »

Freya le rassura sur ses intentions de ne pas se ridiculiser en public. Selon Rocky, la partie karaoké de la soirée commencerait bientôt ; ensuite on danserait. « Jusqu'à minuit, pas plus tard. J'ai des instructions de Mme Penrose. Elle ne veut pas de gueules de bois pour la cérémonie de demain. »

La salle commençait à se remplir. Il devait bien y avoir une centaine de personnes, surtout des moins de trente ans londoniens, qui dormiraient dans la région, dans des cottages, des pubs, des chambres d'hôtes, sur des matelas posés au sol, voire sous la tente. Des cris de joie fusaient du tohu-bohu : l'orchestre de jazz était remplacé par du funk diffusé par les haut-parleurs. Une appétissante odeur de poisson grillé flotta à l'intérieur. Elle vit Jack lui indiquer qu'il était temps de se mettre à table. Une sensation inhabituelle l'envahit : elle était heureuse.

25

— ... ET MON CŒUR CONTINUERA-A-A-A.

Tandis que la fille habillée en « hippie chic » s'escrimait à arriver au bout de la chanson du *Titanic*, le public s'esclaffait et applaudissait. Freya donna un petit coup de coude à Jack afin d'obtenir encore du vin blanc et fit passer d'une gorgée sa dernière bouchée de framboises à la crème. Elle se sentait repue et éméchée, confortablement encadrée par le corps tiède de Jack d'un côté et celui de Sponge de l'autre. Devant elle étaient assises deux demoiselles d'honneur interchangeables appelées Polly et Lulu, toutes deux en robe noire sans manches, toutes deux charmantes dans le genre gamine qui pouffe. Sponge, lui, avait curieusement dessoûlé : il était le témoin de Roland, et cette responsabilité le rendait nerveux de façon assez sympathique. Pendant le repas, les autres avaient essayé de l'aider pour son discours du lendemain. En fait, Jack avait pratiquement tout écrit sur la nappe. Sponge avait déclaré être « bête comme ses pieds » et avait été impressionné d'apprendre que Jack était un écrivain publié.

Le karaoké était une bonne idée. Rocky n'était pas le plus raffiné des amuseurs, mais son impertinence entraînante et sa prononciation fantaisiste des prénoms sortant de l'ordinaire, tels Hamish ou Laetitia, lui avaient valu l'indulgence du public, en même temps qu'elle avait brisé les barrières entre jeunes et moins jeunes, indigènes et Londoniens, amis de Tash et amis de Roland.

— J'adore les mariages anglais, déclara Jack à la cantonade. C'est bien plus amusant que chez nous.

— Et vous, vous avez l'intention de vous marier un jour ? demanda Lulu (ou peut-être Polly) avec une étincelle aguichante dans le regard.

Freya haussa un sourcil sarcastique. Elle avait hâte d'entendre la réponse.

Mais, à ce moment-là, leur attention fut distraite par la voix gaie de Rocky : « ... venu spécialement d'Amérique du Sud, où les nuits sont chaudes, et les filles aussi... Jack Madison ! Jack va chanter – et j'espère que ce n'est pas une allusion au mariage de demain – *Je vais dire une petite prière pour toi* ! »

Stupéfaite, Freya se tourna vers son ami, qui la fusillait du regard.

— C'est toi qui m'as piégé !

— Mais non !

— Je t'ai vue tout à l'heure, en train de badiner avec Rocky.

Polly et Lulu battaient des mains, ravies.

— Allez, Jack !

L'assistance, bien rodée, devinant l'hésitation de Jack, se mit à scander : « Jack, Jack, Jack, Jack... »

Ce dernier se leva et donna un coup au bras de Freya.

— Je te revaudrai ça.

Freya le regarda s'éloigner, en espérant qu'il n'allait pas être ridicule.

— Vous voulez bien me passer le vin ? dit-elle à Sponge.

Jack était monté sur la scène et s'emparait du micro. Les premières mesures éclatèrent à un rythme rapide, impossible à suivre. Le curseur du téléprompteur se mit à sauter par-dessus les mots de la chanson, projetés sur l'écran au-dessus de la scène.

The moment I wake up,
Before I put on my make-up
I say a little prayer for you...

Au début, ce n'était pas si mal ; en fait, l'affectation avec laquelle il avait prononcé le mot *make-up* avait fait rire. Mais, presque aussitôt après, tout alla de travers. La musique continuait, pourtant Jack ne chantait plus. Freya se dévissa le cou pour voir ce qui se passait. Jack plissait les yeux devant l'écran d'une manière qui lui était familière. Oh ! mon Dieu... il avait oublié ses lunettes, l'idiot ! Impossible pour lui de lire un seul mot. On se mit à murmurer dans la foule. Rocky feuilletait frénétiquement ses feuilles de papier, cherchant une version dactylographiée. Freya se tortilla, gênée.

Oh, non ! Jack remit le micro devant sa bouche. Il allait s'excuser et quitter la scène au milieu de la chanson. Elle ne pouvait pas supporter de voir ça. Elle baissa la tête, ferma les yeux et se boucha les oreilles.

Mais Jack ne s'excusa pas. Il se remit à chanter.

J'connais pas les paroles, chérie,
Car j'ai pas mes lunettes
Alors, dis une petite prière pour moi...

Vague de rire dans la salle. Freya releva la tête et regarda. Le public l'aimait. On le trouvait drôle. Le soulagement l'envahit. Il était pas mal. Génial, en fait. Son cœur s'adoucit. *Mon héros*.

Il quitta la scène sous un tonnerre d'applaudissements bon enfant. Comme il se faufilait entre les tables, des mains se tendirent pour lui tapoter le bras ou l'épaule – et même, une fois, le derrière. Freya fronça les sourcils. Pas touche ! Quand il reprit sa place, parmi les gazouillis d'extase de Polly et Lulu, elle songea que ce serait une bonne idée de rappeler à tous pourquoi il était là. Le tirant par sa manche de chemise, elle l'embrassa sur la joue.

— Chéri, c'était... *quelque chose* !

Il tourna la tête. Ses yeux bleus souriants, d'une proximité déconcertante, s'attardèrent sur les siens. Ils exprimaient de la surprise, et autre chose de plus mystérieux. Il donna un coup de poing sur la table.

— À boire !

Peu après, le karaoké prit fin et les invités désertèrent les tables pour se défouler sur la piste. Galamment, Sponge proposa à Freya une danse et elle accepta, contente de montrer que les plus de trente ans savaient aussi faire la fête. De parfaits inconnus lui souriaient et criaient tout le bien qu'ils pensaient de la performance de Jack. Elle sentait la chaleureuse et anonyme pression des corps et vit comment sa robe scintillait sous les spots. Toby s'agitait, ayant tombé la veste, des auréoles de sueur aux aisselles, et tentait une imitation de train à vapeur devant elle. Elle vit Jack danser avec Vicky – quelle gentillesse ! – et avec l'une des demoiselles d'honneur. Hmmm.

Quand elle retourna à sa place pour se reposer, tout le monde avait disparu. Elle se servit du vin et contempla la table, encombrée de serviettes en papier froissées, de verres, de bouteilles et de miettes. Personne ne vint lui parler. Personne ne l'invita à danser. Elle commençait à éprouver une pénible jalousie quand quelqu'un lui entoura les épaules et s'effondra à son côté.

— Salut, belle-sœur, fit Roland en lui soufflant son haleine avinée à la figure.

Freya eut un geste de recul.

— Cette peinture. Combien ça vaut, à votre avis ?

Pour le tenir à distance, Freya enchaîna sur les fluctuations importantes du marché de l'art contemporain, alors que Roland la fixait avec ce sourire stupide, vague, du type très très soûl.

— Peut-être un millier de dollars, si vous l'achetiez dans une galerie, conclut-elle.

Il lui tapota la cuisse.

— Vous êtes craquante. Et quelles jambes ! Allez, dansons.

La prenant par la main, il se remit debout en chancelant. Freya grinça des dents. S'il s'était agi de n'importe qui, elle aurait pu l'envoyer balader ; mais repousser l'élu de sa demi-sœur pourrait être perçu comme un signe de dépit. Se laissant conduire au milieu de la foule, elle enchaîna les mouvements, tête haute et regard vide, tandis que Roland agitait les bras en tous sens et ricochait contre elle. Presque aussitôt la musique ralentit pour un langoureux slow. Roland l'attira à lui, plaquant chaque centimètre de son corps en sueur contre le sien, collant ses cheveux poisseux sur sa joue. Sa main chercha à tâtons son derrière et lui pinça lentement, suggestivement, la fesse. Pour lui, elle était une célibataire d'un certain âge, un simple objet de marivaudage. Insupportable.

Tout à coup, elle se retrouva libre : Jack se tenait là avec un grand sourire mielleux, la main aimablement posée sur le col de Roland. Ses dents étincelaient sous les spots pendant qu'il parlait à l'oreille du jeune homme. Bientôt, son sauveur posait les bras sur ses épaules et l'entraînait loin d'un Roland médusé.

Freya lui sourit, soulagée.

— Qu'est-ce que tu lui as dit ?

— Qu'ils jouaient notre chanson.

— C'est bébête.

— Tu n'es pas sentimentale.

— Où étais-tu, au fait ?

— Je te cherchais.

Sur ce, il la prit dans ses bras. Freya se laissa aller et passa les mains autour de sa taille. Jack était solide, musclé et familier. Son haleine tiède lui chatouillait la nuque, et il fredonnait en musique. « *Stand by me...* » Il devait sans doute se prendre pour un chanteur, depuis son grand succès au karaoké. Freya posa sa joue sur son épaule et promena un regard vague, entre ses paupières mi-closes, sur le flou des corps et le scintillement des lumières. Sa chemise sentait bon.

Quand le tempo changea pour adopter le rythme percutant, irrésistible, d'un vieux tube familier, ils se séparèrent spontanément et continuèrent à danser. C'était comme au bon vieux temps. Freya ondulait des bras et se contorsionnait. Jack fit une pirouette et tapa du pied. Ils avançaient, reculaient et tournaient en rond, se caricaturant mutuellement, riant de leur propre bêtise. Quand ils retournèrent s'asseoir pour reprendre des forces, Freya se sentit toute ragaillardie. Elle regarda jouer les muscles de la main de Jack inclinant la bouteille.

— Je me suis bien amusée !

— C'est parce que tu n'es pas en colère.

— En colère, moi ?

— Tendue. À cran. Comme un petit crocodile méchant.

— C'est ainsi que tu me vois ?

Freya était piquée au vif.

— Pas ce soir. (Jack vida son verre et claqua des lèvres.) Ce soir, tu es divine. Freya, déesse de l'Amour et de la Beauté. Viens, on danse.

Ils replongèrent dans le tourbillon compact des corps surchauffés. Freya aperçut Tash et Roland serrés dans une étreinte passionnée, Sponge sautillant avec Polly (ou peut-être Lulu). Jamie avait ôté sa chemise et bondissait comme un guerrier massaï ; il avait l'air complètement parti. Jack l'abandonna un moment pour réapparaître avec une Annabelle tout en protestations, qu'il réussit par son charme à entraîner dans un lent rock and roll, alors que Freya, adossée au mur, les regardait en souriant. C'était facile de voir pourquoi il avait autant de succès auprès des femmes. Il était grand, athlétique, masculin – ce genre de choses. Et puis il y avait ces pétillants yeux bleus, qui vous lorgnaient comme s'il venait d'avoir une idée géniale ou allait faire une bonne blague. Personne n'était aussi amusant, quand il était de bonne humeur. Voyez-le faire tourbillonner Annabelle, son épaisse chevelure légèrement dérangée. Jamais il ne serait chauve, songea-t-elle soudain. Cela dit, il importait de ne pas oublier certaines choses : il préférait les jeunettes et avait trois ans de moins qu'elle ; il flirtait comme il respirait ; il était ici seulement pour *feindre* d'être follement amoureux d'elle. Rien ne pouvait être pire que de se ridiculiser.

Lorsque Annabelle se retira de la piste, rouge et tentant en vain de recomposer son chignon, Jack réclama Freya et ne la lâcha plus de toute la soirée. Rocks, slows, chansons idiotes qui leur faisaient jeter les bras en l'air, vieux standards favoris dont ils hurlaient les paroles. Ils dansèrent et burent, burent et dansèrent, jusqu'au moment où la musique se tut et où les spots s'éteignirent. Puis la voix de Rocky déclara qu'il était minuit. La fête était finie.

Freya sortit en titubant, étourdie par la fraîcheur et la soudaine obscurité. Des guirlandes électriques brillaient dans les arbres. Une double rangée de balises éclairait le chemin. Une lune douce luisait dans un ciel d'étain voilé de nuages arachnéens. Elle entendait son amie la chouette ululer du haut de son perchoir secret ; son esprit se détacha de l'insoluble question : qui passerait cette nuit-là sur la méridienne ? Jack tenait sa main tandis qu'ils suivaient leur chemin, poussés par la foule. On entendait des voix bredouiller des adieux, se disputer à propos de clés de voiture et d'alcool au volant. Freya vit Annabelle essayer de rabattre Roland et ses copains vers un minibus. Puis le tapage décrut tandis qu'elle se dirigeait avec Jack vers la maison. Ils gravirent les marches de pierre et atteignirent la terrasse. La pelouse était d'argent, ombragée par les formes vagues des buissons bien taillés.

— Ah-ouh ! hurla Jack à la lune.

Freya lui donna une bourrade.

— Tu es ivre.

— Non, tu crois ?

Avec un soudain sourire, Jack l'attira dans ses bras et remonta le chemin avec elle en valsant.

— Peu m'importe qu'on t'appelle Mlle Frigidaire...

— ... car je suis sensationnelle ! enchaîna-t-elle, avant de trébucher sur une dalle. Stop !

Elle heurta sa poitrine en se tordant la cheville et perdit une chaussure, puis se pencha pour la récupérer.

— Flûte ! Le talon est cassé.

— Oh oh, je vais devoir te porter, on dirait !

Freya se mit à rire. Personne ne l'avait portée depuis ses huit ans.

— Ne dis pas de b...

— Arrête de dire ça !

Il fit le geste de se saisir d'elle. Freya s'écarta et partit sur la terrasse à grandes enjambées maladroites. Il se lança à sa poursuite. Elle se faufila par les portes-fenêtres, traversa la bibliothèque pour se retrouver dans le hall. Au bas de l'escalier, son pied glissa sur la marche en bois. Elle s'agrippa à la rampe, essoufflée et un peu étourdie, et se retourna vivement afin d'affronter son poursuivant.

Sans le moindre effort, il la souleva.

— Légère comme une plume !

— Repose-moi !

De l'étage, une voix inconnue lança :

— Tout va bien ?

Freya et Jack se regardèrent en gloussant. Freya s'accrocha hardiment à son cou.

— D'accord, porte-moi, homme des cavernes. Voyons jusqu'où tu pourras aller.

Ayant assuré sa prise, il se mit à gravir l'escalier. Le clair de lune entrait à flots par la grande fenêtre au niveau du tournant. Freya contempla rêveusement le profil de Jack. Quelles belles oreilles ! Pour rire, elle lui souffla dans le cou. Arrivé au palier, il fit une pause.

— Déjà fatigué ?

Il tourna la tête et l'embrassa. La surprise l'ébranla. Elle ferma les yeux, puis les rouvrit en grand.

— Freya, chuchota-t-il, d'une voix chargée de désir.

— Jack...

Elle posa les doigts sur sa figure ; la peau en était douce et rude, lisse et satinée, familière et pourtant aussi nouvelle et excitante qu'une forêt inexplorée. Soudain, elle aurait voulu toucher chaque partie de lui : ses oreilles, son cou, la ligne des sourcils, l'endroit où ses lèvres se retroussaient – si légèrement que personne ne le remarquait, sauf elle – quand il était secrètement amusé. Elle glissa les pieds à terre, restant dans l'étreinte puissante de ses bras, sentant fuser des étincelles entre eux. Puis elle se pendit à son cou et l'embrassa.

C'était comme si son être s'était scindé en deux : son esprit flottait, libre, dans une brume féerique, pendant que la pulsation puissante du désir propulsait son corps à l'étage. La chambre était baignée de lumière. Sans l'avoir consciemment voulu, elle se retrouva couchée, yeux clos, bras écartés, sur un lit qui tanguait. Jack était allongé sur elle. Elle sourit et passa les mains dans son dos, sentant l'ondulation des côtes sous ses pouces. Il baissa les bretelles de sa robe, puis se souleva. Elle battit des paupières. Assis à califourchon au-dessus d'elle, il était en train d'ôter sa chemise.

Minute... qu'est-ce qui se passait ? Est-ce que c'était bien ? Non... *Si !* La voix menaçante devint plus forte. C'était Jack, son vieil ami, l'amant de Candace et d'un millier de jolies filles interchangeables. Elle fonçait droit dans le mur ; elle allait le regretter. Elle posa les deux mains à plat sur la poitrine de Jack.

— Je ne crois pas que ce soit une bonne idée...

Sa voix était faible et manquait de conviction.

Jack lui étreignit les mains et en baisa les paumes.

— Mais si, murmura-t-il.

Ses yeux étaient à moitié clos, sa figure grave et concentrée.

— Non !

Elle se déroba et se redressa sur son séant. Jack lui tendit la main – un geste de possession.

— Non !

Dans un suprême effort, elle réussit à balancer les jambes par-dessus le bord du lit et à se lever. Elle tremblait sans pouvoir se contrôler. C'était gênant. Elle s'appuya à un montant.

— Je suis un peu ivre, et toi aussi. Ne faisons rien que nous puissions regretter.

— Moi, je ne regretterai rien, dit-il farouchement.

Il se glissa hors du lit et passa les mains sur ses épaules. Lui aussi tremblait.

— Allons, Freya, laisse-toi aller. Cela fait dix ans qu'on attend ça !

— Pas moi !

C'était un mensonge. Elle en avait envie. Oh ! comme elle en avait envie ! Son corps était mûr comme une figue juteuse. « C'est seulement pour le sexe », songea-t-elle. Et elle ne voulait pas d'une simple histoire de sexe – pas avec lui.

— C'était amusant de faire semblant, Jack. Mais le jeu est allé assez loin...

— Je ne fais pas semblant ! Toi non plus.

— Tu oublies Candace.

— Freya...

— Nous sommes amis, c'est tout.

— Ce n'est pas tout !

— Pour l'amour du ciel, laisse-moi partir !

Elle en pleurait presque.

Ses doigts se raidirent douloureusement, puis il la relâcha. Ils se contemplèrent avec méfiance.

Les yeux de Jack n'étaient plus que des fentes scintillantes. Sa bouche se tordit.

— Quelle allumeuse tu fais...

Freya rejeta la tête en arrière, comme s'il l'avait frappée.

— Toi et ta queue ! Tu ne penses qu'à ça. La seule raison pour laquelle tu veux coucher avec moi, c'est que tu m'as sous la main.

— C'est faux !

— Tu ne cherches pas de femme comme moi. Une femme capable de te répondre, qui ne se pâme pas perpétuellement devant tes moindres faits et gestes. Et moi, je ne veux pas d'un cavaleur. Alors, arrêtons là, d'accord ? Je dormirai sur la méridienne.

— Parce que tu crois que je vais rester là, à dormir comme un petit garçon bien sage ? Merde, tu as vraiment de la glace dans les veines !

Il se recula, boutonnant sa chemise avec maladresse. Tout son corps exprimait la colère. Il ouvrit la porte d'un geste sec. Sa bouche se tordit dans une parodie de ce sourire qu'elle aimait tant. Sa main balaya la pièce.

— Le lit est tout à toi.

26

IL AURAIT DÉJÀ DÛ ÊTRE ÉVANOUI. Pourquoi n'était-ce pas le cas ? Jack se servit encore un whisky et le porta à ses lèvres. L'odeur lui donna la nausée. Reposant sèchement son verre, il arpenta la bibliothèque en shootant dans des bouts de ruban argenté et de papier craquant. Il était si... furieux !

Sa première envie avait été de partir – sauter dans une voiture, filer à l'aéroport et rentrer chez lui. Au diable Freya, sa famille et ce foutu mariage ! Mais les clés de la voiture étaient dans le sac à main, et remonter là-haut eût été par trop humiliant. À la place, il avait arpenté le jardin mouillé de rosée pendant presque une heure, suivi par un Bedivere trop curieux, espérant visiblement que Jack allait lui montrer où était cachée sa réserve d'os. Mais ses efforts pour se calmer s'étaient révélés vains. Tout ce qu'il avait obtenu, c'était des pieds trempés. Tout ce qu'il avait vu, c'était les sordides vestiges de la fête – torches éteintes, serviettes en papier emportées par le vent, mégots et ballons éclatés. Tout ce qu'il avait entendu, c'était les ébats d'un couple copulant dans une grange : leurs gémissements n'avaient fait que renforcer sa frustration.

La pièce était remplie de livres, des rangées et des rangées de livres – reliés toile, reliés cuir, protégés par une jaquette ; poinçonnés, illuminés, marqués de rousseurs et très usés. Oh ! il aurait donné n'importe quoi pour pouvoir puiser consolation dans la littérature, se laisser entraîner par elle vers d'autres pâturages – ou du moins vers le sommeil ! Il scruta les magistraux volumes – Horace, Byron, Pepys, Boswell –, ce qui lui rappela fâcheusement son propre roman. Parcourant les rayonnages, il chercha une lecture exigeante et compliquée, qui demanderait toute sa concentration. Ah ! Henry James : *La Coupe d'or*. Cela ferait l'affaire. Ayant préparé le livre près du divan, il rassembla tous les coussins disponibles pour reposer sa pauvre tête. Puis il se pencha en maugréant afin d'ôter ses chaussures humides. Le bas du pantalon était mouillé aussi. S'il le mettait à sécher sur une chaise, il pourrait se servir de ces serviettes de toilette offertes aux mariés pour voiler sa nudité. Il commençait à défaire sa braguette quand l'impression d'être espionné le fit se retourner.

Une femme se tenait sur le seuil. Sur le coup, il crut que c'était Freya, venue implorer son pardon, et faillit lui jeter Henry James à la tête. Puis la silhouette sortit de l'obscurité...

— Vous non plus, vous ne trouvez pas le sommeil ? dit Tash.

Jack répondit d'un grognement qui n'engageait à rien. Comme elle s'approchait de lui, il aperçut ses pieds nus et ses cheveux dénoués. Elle était drapée dans le machin rose qu'elle portait ce matin-là.

— Oh ! très bien, vous avez trouvé le whisky !

Elle lui lança un sourire de conspirateur.

— Euh... oui.

Il devait présenter une vision assez spéciale, tout seul parmi les cadeaux, ses chaussures, le tas de coussins et la bouteille de whisky familiale à moitié vide.

— Je... je crains de m'être servi moi-même. J'espère que ça ne fait rien ?

— Bien sûr que non ! Vous êtes pratiquement des nôtres, à présent... ce qui est à nous est à vous.

— Merci.

Son amabilité était réjouissante. Au moins, quelqu'un l'appréciait.

— Tenez, je vous offre un verre.

Il la servit et s'assit. Tash grimpa à l'autre bout du canapé et se détendit avec un léger soupir, casant ses pieds sous ses fesses. Elle leva son verre comme pour porter un toast.

— À mes dernières heures de liberté !

— La liberté. Oui, je bois à ça.

— Quand on pense que demain soir je serai Mme Swindon-Smythe..., gloussa Tash. Ça fait tellement adulte.

— Vous en avez du courage...

— Taisez-vous ! J'ai assez le trac comme ça. Pourtant, je suppose que mon fiancé a tout le nécessaire pour réussir un mariage, alors pourquoi s'en faire ?

Elle lui adressa un sourire blagueur.

— Qu'est-ce que le « nécessaire pour réussir un mariage » ? Dites-moi, que je puisse éviter de le posséder.

— Un tas de cash, pour commencer.

— Du cash ?

— Franchement, Jack, comment peut-on se dire écrivain quand on ignore des mots aussi simples ? Du blé. Du pèze. Du flouze. Son père possède pratiquement une compagnie de chemin de fer.

— Oh ! de l'argent ! Ce vieux truc. Quoi d'autre ?

— Eh bien, il m'adore, bien sûr.

— Bien sûr.

— Et... il est très bon au lit.

Ses grands yeux effrontés effleurèrent distraitement ceux de Jack. Elle était mignonne, cette petite, ça oui.

On pouvait parier qu'elle n'avait pas l'ombre d'un sous-vêtement sous sa tenue légère.

— Dites-moi, Jack, que faites-vous ici tout seul ? Elle vous a foutu à la porte ?

— Qui, Freya ? Euh, non. C'est juste que j'ai...

— Quoi, oublié les préservatifs ?

— Non.

— Pas pu lui faire honneur ?

— Non !

— Attendez, je sais : vous avez tenté quelque chose de plus exotique que la position du missionnaire et elle a flippé.

Son franc-parler le gênait ; l'irritait ; l'excitait. Son regard tomba sur le volume à reliure bleu marine posé près de lui.

— En fait, j'étais descendu chercher un livre.

— Un livre ! Quelle excitante vie sexuelle ! Vous vous déchaussez toujours avant de lui faire la lecture, petit vicieux ?

— Taisez-vous.

— Oh ! dé-so-lée ! Aurais-je détecté une querelle d'amoureux ?

— Non ! (Jack donna un coup de poing à l'accoudoir.) Nous ne sommes pas amants !

Il y eut un long silence.

— C'est vrai ?

La voix de Tash était pleine d'intérêt.

Jack passa la main sur son front douloureux. Il n'avait plus la force de feindre.

— Autant vous le dire... (Il reposa son whisky.) On est seulement amis. Ça fait des années que ça dure. Elle voulait être accompagnée, et j'ai dit oui. C'est tout. Nous n'avons jamais...

— Jamais ? !

Devant son sourire incrédule, Jack hocha la tête.

— Mais vous avez essayé ce soir et elle vous a rabattu le caquet.

Jack regarda ailleurs, muet.

— Pauvre vieux Jack ! (Sa voix était mielleuse.) Vous avez peut-être besoin d'une... consolation ?

Jack tourna la tête et la regarda par-dessus son verre. Vraiment, elle était très jolie, avec ses brillants cheveux noirs qui encadraient son visage et sa peau douce luisant comme un fruit mûr. On pouvait voir le renflement de sa poitrine au niveau du décolleté, et les mamelons dardant à travers la fine étoffe satinée.

Tash sortit une langue rose et lécha lentement le rebord de son verre, plusieurs fois, dans un sens puis l'autre, avec un regard sombre et rêveur. Soudain, il réalisa que sa braguette était restée à moitié baissée sous sa chemise et qu'il aurait l'air idiot de la remonter maintenant. Franchement, il n'était d'ailleurs pas sûr de le pouvoir.

— Ne me tentez pas.

— Pourquoi ?

Elle fit la moue et déplia une jambe nue et lisse, qu'elle posa sur ses genoux. Sa lingerie s'entrouvrit, dévoilant une cuisse crémeuse.

— Parce que j'en ai assez de jouer.

Il lui saisit le pied.

— Moi, j'aime bien jouer, susurra Tash d'une voix rauque. C'est moi qui vous ai inscrit au karaoké, pour voir votre réaction. C'était très bien.

Il sentait ses orteils le caresser, ouvrir de plus en plus sa braguette. Son corps se mit à vibrer.

— Pourquoi faites-vous cela ? Vous vous mariez demain.

— Justement. Un dernier goût de liberté. Avec l'adorable Jack.

Elle reposa son verre. Soutenant son regard, elle entrebâilla son fin vêtement et en libéra ses épaules.

Ses seins jaillirent – chauds, doux comme des chiots à la langue rose, ne demandant qu'à être caressés. Elle se cambra et sourit.

— Qu'en dites-vous ?

Il commençait à avoir du mal à réfléchir.

— J'en dis... j'en dis que vous êtes une coquine.

— On est deux, alors... Allons Jack. Personne n'en saura rien. Ce sera notre secret.

Le petit coin de son cerveau qui fonctionnait encore lui soufflait que c'était une conduite étrange pour une future mariée. Enfin, si elle voulait, à quoi bon se fâcher ? C'était juste une affaire de sexe. Et il aimait le sexe. Sa poigne se desserra autour de son pied, qui alla se promener autour de la zone dangereuse... Le bout de ses propres doigts remonta le long de cette jambe. Quand il eut atteint la peau incroyablement douce, douce comme la soie, des cuisses, elle ouvrit complètement les jambes et s'allongea sur le dos. Jack écarta le dernier rempart de tissu. Il pouvait tout voir. Sentir son odeur. Sa pulsation cardiaque s'accéléra. On l'avait maltraité. Il avait le droit.

Tash tendit la main pour tremper un doigt dans son whisky. Il put voir le liquide en dégouliner et former de grosses gouttes dorées.

— J'espère que vous aimez ça, chuchota-t-elle.

Fou de désir, Jack se jeta sur elle. Il l'entendit pousser un croassement de plaisir et sentit ses petites mains fiévreuses se glisser sous son pantalon. Elles vinrent à bout des dernières résistances de la fermeture Éclair et capturèrent leur proie, qu'elles se mirent à tripoter. Sa tête était renversée au bord du canapé, ses cheveux effleuraient le tapis.

Jack écarta les doigts sur la chair pulpeuse des seins de Tash. Il essaya tant bien que mal de se libérer de son pantalon, et ils tombèrent ensemble du divan. Elle avait chuté sur le dos, parmi les papiers cadeau, si durement qu'il l'entendit étouffer un cri. Mais ses yeux étaient deux fentes brûlantes de désir ; cela lui plaisait. Ses doigts se tendirent pour lui arracher sa chemise. Puis elle se redressa à demi et le repoussa pour le faire rouler sur le dos. Sa crinière dans la figure, elle le chevauchait, les lèvres entrouvertes, les seins ballottant. Avidement, elle passa les mains sur le ventre de son amant, son torse, les durs arrondis des épaules et des bras. Son visage de chat se plissa de plaisir.

— Tu es trop bien pour ma grande sœur, murmura-t-elle, avant de se coucher sur lui.

Elle en connaissait des trucs. Son corps crémeux se déchaîna jusqu'au moment où Jack l'empoigna pour la renverser sur le dos. Ses pieds heurtèrent quelque chose en hauteur ; il perçut un bruit de bois et de porcelaine. Tash leva les mains vers lui, il lui cloua les bras derrière la tête et la plaqua au sol. Toute pensée se dilua alors dans la pure sensation. Puis il entendit sa respiration saccadée, qui allait crescendo. Il ouvrit les yeux et vit sa tête remuer follement et sa bouche s'élargir. L'instinct lui fit coincer le tranchant de sa main entre ses lèvres pour étouffer ses cris, tandis que le corps de la jeune fille se cabrait et bondissait sous lui. La morsure des petites dents le poussa à redoubler ses coups de boutoir. Un, deux, trois, quatre...

C'était fini. Il était couché, pesant sur elle de tout son poids, yeux clos, l'esprit vide, le cœur battant, la peau brûlante et fourmillant de sensations. Peu à peu, ses muscles se décontractèrent, sa respiration ralentit. Il roula de côté avec un grognement.

Une pendule se mit à sonner discrètement. La conscience lui revint, subite et choquante, tel un train jaillissant à toute allure d'un tunnel sombre. Il souleva la tête. Une tasse à café était retournée près de son pied, anse cassée. Son pantalon blanc pendait au bord du sofa, une jambe retournée. *La Coupe d'or* était tombée au sol et reposait, face contre terre, son papier bible froissé. Jack se remit péniblement à quatre pattes. Il contempla le corps rose et blanc de Tash, écartelé comme une marionnette. Il vit l'étincelle dans ses yeux à demi fermés, la bouche molle qu'il avait été trop excité pour embrasser ne fût-ce qu'une seule fois. Un bout de ruban argent, orné de clochettes, s'était pris dans ses cheveux. De l'obscur entrejambe, une coulée de sperme dessinait une pâle et lente traînée d'escargot sur les serviettes de toilette monogrammées.

27

FREYA REMPLIT LA BOUILLOIRE et la flanqua sur l'antique cuisinière. Où était-il passé ?

Sans doute en train de bouder quelque part. Les hommes ! La cervelle entre les jambes, un ego gros comme une montgolfière. On leur dit non, et ils vous traitent d'allumeuse. Typique. Et le comble de l'hypocrisie, c'est qu'ils prétendent ensuite avoir été *blessés* alors qu'ils ne cherchaient qu'une partie de jambes en l'air.

Bon, peut-être avait-elle été un peu trop familière, hier soir. Mais ils étaient censés faire semblant de s'aimer. D'accord, d'accord : elle avait un peu perdu la tête. Elle avait beaucoup bu. Et Jack était un homme séduisant, inutile de le nier.

Bon. Elle versa l'eau frémissante sur les sachets d'Earl Grey. Où étaient ses priorités, pour l'amour du ciel ? La cérémonie commençait dans quelques heures. Elle ne pourrait jamais souffrir de se tenir toute seule sous ce foutu chapiteau, à grignoter un pruneau fourré tout en écoutant la mère de Vicky déblatérer avec condescendance sur l'époux de Vicky, les enfants de Vicky, le papier peint de Vicky, la pergola de Vicky – sans oublier la douceur des mains de Vicky après la lessive, la course miraculeuse vers l'école dans la Volvo de Vicky, et les talents au golf de Toby.

De plus, elle voulait avoir son avis sur son chapeau.

Un modèle d'un vert pomme osé, à l'extravagante envergure, et sans doute visible à cinq comtés de distance.

Elle entendit un bruit de pas pressés. Annabelle fit irruption, bigoudis sur la tête, les yeux vitreux d'inquiétude.

— L'eau est chaude ? Freya, tu es une sainte. Où ai-je mis le plateau des Swindon-Smythe ? Ils prendront bien du sucre de canne, non ? J'aurais dû cueillir des fleurs... Enfin. Tu as vu l'heure ! Oh ! mon Dieu, mon Dieu, mon Dieu...

Elle était déjà repartie.

Adossée à la cuisinière, Freya sirota son thé. C'était parti. On pouvait s'attendre à une journée de fou, jusqu'au moment béni où Tash jetterait son bouquet à la foule avant de s'en aller en voiture. Elle entendait déjà les commentaires des vieilles biques du coin. « Comme elle est jolie ! Et quelle jolie robe ! Quel beau couple ! À quand ton tour, Freya ? » Si Jack ne se pointait pas, il lui faudrait endurer cela toute seule. Où était-il ? Elle lança un œil noir vers le coin qui abritait le panier de Bedivere, et sur Bedivere pelotonné à l'intérieur. Croisant son regard, il se souleva poliment sur ses pattes, s'approcha à pas feutrés et braqua le museau en l'air.

— Arrière, renifleur d'entrejambe !

Même le chien s'y mettait. Ah ! les mâles ! Tous les mêmes.

— Bonjour, chérie. Bien dormi ?

Son père pénétra dans la cuisine d'un pas alerte, rasé de frais et souriant, les cheveux frisottant de la douche.

— Tu t'es fait beau pour donner ta fille, je vois.

Il la regarda un moment.

— Brioche ou toast ?

— Ni l'un ni l'autre. Je n'ai pas faim.

— Balivernes. Assieds-toi et déjeune avec ton vieux papa. Raconte-moi ce que tu deviens.

— Maintenant ? Ce n'est guère le moment.

— J'ai tout mon temps. On s'est à peine vus depuis ton arrivée.

Annoncé par une cavalcade de pas, un tourbillon traversa la cuisine et se dirigea vers l'office, comme propulsé par un vent de force 9.

— Chérie, tu n'as pas de lait de soja ? Pourquoi Barry ne m'a pas prévenue qu'il était au régime ? D'après Marilyn, il y a une souris dans sa chambre. Quelle horreur, je t'avais bien dit qu'il fallait ajouter des pièges...

Freya vit son père lui faire un clin d'œil.

— ... Il se contentera peut-être de lait écrémé ? J'espère qu'ils ne s'attendent pas à un petit déjeuner raffiné. Et ces filles qui ne sont même pas encore réveillées. Et le coiffeur va arriver. Bonté divine, Guy ! As-tu oublié que Tash se mariait aujourd'hui ? Tu ne peux pas rester ici sans rien faire !

— Et pourquoi pas ?

Ayant frémi d'exaspération, Annabelle repartit en vitesse.

— Mieux vaut ne pas se faire remarquer pour le moment. On va emporter le plateau dans mon bureau, personne ne nous y dérangera... à moins que tu préfères rejoindre Jack ?

— Non ! dit Freya, soudain galvanisée. (Elle s'approcha d'un placard.) Marmelade ou miel ?

— Soyons fous, prenons les deux.

Le bureau était une pièce magnifique, douillette malgré sa hauteur de plafond, un parfait carré entouré de murs lambrissés avec la cheminée d'un côté et la fenêtre à meneaux de l'autre, qui donnait sur une pelouse, jusqu'aux prés à moutons. Freya se chargea du plateau et son père lui fit de la place sur le bureau, monstruosité en acajou encombrée de livres, de documents, de revues, de coupures de presse, de boîtes à diapositives et d'un choix de lettres immobilisées sous un beau presse-papiers en laiton, en forme d'escargot, que Freya lui avait toujours connu.

— Contente de voir que tu n'as pas de femme de ménage, dit-elle. Mme Silva appelait toujours ton bureau la porcherie, tu te rappelles ?

Il alla refermer la porte avec un petit rire, puis s'installa dans un fauteuil et la regarda préparer sa tasse et son assiette.

— Quelle joie d'être servi par sa propre fille ! Viens là.

— C'est quoi, ces épreuves ? demanda Freya, fourrageant dans les papiers. Tu sors encore un livre ?

— Non, juste une contribution à l'une de ces horribles publications universitaires. Je ne comprends pas pourquoi j'ai accepté. C'est très mal payé. (Il soupira.) J'ignore s'il y aura un autre livre. Je me fais vieux, tu sais.

— Ne dis pas de bêtises !

— Cesse de fouiner et viens me raconter ce que tu fais à New York. Ton travail te plaît ? Le monde de l'art est-il aussi timbré qu'il y paraît ? Es-tu heureuse ?

S'étant casée dans un vieux fauteuil en cuir, Freya posa sa tasse en équilibre sur l'accoudoir et se mit à répondre à ses questions – les deux premières, du moins. Elle sentait bien que ses explications étaient insuffisantes, mais à quoi bon révéler tous les détails ? Pour ce que cela l'intéressait. Tout en parlant, son regard survola le pêle-mêle de photos encadrées, exposé dans la bibliothèque au-dessus de la tête de son père. L'une le montrait avec Annabelle le jour de leur mariage, avec Tash et elle-même. Tout le monde souriait, sauf elle. Avec quelle clarté elle se rappelait son sentiment de dislocation alors, comme si tout cela n'était qu'un mauvais rêve, dont elle allait bientôt se réveiller...

Devinant son inattention, son père se retourna et son expression s'adoucit. Il allongea le bras et choisit un cliché.

— Tiens, regarde-toi. Elle a été prise le jour de ta naissance.

— Je sais, tu me l'as déjà dit.

Elle darda un regard mauvais à la petite face de singe. Si seulement elle n'était jamais née !

— Toute petite, déjà, tu avais une telle personnalité, aussi puissante qu'un champ magnétique. Tu ne peux pas savoir ce que j'ai ressenti en te tenant pour la première fois dans mes bras. J'aurais voulu te protéger de tout. C'est drôle, mais je voyais des blousons noirs à moto t'emmenant Dieu sait où dès que tu serais grande, et moi qui restais là, à grincer des dents. Je redoutais déjà le jour où je devrais te donner à un mari qui ne pourrait jamais être digne de toi.

Freya se hérissa.

— En fait, c'est Tash que tu donnes !

Son sourire s'effaça. Une soudaine lassitude pesa sur les épaules du vieil homme. Elle l'avait blessé. Avec un petit soupir, il posa la photo sur ses genoux. Elle remarqua les taches brunes sur ses mains. Quand étaient-elles apparues ?

— Tash est Tash, et toi tu es toi. J'ai fait de mon mieux avec elle, mais c'est toi ma vraie fille. Je t'ai toujours aimée, et je t'aimerai toujours. Ne fais pas attention à tous ces tralalas. Cela ne nous concerne pas.

Freya eut un faible sourire. Tant de tendresse la troublait. Elle ne savait comment réagir.

— Je sais que je suis un vieil idiot dénué de tact... Peu importe le mariage, de nos jours, mais... bon, le temps est venu où j'aimerais que tu trouves quelqu'un qui te soit précieux et qui prenne soin de toi. Pas pour des raisons de respectabilité, mais pour que tu puisses connaître les grandes expériences de la vie. Vivre avec un compagnon. S'engager. Partager. Avoir des enfants.

Freya pinça les lèvres. Croyait-il qu'elle n'y avait jamais pensé, douloureusement – au point de se persuader de vouloir épouser Michael, qu'elle n'aimait pas...

— Je ne crois pas être le genre femme au foyer. D'ailleurs, je n'ai pas trouvé le bon partenaire.

— Tu as l'air de t'entendre très bien avec Jack. Il m'a fait une excellente impression.

— Jack est très bien... Seulement...

Elle avait presque dit qu'il était juste un ami.

— Qu'est-il arrivé au type qu'on attendait... Michael ?

— On a rompu.

— Et maintenant, tu es avec Jack...

— Oui.

— Que tu apprécies...

— Oui.

— Du moins je le suppose, puisque vous vivez ensemble. Non ?

— Euh... si.

— Tu n'as pas l'air très sûre.

— C'est que... Jack est un peu play-boy.

— Il cherche peut-être quelqu'un d'ardent et de sensible pour changer de vie.

Freya ignora cette remarque.

— En tout cas, on s'amuse bien ensemble. Jamais je ne me suis ennuyée avec lui.

— Jamais ? Chérie, il ne faut surtout pas le lâcher !

— Enfin, papa, ce n'est pas le grand amour entre nous. Pas comme maman et toi. On se dispute tout le temps.

— Tu crois qu'on ne se querellait jamais, Karina et moi ? Bon sang, un mois après notre mariage, je quittais la maison en disant que c'était une affreuse erreur et que j'allais divorcer.

— Quoi ? Mais pour quelle raison ?

— Si je m'en souviens... ! (L'idée le fit rire.) Les gens doivent exprimer leurs frustrations, tu sais.

— Mais... tu l'aimais, non ?

— Bien sûr. Et c'était réciproque. Aimer quelqu'un ne signifie pas qu'il est parfait. Karina était une femme ardente, impulsive et têtue – comme une autre personne de ma connaissance. Je l'aimais pour ce qu'elle était, même si j'en souffrais parfois aussi.

Freya revit l'expression de Jack quand elle lui avait dit qu'elle faisait seulement semblant. Sur le coup, son courage vacilla. Et si elle s'était trompée ? S'il avait passé une nuit affreuse à cause d'elle ? Elle baissa les yeux sur son assiette et joua avec des miettes de toast.

— Après une querelle – grave, je veux dire –, que faisiez-vous ?

— On s'excusait, on se pardonnait. Se raccommodait. (Il sourit.) C'était le plus amusant.

Freya sourit aussi. Avec la même expression, exactement, qu'il prenait pour lui confier qu'il filait en douce au casino tenter sa chance, ou que cette fois ils allaient à l'aéroport de Venise en vaporetto au lieu de prendre cet horrible vieux bus.

Il se pencha avidement vers elle, les coudes sur ses genoux osseux.

— Quelle joie de te parler, chérie ! Si seulement je pouvais te voir plus souvent. Je songe à venir à New York cet automne. Je pourrais peut-être me faire payer le voyage grâce à ce merveilleux système de bourses des facs américaines, qu'en penses-tu ?

Freya se rembrunit.

— Ça va être la saison des enchères.

— Pas pendant tout l'automne ?

— Je suppose qu'Annabelle voudra faire ses emplettes de Noël.

— Je pensais venir seul. Je voudrais te voir – si tu as du temps à m'accorder.

Son humilité la rendit honteuse. Une part d'elle-même le souhaitait très fort, mais ce n'était pas si facile. Elle jeta un nouveau coup d'œil à la photo de mariage. Il avait choisi sa vie, elle la sienne...

— Bon, tu réfléchiras.

Soudain brusque, son père s'extirpa du fauteuil et consulta sa montre d'un regard de myope.

— Il est temps de sortir Bedivere.

Freya nota l'heure avec un nouvel accès de panique. La cérémonie commençait dans deux heures. Où était passé Jack ?

28

La chapelle se remplissait. Par-dessus le bourdonnement opiniâtre de l'orgue, on entendait les froufrous et blablas des invités : imposantes grand-tantes parées de broches grosses comme des insignes de shérif ; oncles joviaux saucissonnés dans des gilets datant de leur jeunesse ; jeunes femmes en cheveux, robe rikiki et étole sur l'épaule ; marmots candides échauffant leurs cordes vocales. Jamie était de service à la porte, fringant en pantalon rayé et habit noir, distribuant le programme de la cérémonie. Devant, le révérend Thwacker, gnome rubicond englouti dans son surplis, bricolait du côté de l'autel, s'assurant que tout était en ordre, et souriait aux anges et à l'assistance. Serrés l'un contre l'autre sur des sièges de catéchisme, Roland et Sponge suivaient les moindres de ses gestes comme s'il était le Grand Inquisiteur disposant ses instruments de torture. Presque toutes les trente secondes, la main de Sponge se portait à la poche de son gilet, vérifiant la présence de l'alliance.

Freya regarda sa montre : plus que trois minutes. Dans son cœur, elle n'avait jamais cru que Jack lui ferait faux bond. Eh bien si. À sa droite, sa belle-mère, une apparition en soie couleur pêche ; à sa gauche, une étroite cloison de planches d'orme vermoulu l'isolait d'une clique composée de lointains parents de Tash côté Huffington, rien que des inconnus. Son père était encore dehors. À part la famille de Vicky et quelques vieux amis de son père, elle ne connaissait personne. Dans son dos, elle sentait les piqûres d'épingle des regards curieux. « Qui est donc cette femme au chapeau extraordinaire ? C'est la demi-sœur. Elle est seule, la pauvre. »

Dilatant les narines, elle regarda droit devant elle, comme face à un peloton d'exécution. Quelle vision déprimante : l'odeur de plâtre humide et de bréviaires moisis ; le froid montant du sol en pierre, les gerbes de glaïeuls criards flanquant l'autel, ces représentations ingénues d'agneaux, de crosses et de soleils radieux cousus à la main par des paroissiennes sur les housses des coussins. L'organiste jouait maintenant un air qui lui rappelait vaguement une publicité Renault à la télévision. Elle courba la tête sur son programme...

Son costume était encore suspendu dans l'armoire ; son nécessaire de rasage et sa brosse à dents dans la salle de bains : elle avait vérifié. Mais Jack lui-même avait disparu. Pour de bon ? Elle serra les dents. Quand même, c'était sacrément égoïste de bouder quand elle avait besoin de lui.

L'organiste s'arrêta de jouer. Un brouhaha de bavardages monta pour combler le vide, puis s'apaisa dans un murmure. Roland se leva, les traits héroïquement figés. Sponge palpa une fois de plus sa poche. Le révérend Thwacker prit place au bout de l'allée, ses lunettes miroitant ardemment sous un rayon de soleil. Annabelle sortit un mouchoir de sa manche, prête à endiguer un déferlement de joie maternelle. L'orgue poussa un sifflement asthmatique, rassemblant ses forces pour la marche d'entrée. Freya tourna la tête afin d'apercevoir à distance sa demi-sœur, trompeusement virginale dans sa robe ivoire décolletée, ajustant sa couronne de fleurs avec l'aide de Polly (ou de Lulu). Elle sentit vaguement un remue-ménage dans des parages plus immédiats – des gens se levant, un « tss tss » sévère, une voix s'excusant, remerciant. C'était Jack.

Sur le coup, les mots lui manquèrent. Il était superbe. Son costume était parfait, sa chemise bien repassée, sa cravate éblouissante. Ses cheveux reluisaient comme du vieil or. Le soulagement l'envahit.

— Qu'est-ce que tu fabriquais ?

Avant qu'il ait pu répondre, les accords triomphaux de l'*Entrée de la reine de Saba* retentirent. Tout le monde se leva et se retourna pour admirer la mariée. Freya se leva aussi, coude à coude avec Jack, humant l'odeur virile du savon à raser et celle de l'amidon. Son regard chercha son regard. Il lui sourit.

— Classe, le chapeau.

— Écrivain, hein ?

Barry Swindon-Smythe, père du marié, qui avait infligé à Jack un cours sur la privatisation des chemins de fer britanniques et son rôle éminent dans cette affaire, ne parut pas impressionné. Il but une gorgée de champagne. Ses yeux de rapace évaluèrent la grande tente sous laquelle la foule se pressait, comme pour mesurer le rapport qualité/prix des gens et des choses, puis retournèrent à Jack.

— Devrais-je avoir entendu parler de vous ? Sous quel nom écrivez-vous ?

— Le mien.

Barry hocha la tête.

— Pardon. Pas le temps de lire. Ma femme est l'intellectuelle de la famille. Toujours le nez dans un bouquin. En ce moment, c'est un truc écrit par l'un de vos compatriotes. Un nom marrant d'Américain. Clint ou Carter...

— Carson McGuire ?

— Lui-même. Vous le connaissez ?

— J'ai déjeuné avec lui l'autre jour, à mon club...

— Marilyn va être épatée. Voyons si je peux la retrouver.

Jack regarda l'homme s'enfoncer dans la cohue, avec son costume de richard, et décida de ne pas l'attendre. Il n'avait pas la moindre envie de discuter du génie de Carson McGuire. Résolu à tenir la promesse faite à Freya, en dépit de ce qui s'était passé, il comptait bien s'amuser. Sa gueule de bois avait miraculeusement disparu. Le soleil, le champagne et la conscience de sa noble conduite lui avaient rendu sa bonne humeur. Il s'échappa de cette chaleur lourde et de l'odeur de cire d'abeilles pour aller faire quelques pas sur la pelouse, ne s'arrêtant que pour laisser une mignonne serveuse remplir encore sa coupe.

C'était donc ça, un mariage anglais. Il fallait prendre des notes. La demeure se dressait devant lui, ses pignons enjolivés se profilant nettement contre le ciel d'un bleu serein. Des invités se rassemblaient devant le grand hall pour passer la double rangée du comité d'accueil et émerger, quelques mètres plus loin, par les portes-fenêtres de la bibliothèque, où les cadeaux étaient somptueusement exposés. Partout des fleurs, jaillissant d'urnes à l'entrée, débordant de pots disposés près des cordes maîtresses de la tente, formant des bouquets colorés sur les tables recouvertes de nappes damassées où, semblait-il, le déjeuner serait bientôt servi. Aux États-Unis, les réceptions de mariage ressemblaient plus à des cocktails – un repas assis était considéré comme une coutume barbare du Nord ; mais en voyant les plats de saumon arriver, Jack sentit qu'il pourrait peut-être s'ouvrir à ces usages.

Il se mit à flâner autour du chapiteau, une tente à rayures roses et blanches, prêtant l'oreille aux conversations et tentant de repérer toutes les nuances sociales qui composaient l'assemblée. Il y avait les potes universitaires de Guy, reconnaissables à leurs vestes en lin froissé, leurs cravates aux couleurs hardies et leurs coupes de cheveux désuètes ; des gens du pays, l'air emprunté dans leurs costumes verts ou leurs robes gonflantes à grosses roses imprimées ; le contingent des très chic Swindon-Smythe, avec leurs breloques dorées et leurs portables ; les amis de Roland et Tash – vingt ans à peu près –, cigarette aux doigts, dont la conversation commençait déjà à se relâcher en même temps que les cols se déboutonnaient. Tout le monde semblait de bonne humeur et bavardait à plein volume.

— Saint-Ethelburg est peut-être un établissement prestigieux, mais Nigel et moi considérons qu'ils ne s'intéressent pas assez à la personne humaine. Orson est un enfant si sensible...

— Prada, en fait.

— ... ne sait pas distinguer un Canaletto des *cannelloni*.

— Mais non, tu n'as pas vieilli. C'est simplement que ça change tellement, un chapeau.

Ah, les chapeaux ! Paille et rubans, soie et voilette, gaze et fleurs, velours et plumes ; rose shocking, rouge militaire, jaune jonquille ; chapeaux en forme de cloches, de tuyaux de poêle, de fontaines, de champignons, de soucoupes volantes ; ils dansaient et voletaient au-dessus de l'assistance tels des oiseaux migrateurs détournés de leur route.

Jack reconnut une silhouette inclinée, en train de lisser une serviette en papier en haut d'un socle d'où une statue, ou une urne décorative, avait dû naguère basculer.

— Tiens, Sponge. Et ce discours ?

— Jack ! Dieu merci. L'encre a bavé. Je n'arrive pas à me relire.

Après avoir arrangé le texte de son mieux, Jack donna au jeune homme une tape sur l'épaule.

— Sois bref. Parle fort. Ne bredouille pas. Tu seras parfait.

— Tu crois ?

— J'en suis sûr. Et maintenant, pourquoi tu n'irais pas chercher une coupe de champagne et parler à cette jolie fille en bleu ? Elle te zieute depuis cinq minutes.

Ajustant sa cravate, Sponge alla rôder vers sa proie. Jack survola la foule du regard, cherchant Freya. Elle s'était attardée après la cérémonie pour les photos, et n'avait plus réapparu. Il n'avait pas eu la chance de lui parler, bien qu'il eût ressenti une certaine intimité à l'église, quand ils avaient écouté, coude à coude, les paroles du pasteur. Il était content de ne pas s'être enfui.

Pure sensiblerie, se dit-il.

En attendant, il fit son devoir. Il parla à l'homme de Dieu. Causa avec Annabelle. Complimenta Polly et Lulu sur leurs robes roses (on aurait dit deux crevettes cuites). Quand Vicky lui fit signe de venir, il se laissa présenter à sa mère, femme grassouillette au sourire aimable et au regard inquisiteur, bien plantée sur ses chevilles épaisses.

— Ainsi, vous êtes son nouveau fiancé ? (Léger soupir.) Je me rappelle quand elle est venue ici pour la première fois, traînant là comme une orpheline. « La pension, ai-je conseillé à Annabelle, c'est la seule solution. Des camarades de son âge, de l'air pur et une nourriture consistante afin d'assurer sa croissance. » Cela dit, elle a toujours l'air aussi mal nourrie. Ce doit être de vivre à New York. On lit de ces choses sur ces pauvres célibataires en mal de mari, abordant la quarantaine et s'efforçant toujours de ressembler à des mannequins, se vouant corps et âme à leur « carrière »...

Jack, qu'une telle sécrétion de poison avait mis en

colère, rejeta la tête en arrière et éclata d'un rire généreux.

— Chère madame, je ne vois pas pourquoi Freya devrait se mettre un fil à la patte. Elle mène une vie trop passionnante. La persuaderait-on de se marier, je la vois mal abandonner son travail. Savez-vous qu'elle a vendu une œuvre à Tom Cruise ?

— L'acteur ?

— Ou est-ce Dustin Hoffmann ? Les grands collectionneurs voient en elle un gourou, vous savez.

— Vraiment ?

À ce moment-là, Jack aperçut Freya qui sortait de la maison pour traverser la pelouse tel un cheval de course. Elle portait une robe sensationnelle, courte en bas et décolletée en haut : son genre préféré. Son chapeau était merveilleusement ridicule, plein d'audace comme elle seule pouvait l'être. Il soulignait admirablement la ligne de sa nuque et projetait des ombres intrigantes sur son visage. Attirant son attention, il vit son sourire de soulagement, bientôt remplacé par la lassitude quand elle comprit à qui il parlait.

— Chérie, où étais-tu ?

— Un problème avec le gâteau. J'aidais Annabelle.

— C'est gentil de ta part. (Il l'enlaça par la taille.) Et maintenant, si vous le permettez, madame Carp... Il faut absolument que j'aille abreuver de champagne cette pauvrette.

— Oh... ! oui... je comprends. (La mère de Vicky s'écarta avec respect, comme s'inclinant devant un membre de la famille royale.) Tu es en beauté, Freya.

— Que disais-tu à cette vieille fouine ? s'inquiéta cette dernière, une fois hors de sa portée. Elle semblait aux anges.

— Je lui chantais simplement tes louanges.

— Ah ?

— C'est tout ce que tu trouves à dire ?

Il sentit sa cage thoracique monter et s'abaisser.

— Tu es bien aimable, Jack... Comment se fait-il ?

— C'est juste un début !

Il la lâcha pour rafler une coupe qu'il lui tendit gracieusement et trinqua avec elle. Les invités passaient à présent en groupes vers la tente, prêts à déjeuner ; certains leur lancèrent un coup d'œil complice.

Freya prit une longue gorgée, le sondant sous le bord de son chapeau.

— Inutile d'en rajouter, dit-elle.

Mais elle souriait.

Freya reposa sa petite cuillère avec un soupir satisfait. Le repas avait été délicieux, le vin abondant, la compagnie amusante. Elle se sentait rassérénée par le murmure des conversations, et agréablement endormie par la tiédeur de l'air emprisonné sous la tente. Jack était en forme – drôle, vif, aussi capable de discuter politique américaine avec Toby que d'encourager un ami de Tash dans sa vocation d'écrivain. C'était relaxant d'écouter les intonations familières de sa voix et de sentir son bras posé tranquillement sur le dossier de la chaise.

Ses pensées furent interrompues par des tintements de couverts contre des verres : on réclamait le silence.

— Que se passe-t-il ? fit Jack, se tournant vers elle.

— Les discours...

Il était venu, le moment tant redouté. Elle bougea sa chaise pour affronter les mariés et regarda son père se lever, ravalant sa jalousie et se préparant à l'écouter faire l'éloge de Tash.

— Mesdames et messieurs, commença-t-il, survolant la foule du regard avec un sourire amical. Je suis un homme heureux. (Rumeur d'approbation.) J'ai eu la joie de voir Tash passer de l'état de séduisant bébé à celui de jeune femme ravissante que vous voyez aujourd'hui. Je me souviens...

Freya se tordit les mains et contempla la moquette en coco. C'était un bon speech : affectueux et courtois, avec ce zeste d'autodérision qu'elle aimait tant. Il accueillait Roland. Il louait Annabelle. Il rendait hommage au véritable père de Tash, mort prématurément et dont il était heureux de recevoir les amis aujourd'hui. Freya ne pouvait s'empêcher d'être fière.

— ... et si je suis un homme heureux, c'est que j'ai non pas une, mais deux filles.

Freya releva la tête, ahurie.

— Je suis particulièrement content que ma fille Freya ait pu se joindre à nous aujourd'hui, avec son ami Jack. Pour ceux qui ne le sauraient pas, Freya mène une vie bien remplie à New York – en fait, je compte sur elle pour me tenir compagnie sur mes vieux jours. C'est la meilleure des compagnes en même temps qu'une belle jeune femme – cela grâce à sa mère, je dois dire. La fête n'aurait pas été pleinement réussie sans sa présence. Merci, chérie.

Freya baissa la tête pour cacher son émotion. Son cœur était comblé. Il ne l'avait pas oubliée.

Le discours toucha à sa fin ; ensuite, Roland se leva pour débiter une longue liste de remerciements. Comme le père de Freya reprenait sa place, il évalua mal la position de sa chaise et faillit tomber. Ce n'était rien – personne ne parut s'en apercevoir –, mais Freya comprit avec une certaine angoisse qu'il se faisait effectivement vieux. Un jour, dans un avenir pas si lointain, elle le perdrait à jamais. D'instinct, elle se tourna vers Jack et vit qu'il la dévisageait. Il eut un sourire rassurant, comme s'il avait lu dans ses pensées.

L'audience riait à présent. Roland s'était rassis. Mon Dieu, c'était ce bon vieux Sponge ! Il fallait l'écouter.

« Le mariage est un champ de bataille, disait-il. Pas un champ de roses. »

Étrange, c'était justement ce que son père avait tenté de lui expliquer ce matin. Peut-être s'était-elle fait des idées fausses pendant toutes ces années où elle avait cherché l'homme idéal. À la réflexion, un lit de roses avait l'air assez insipide. Pendant quelques instants, elle imagina plutôt l'homme et la femme comme des partenaires de combat, testant mutuellement leurs forces et découvrant leurs propres failles – adversaires, mais pas ennemis. Cela semblait bien plus amusant que de reposer sur un lit de vieilles fleurs nauséabondes. Elle y voyait quelque chose de passionnant, d'aventureux.

— ... à Roland et Tash !

Elle leva sa coupe et prit une gorgée de champagne, appréciant le frais picotement sur sa langue. Spontanément, elle se tourna vers Jack et trinqua avec lui.

— Merci d'être venu. Tu as tout changé.

Ces paroles les surprirent l'un et l'autre.

L'humeur était plus légère. On alluma des cigarettes. La conversation reprit. Tout le monde se levait pour aller prendre l'air. Freya s'apprêtait à en faire autant quand la voix de Hilda Carp se coula dans son oreille.

— Freya, très chère. Tu n'aurais pas un moment ? J'ai une faveur à te demander. Tu crois que tu pourrais m'avoir un autographe de Tom Cruise ?

— On pourrait l'emmener dans les endroits qu'on fréquentait à Brooklyn – à l'*Ambrosio*, proposa Jack sur le ton de la persuasion.

— Je ne sais pas...

— Et ce resto japonais avec les crevettes vivantes ?

— Hmmm.

— Un match de football ?

— Pour commencer, je n'ai pas d'endroit où le recevoir.

— Ce n'est pas ce qu'il te demande. C'est toi qu'il vient voir. C'est ton père. Il t'aime.

Freya baissa la tête.

— Je sais.

— Alors, fais-le ! À propos, pourquoi ne pas en profiter pour te trouver un véritable appartement ? Tu pourrais donner une fête en son honneur.

— Une fête ?

L'idée était intimidante.

— Mais oui ! Je t'aiderais...

— C'est vrai ?

Ils étaient assis sur une vieille balancelle à moitié cachée dans une grotte taillée dans des ifs et observaient paresseusement les invités circulant sur la pelouse. On avait coupé le gâteau. Les jeunes mariés étaient montés se changer. Le soleil, encore présent, conférait à tout cela une chaude nuance dorée. Après les discours, Freya avait confié à Jack qu'elle songeait à inviter son père à New York et avait été surprise par sa réaction enthousiaste.

— Quelle belle journée !

La femme du pasteur s'était arrêtée devant leur repaire et leur souriait de toutes ses dents.

— Oui, c'était bien, fit Freya.

— Quel beau couple, n'est-ce pas ?

— Oui...

— Qui sait, ce sera peut-être votre tour la prochaine fois ?

Ses yeux de fouine étaient braqués sur Jack.

— Qui sait... ? (Freya distingua l'amusement dans la voix de ce dernier.) J'adore les vieilles dames, affirma-t-il quand cette dernière se fut éloignée. Elles sont si subtiles.

Freya se renversa en arrière avec un soupir.

— Aujourd'hui, déclara-t-elle, j'aime tout le monde.

— Hé, Jack, tu t'y connais en voitures ?

C'était Sponge, tenant la main d'une jolie fille en bleu, l'air anxieux. Lui et Jamie pomponnaient la voiture des mariés, reconnaissable à sa banderole « Just Married ». Un modèle japonais voyant, cadeau des Swindon-Smythe. Sans savoir comment, Jamie avait engagé l'antivol de direction, et personne ne semblait capable de le libérer. Jack accepta d'aller voir ce qu'il pouvait faire, et Freya resta seule.

La tête contre les coussins fanés, elle ferma les yeux. C'était presque fini. Elle n'en était pas morte. En fait, elle s'était même franchement amusée. Avoir un cavalier faisait toute la différence. Elle se demanda si Jack et elle pourraient s'éclipser dans la soirée afin d'aller dîner tranquillement au pub. Elle se voyait avec lui sur des bancs de bois, cernés par une forte odeur de bière et de *fish and chips*, ou peut-être dehors, avec une bougie vacillant entre eux et le chuchotement de la mer. Ils pourraient critiquer le mariage et partager leurs pensées en se chamaillant agréablement. Ensuite, ils rebrousseraient chemin au clair de lune et...

Un brouhaha interrompit ses pensées, et elle remarqua que tous les invités se dirigeaient maintenant vers le côté de la maison, où la voiture fuselée de Roland brillait tel un barracuda fraîchement tué. Freya esquissa un petit sourire. Nul doute que Jack se félicitait d'être un génie de la mécanique, quand bien même il n'aurait fait qu'appuyer sur un bouton. Quel crâneur ! Elle se leva, le cherchant du regard, même si rien ne pressait. Elle aurait tout le temps, avant le retour à New York, d'examiner cette nouvelle, cette passionnante idée qui prenait corps en elle.

Tash avait enfilé une robe d'été parsemée de coquelicots ; elle était jolie et semblait émue. Freya la vit étreindre Annabelle et monter dans la décapotable. Roland s'assit d'un air important au volant, on eût dit un touriste décontracté avec ses lunettes de soleil. Quelqu'un promenait à la ronde une corbeille pleine de pétales de rose à lancer ; d'autres avaient apporté leurs propres confettis et s'affairaient à en déchirer les paquets.

Roland actionna le Klaxon et Tash se dressa sur le siège du passager, brandissant quelque chose : son bouquet. Une rumeur monta de la foule. Tash survola les visages en tournant lentement la tête. Ses mots flottèrent dans l'air : « Où est Freya ? Où est ma grande sœur ? »

Cette dernière ressentit un picotement de gêne, nuancée de colère à l'idée que Tash attirait l'attention sur elle de cette façon : sa « grande » sœur, pas encore mariée. Elle se demanda si c'était une idée de son père – un geste faussement gentil arraché de force à sa belle-fille. Se sentant bête, elle croisa les bras dans l'espoir de passer inaperçue. Elle n'avait pas du tout l'intention de se battre pour ce bouquet, même si on le lui lançait en pleine figure. Mais elle était trop grande pour se cacher ; son chapeau était comme un gros feu vert. Tash l'avait déjà vue. Elle était descendue de son perchoir et marchait vers elle avec un large sourire. La foule se fendit en deux. Freya entendit des gloussements collectifs : « Oh, comme c'est adorable ! Quelle jeune fille généreuse ! »

Ces paroles lui firent reprendre pied dans la réalité. Qu'importe ce qu'elles pensaient toutes les deux, si ceci était un rameau d'olivier selon Tash, elle pouvait au moins l'accepter avec grâce. Elle leva la tête et fit un pas en avant. Tash lui colla le bouquet dans la main, puis la serra affectueusement dans ses bras. Freya se pencha pour lui rendre la pareille. Elle sentit le bras de sa demi-sœur se faufiler comme un serpent dans son cou, et le souffle de son haleine dans son oreille au moment où cette dernière murmurait :

— Jack est un coup d'enfer, hein ? (Freya sursauta, choquée. Mais Tash la tenait bien, plantant ses ongles acérés.) Dommage qu'il ne soit pas ton petit ami..., cracha-t-elle.

Puis son bras se desserra. Flash d'un sourire, une étincelle dans le regard, et elle était partie.

Freya vacilla sur ses hauts talons. Le sang bourdonnait fort à ses oreilles, couvrant toutes les voix autour d'elle qui lançaient : « Bonne chance ! Au revoir ! » Elle vit un brouillard de mains agitées. L'air explosa de couleurs. Il y eut un vrombissement mécanique, un jet de gravillons, un bruit de casseroles. Elle était glacée. Si elle bougeait, elle allait tomber et se briser en mille morceaux. Quelque chose était planté dans sa paume. La poignée en fil de fer du bouquet.

La foule se retourna et se dispersa, la laissant seule sur une étendue verte jonchée de pétales. De loin, elle vit Jack marcher dans sa direction. Il souriait.

Ah ! elle était là !

Les derniers confettis tombèrent au sol en virevoltant. La foule s'éclaircit. Freya le regardait fixement. Son chapeau transformait son visage en une peinture cubiste faite de lumière diffractée et d'ombres géométriques, et il songea avec émerveillement et affection à toutes les femmes différentes qui s'abritaient derrière ce simple assemblage de traits.

— Freya !

Elle se retourna et s'éloigna au ralenti, telle une silhouette de songe qui ne peut vous entendre, même si on crie très fort.

— Freya !

— Pardon... (Une voix féminine lui vrilla le tympan.) Vous n'êtes pas Jack Madison ? (Il entendit un tintement de bijoux tandis qu'une griffe manucurée lui agrippait le bras.) Mon mari m'a dit que vous connaissiez Carson McGuire. Notre petit cercle de lecture à Totteridge serait si heureux de savoir à quoi il ressemble...

— Pardon, madame. (Il eut conscience d'une odeur musquée et d'un échafaudage de cheveux teints.) J'ai à faire. Je vous rejoins plus tard.

Il passa son chemin, ignorant le soupir dépité de Marilyn Swindon-Smythe.

Mais Freya avait disparu. Songeant qu'elle était peut-être dans la maison, il se hâta d'y entrer. Tout était calme et silencieux. Il jeta un coup d'œil dans la bibliothèque déserte, puis rebroussa chemin dans la cuisine. Un robinet gouttait. Bedivere était couché contre la cuisinière. Il agita poliment la queue.

— Où est-elle ? lui demanda Jack.

Mais il lui semblait entendre un petit bruit derrière la cuisine et il traversa le passage encombré, en jetant un œil par les portes. Elle se tenait dans une sorte d'office, devant un évier, et lui tournait le dos.

Il en sourit de soulagement.

— Freya, je voulais...

— Va-t'en !

Elle pivota sur ses talons et quelque chose le toucha au ventre. Jack l'attrapa d'instinct – un truc humide et pulpeux – sans quitter Freya des yeux. Elle avait ôté son chapeau. Son visage était grisâtre.

— Qu'est-ce qu'il y a ? (Il était effaré.) Que se passe-t-il ?

— Comment as-tu pu... Après tout ce que je t'avais dit. Comment as-tu pu... baiser ma sœur ?

Jack avala sa salive. C'était grave. Pourquoi Tash n'avait-elle pu tenir sa langue ?

— C'est un simple accident. Je n'ai pas voulu ça... J'étais en train d'essayer de dormir dans la bibliothèque quand elle est entrée et s'est déshabillée. Je suis désolé. J'étais fâché contre toi. Elle m'a... pratiquement contraint.

— C'est la meilleure ! Tu te crois donc à ce point irrésistible ?

— Eh bien...

— Tu ne comprends donc pas ? Elle n'a pas fait ça parce que tu lui plaisais : c'était pour me blesser. Pour s'en vanter devant moi. Me prouver que personne ne m'aimait assez pour me témoigner un brin de fidélité. Que mes sentiments ne valent rien, que je ne vaux rien. Et le pire, le pire, c'est qu'elle a raison.

— Non !

— Tu lui as même dit qu'on n'était pas vraiment ensemble, qu'on faisait juste semblant. Imagine ce que j'ai ressenti. Mais c'est vrai, tu t'en fous. Jack Madison a tiré son coup, il n'y a que ça qui compte, hein !

— Ça ne s'est pas passé ainsi.

Il avait l'impression d'avoir été cueilli par une lame de fond et d'être en train de basculer dans ses eaux turbulentes et boueuses. Il s'efforça de reprendre pied.

— Ça ne compte pas pour moi.

— Pour moi si !

Elle se frappa la poitrine, si fort qu'il entendit résonner sa cage thoracique.

— Quel genre d'ami es-tu ? Je ne te demandais qu'une chose : feindre d'être mon fiancé pour quelques jours. Mais non, une seule tentation et tu plonges.

— Non, minute ! Tu m'avais repoussé. Cela ne serait jamais arrivé si...

— Oh, pour l'amour du ciel, sois adulte ! « Ça ne compte pas, c'est elle qui m'a forcé. » Peu importe avec qui tu couches. Il n'est pas question de Tash. Il est question de toi. Du misérable être humain que tu es.

Ses paroles ruisselaient sur lui, brûlantes.

— C'est toujours la faute d'un autre : ton père, ton

éditeur, Tash, moi. Tu te trouves toujours des excuses. Tu demandes à être constamment adulé sans faire le moindre effort pour cela. Tu as eu toutes les chances, et tu les as gâchées. Tu es trop mou pour t'engager dans quoi que ce soit – avec une femme, un ami, ou même en littérature.

— C'est injuste !

— Ah oui ? Laisse-moi te dire la vérité, Jack. Tu n'es pas écrivain, tu es un dilettante qui vit du fric de son père et perd son temps avec des gens comme Candace Twink et Léo Brannigan. Tu ne finiras jamais ton roman parce que tu es trop paresseux ! Tu ne seras jamais un véritable écrivain parce que tu n'as aucun respect pour le cœur humain.

Freya poussa un soupir tremblant. Il y eut un long silence. Quelque chose blessait Jack. Baissant les yeux, il vit ce qu'elle lui avait jeté : un bouquet – des roses. Une épine était fichée dans son doigt rouge de sang.

Quand elle reprit la parole, ce fut avec un calme désespéré plus alarmant que sa colère.

— Je t'ai ouvert ma vie, Jack. Je croyais pouvoir compter sur toi, te faire confiance. Je te croyais mon ami...

Sa voix se brisa alors. Son courage flancha. Jack vit qu'elle pleurait. Une cavité s'ouvrit dans sa poitrine, comme si une grosse pierre avait roulé sur lui.

Elle le regarda en face. Ses yeux étaient pleins de larmes.

— Je voudrais bien continuer à t'apprécier, Jack, mais je ne peux plus.

Il fit un pas en avant.

— Freya...

— Va-t'en !

Elle balança violemment le bras et faillit tomber, puis s'agrippa au bord de l'évier.

— Va-t'en ! Je ne veux plus jamais te revoir !

29

FREYA N'AVAIT QU'UNE IDÉE en tête en rentrant à New York : voir Cat. Cat comprendrait. Cat ouvrirait une bonne bouteille et l'écouterait pendant tout le temps nécessaire ; elle l'aiderait à tailler Jack en pièces. Au moins, ce serait l'occasion de donner libre cours à la fureur et au chagrin qu'elle avait dû garder en elle, fumant, crachant et grésillant comme un brasier.

Il avait fallu raconter à sa famille que le père de Jack était gravement malade – crise cardiaque – et que son fils avait dû repartir de toute urgence. Évidemment, on ne l'avait pas crue, mais comment faire autrement ? Prétextant une migraine, elle était montée dans sa chambre pour se pelotonner sur le grand lit et revivre l'instant de triomphe de Tash. Elle aurait voulu dormir, mais ses yeux restaient écarquillés.

Elle avait pleuré pendant presque tout le voyage en avion – furieuse de se donner ainsi en spectacle, gênée par les regards curieux, mais trop lasse pour s'arrêter. Dans le brouillard, elle avait pris un taxi pour gagner son nouveau foyer : un petit deux pièces sans charme dans un quartier non coté du Village, sans vue, nu, au silence écrasant.

Elle y était restée juste le temps de prendre une douche éclair et de passer un jean propre et un pull. À la dernière minute, elle avait appelé Cat pour s'assurer que cette dernière se trouvait bien à la maison, mais la ligne était occupée et Freya n'avait pas la patience d'attendre. Jetant un imperméable sur ses épaules, elle s'était élancée dans la rue, mains dans les poches, tête baissée sous la pluie. Finalement, elle poussa la porte de l'immeuble, fit signe à son vieil ami le concierge et fila droit sur l'ascenseur. Enfin, un asile ! Les larmes lui montaient aux yeux alors qu'elle se répétait l'histoire qu'elle allait lui débiter. Elle avait hâte d'entendre le credo antihommes de Cat.

Une fois devant la porte, elle sonna. « Vite, Cat ! Dépêche ! » Mais rien ne se produisit. Collant sa joue au battant, elle retint son souffle. Rien. Elle renifla, renifla encore. Était-ce par miracle le puissant arôme des légendaires *spaghetti alla putanesca* de Cat ? Freya écrasa la sonnette et se mit à tambouriner.

— C'est moi ! Laisse-moi entrer !

Presque aussitôt, elle perçut une certaine animation, puis le déclic du verrou. La porte s'ouvrit, et Cat apparut. Freya fit irruption dans l'appartement et se jeta à son cou.

— Dieu merci ! Tu es là.

Son amie chancela sous son poids.

— Qu'est-ce que tu as ? (Son regard effleura le visage de Freya, ses cheveux décoiffés.) Tu n'as pas été agressée, j'espère ?

— C'est pire ! (Elle se mit à ôter son imper.) Si tu savais ce qui m'est arrivé en Angleterre...

— Mais tu n'es pas blessée ? Physiquement, je veux dire...

— Euh, non... (Freya regarda Cat, avec le sentiment de ne pas obtenir toute la dose de compassion méritée.) Mais ça a été l'enfer.

Elle lança son manteau sur une chaise et rejeta ses cheveux mouillés en arrière.

— Freya...

— Je hais les hommes. Pas toi ?

— C'est que...

— Si on buvait quelque chose ? Après, je te raconterai tout...

Elle passa devant son amie, contournant l'angle d'une haute bibliothèque qui séparait l'entrée du salon.

— Freya, attends !

Par la suite, Freya dut admettre qu'elle avait enregistré de multiples impressions en une seule seconde : l'éclairage exceptionnellement tamisé, romantique ; le couvert dressé pour deux sur la petite table, éclairée à la bougie ; la bonne odeur de cuisine ; un bruit derrière elle, mi-halètement, mi-plainte coupable ; le fait que Cat était trop bien habillée pour un simple dimanche soir un peu frisquet et n'avait pas ouvert au premier coup de sonnette. Mais, à ce moment-là, elle ne ressentit qu'un pur ahurissement. Il y avait un *homme* dans l'appartement de Cat. Et cet homme était Michael.

Il se tenait, très raide, entre elle et la table qu'il venait manifestement de quitter, car il serrait toujours une serviette en lin. Oui, elle nota ce détail. Les précieuses serviettes de famille de Cat.

Ils se contemplèrent en silence, sous le choc. Freya ne parvenait pas à comprendre la raison de sa présence. Cat avait bien signalé sa rencontre avec Michael dans le cadre professionnel, mais elle n'avait pas l'habitude de convier chez elle un confrère. Ils devaient discuter d'elle – quelle humiliation ! Puis le regard de Michael glissa vers un point derrière elle, et son expression en fut subtilement changée. Freya fit volte-face, juste à temps pour saisir le même air sur le visage de son amie. C'était un air de complicité – d'une absolue, parfaite, intimité. Les yeux de Freya allèrent de l'un à l'autre, sa compréhension aussi vive et coupante qu'une lame fendant une étoffe dissimulatrice. Cat et Michael. Michael et Cat. Sa meilleure amie et son ex : ensemble.

— Oups ! fit-elle, avec un rire forcé qui ressemblait davantage à un sanglot.

— Ma chérie, n'en fais pas un drame. Laisse-moi t'expliquer.

— On allait te le dire dès ton retour d'Angleterre...

— En fait, il n'y avait rien à dire... au début.

— Ça fait seulement quelques semaines que je connais Caterina.

Caterina ?

— Tout est allé si vite.

— C'est une surprise même pour nous.

Ce « nous » lui donna un poignant sentiment d'exclusion. Mais il ne fallait pas le montrer.

— Ce sont des choses qui arrivent. (Cat attrapa les mains de son amie.) Je serais triste si tu le prenais mal.

Freya se redressa fièrement, drapée dans sa dignité.

— Le prendre mal, moi ? Pourquoi donc ? (Elle se dégagea.) Vous êtes libres. Cela ne me regarde pas.

Le regard de Cat vola jusqu'à Michael, puis revint se poser sur elle.

— Mais tu es mon amie. Bien sûr que cela te regarde. Je t'en prie, ne sois pas comme ça.

— Comme quoi ? (Elle tenta de sourire, malgré ses lèvres figées.) Écoute, la journée a été longue et je suis fatiguée. Ton dîner refroidit.

— Je m'en fous, du dîner ! (Regard d'excuses à Michael.) Reste et parlons.

— Une autre fois, peut-être, d'accord ?

Esquissant un geste d'adieu, Freya fit un pas en arrière et battit en retraite en contournant la bibliothèque. Elle entendit Cat l'appeler, mais l'eût-elle voulu, elle n'aurait pu lui répondre. Reprenant son imperméable sur la chaise, elle ouvrit la porte et courut vers l'ascenseur, la main plaquée sur la bouche. La porte de l'appartement se referma lentement.

Parvenue au rez-de-chaussée, elle se sauva dans

l'obscurité de la rue. Mais arrivée là, elle resta plantée comme une borne sur le trottoir glissant, ne sachant que faire ni où aller. Ils devaient être en train de parler d'elle à présent, tels des parents flanqués d'une progéniture traversant une « mauvaise passe ». Elle imagina tous les secrets qu'ils lui cacheraient. « Surtout, n'en dis rien à Freya. »

Des flots d'inconnus passaient à côté d'elle, la frôlant de leur parapluie ou la bousculant de l'épaule. Ils bougonnaient lui criaient de dégager le passage. Freya observa autour d'elle – les voitures, les lumières, les gratte-ciel qui se succédaient en largeur, en hauteur. New York était une métropole, elle était pleine de gens. Si Cat l'abandonnait, elle pourrait toujours se faire d'autres amis.

Elle ne bougeait pas. Soudain, elle eut la vision effrayante de cette immense marée humaine reculant toujours un peu plus, pour la laisser seule, sur une île déserte de sa propre invention. Elle se sentait à un tournant de sa vie : elle pouvait rentrer chez elle, dans le silence de son appartement, et s'y enfermer, seule mais en sécurité ; ou retourner là-haut, afin de dissiper l'ombre qu'elle avait jetée sur leur bonheur et reprendre sa place dans leur existence. Elle serra les bras sur son imper éclaboussé. Que faire ?

30

JACK RALENTIT SUR LA PISTE DÉFONCÉE, s'arrêta et chercha le bout de papier où il avait griffonné quelques indications. C'était la troisième fois qu'il s'arrêtait en une heure : une fois pour réparer un pneu crevé, une autre pour déplacer une tortue occupée à bronzer sur le chemin, et maintenant pour vérifier s'il était aussi perdu qu'il le croyait.

Certes, il connaissait la montagne. Les Madison possédaient un endroit près d'Asheville, terrain de jeux pour clientèle fortunée de la Caroline où Jack avait passé des vacances à nager et à descendre en rafting avec son frère Lane, tandis que son père jouait au golf et donnait des cocktails. Étudiant, il allait y faire la fête avec des copains, skier l'hiver et traîner l'été, à écouter des groupes de musique country. Mais jamais il n'avait poussé si loin au nord ; et jamais il n'était venu seul. On désignait cette partie de l'État comme le Haut-Pays, les Provinces perdues, ou simplement « là-haut ». Il commençait à comprendre pourquoi.

Il contempla le panorama avec un rien d'appréhension. Les ombres bleues de l'après-midi s'allongeaient sur les flancs de coteaux boisés et abrupts. Dans la vallée, l'herbe avait l'air lisse et douce comme le tapis d'une table de billard. Une ligne sombre et serpentine de pins et de cornouillers signalait le cours de la New River, et au loin on pouvait voir l'éclat verdâtre de son passage tumultueux. Le pays était magnifique, mais sauvage et désertique. Les charmants villages touristiques s'étaient évanouis. Depuis plusieurs kilomètres, il progressait avec constance sur des chemins sinueux et caillouteux, croisant des pommeraies, des plantations de sapins, de petites églises au clocher blanc et des fermes isolées avec leurs granges rouges et leur bétail au pré. Les chalets de vacances semblaient rares. Enfin, il avait brûlé ses vaisseaux. Son appartement était aux mains d'un agent immobilier ; toutes ses affaires au garde-meuble – toutes, sauf ce qu'il avait dans son coffre. La voiture, il l'avait louée à l'aéroport de Charlotte et la rendrait dès qu'il aurait déniché un vieux tacot à vendre. En étudiant la carte, Jack conclut qu'il avait pris la bonne route, malgré les apparences. Tirant sur son chapeau de pêche cabossé pour se protéger du soleil, il poursuivit son chemin.

Il ne lui avait pas fallu plus de douze heures à New York pour réaliser qu'il ne pouvait plus y rester. Après la Cornouailles, la frénésie de Manhattan était irritante ; chacun semblait y poursuivre un but, sauf lui.

Ce qu'il lui fallait, c'était une retraite d'écrivain – rien de luxueux, mais un coin paisible pour s'enfermer avec son ordinateur et se concentrer sur son roman, libéré des distractions de la ville et des basses contraintes domestiques. Lauren, sa belle-mère, vivait désormais en Virginie, dans une maison très agréable qu'elle quittait chaque matin afin d'assumer ses fonctions de directrice d'un programme ambitieux pour enfants « inadaptés » ou de milieu défavorisé. Jack, qui se voyait très bien dans sa chambre d'amis, l'avait appelée pour se faire inviter. Mais, à sa grande déception, Lauren n'avait pas partagé son enthousiasme. En fait, ses questions sur son soudain empressement à quitter New York et à se vouer à l'écriture lui avaient été fort désagréables. C'était tout le problème avec les femmes intelligentes : elles ne prennent jamais les choses pour argent comptant ; il faut toujours qu'elles interprètent.

— Ne me dis pas que tu as enfin quelqu'un dans la peau ! avait-elle dit d'une voix traînante et affectueuse, comme il s'embrouillait dans ses explications. J'ai hâte de la rencontrer.

— Je ne vois pas de quoi tu parles, avait-il rétorqué avec brusquerie.

Cependant, vingt-quatre heures plus tard, elle l'avait rappelé pour lui faire cette proposition : un de ses amis possédait un vieux chalet à la montagne qui était dans la famille depuis des générations. L'an dernier, il avait été squatté par les membres d'une secte en cavale, et depuis personne n'y était retourné. Il n'y avait pas l'électricité, et on ne connaissait pas exactement l'état des lieux, mais Jack pouvait y habiter gratuitement à condition d'effectuer les réparations. Jack avait accepté avec joie, s'imaginant dans le rôle d'un moderne Thoreau, en harmonie avec la nature. Son roman progresserait à grands pas.

À gauche se présentait un écriteau peint à la main. Repoussant ses lunettes sur son nez, Jack tendit le cou pour le déchiffrer à travers le pare-brise. « ALIMENTATION ANIMALE. » Bon. Selon ses indications, il fallait parcourir encore un kilomètre, puis tourner au niveau des pins jumeaux et continuer jusqu'au chalet. L'émotion le gagna ; l'aventure allait commencer. Enfin, il vit le chemin privé, si embroussaillé qu'il avait failli le manquer. Sous ses pneus, il entendit bruire les herbes hautes et crisser les aiguilles de pin. Au-dessus de sa tête, les arbres poussaient en rangs serrés, ne laissant passer que des trouées d'une lumière dorée. Il accéléra sur une pente subite, négocia un virage, puis un autre, avant de s'arrêter brutalement, son pied ayant glissé de l'accélérateur sous l'effet du choc. Devant lui se dressait une jungle miniature au-dessus de laquelle on discernait à peine un toit en zinc pentu, envahi par les plantes grimpantes, et la partie supérieure des murs en rondins, ainsi que les contours d'une fenêtre grossièrement barricadée. Jack ouvrit de grands yeux. Ce n'était pas une villégiature. C'était une cabane, une ruine.

Coupant le contact, il ouvrit sa portière et descendit. Le silence l'enveloppa comme un linceul et, l'espace d'un instant, il éprouva un sentiment proche de la panique. Puis il se ressaisit, extirpa le cric du coffre et s'en servit pour se frayer un chemin jusqu'au porche étroit et déclouer les planches qui condamnaient l'entrée. Derrière, la porte était entrouverte, accrochée par des gonds à moitié cassés. Jack fit un pas à l'intérieur, baissant vivement la tête au moment où un oiseau sortant des ténèbres s'envola. Il se tenait dans une pièce d'environ quatre mètres cinquante sur six, au sol et aux murs de planches sommairement sciées. D'un côté on voyait une table carrée en pin et un réchaud à gaz branlant ; de l'autre, tirés contre la cheminée, deux sièges et un canapé éventrés. Soit les membres de la secte s'étaient battus, soit des petites bêtes avaient trouvé là un endroit très douillet pour faire leur nid. Il y avait des crottes de souris partout, ainsi que des amas de feuilles mortes et une étouffante couche de poussière. Jack découvrit deux petites fenêtres, fermées par des volets de fortune, et une autre porte qui ouvrait sur une pièce exiguë contenant un châlit de bois, une simple chaise et une tringle brisée qui avait dû servir à suspendre des vêtements. C'était tout. Jack alla s'asseoir sur les marches, s'efforçant de surmonter son dégoût. Il songea bien à partir à la recherche d'une auberge, mais il ferait nuit dans une heure et il y avait de fortes chances pour qu'il se perde en route. De toute façon, ça ne ferait que repousser le problème, et il n'avait pas d'argent à dilapider. Le tout était de savoir s'il allait s'accrocher ou partir. Un bruissement dans les fourrés lui fit lever la tête. Une marmotte venait d'émerger du sous-bois et se tenait sur son arrière-train, les pattes ballant sur son gros ventre et curieuse comme une vieille femme. Elle regarda Jack et Jack la regarda. Dans sa tête, il entendait sa propre voix expliquer : « Vous voyez, j'avais l'intention de finir mon livre, mais hélas ! le chalet était inhabitable. J'ai toujours voulu être écrivain, mais j'ai manqué de temps. J'allais faire autre chose que mon père, mais ça n'a pas marché. Il y avait cette femme qui me plaisait depuis toujours, mais... » Les bruits de la forêt reprirent tandis qu'il réfléchissait. Enfin, il jeta à la marmotte un regard de connivence et se releva.

Il profita des derniers rayons du soleil pour ramasser du bois, repérer un point d'eau et nettoyer le chalet avec un balai étonnamment pratique trouvé dans un appentis. Au moment où moustiques et chauves-souris firent leur apparition, il troqua son short pour un jean, enfila un vieux chandail et transporta à l'intérieur quelques objets sélectionnés dans son coffre. Quand enfin il rentra, refermant tant bien que mal la porte cassée derrière lui, le ciel était tout noir. Des nuages étaient apparus, portés par la brise, pour occulter les étoiles et un morceau de lune gros comme un ongle. Ayant allumé un feu dans la cheminée, plus pour la lumière et le plaisir que pour la chaleur, Jack s'installa sur son sac de couchage et s'attaqua à un mégasandwich, deux pommes et quelques beignets tout en gribouillant la liste des produits à acheter. Dehors, la température chutait et le vent se leva. Des créatures inconnues piétinaient le sous-bois (chevreuils ? opossums ? mouffettes ? *ours noir ?*). Vers minuit, il se mit à pleuvoir. Les gouttes chantaient sur le toit de zinc et s'infiltraient par de multiples trous. La cheminée fumait abondamment. Jack ôta ses chaussures et se glissa, tout habillé, dans son sac, posant la tête sur sa veste pliée et contemplant les flammes. Arthur Miller avait construit son chalet de ses propres mains avant d'y emménager pour écrire *Mort d'un commis voyageur*. Certes, il n'était pas Arthur Miller ; pour commencer, il n'épouserait jamais Marilyn Monroe. Mais son orgueil était piqué. Il ne s'avouait pas vaincu.

Il lui fallut cinq jours pour rendre le chalet habitable. Il répara le petit générateur qui pompait l'eau d'une source à flanc de colline, faucha les mauvaises herbes, reboucha les trous du toit, remit la porte sur ses gonds. Il remplaça les moustiquaires et débarrassa la cheminée de ses nids d'oiseau. Dans le petit village endormi, il acheta un fourneau d'occasion et un réfrigérateur, plus les bonbonnes de gaz pour les alimenter, et investit dans trois lampes à pétrole toutes neuves. Il se procura un permis de pêche et une liasse de cartes locales où figuraient les chemins de randonnée. Le problème du lit, il le résolut en fixant un hamac dans un coin de la pièce et s'habitua presque à y dormir. L'autre pièce fut convertie en bureau, avec une table faite d'une vieille porte fixée sur des rondins à l'aide de clous. Dehors, sous les arbres, était garé son nouveau véhicule, pick-up poussif acheté à bas prix, car décoré par ses hippies de propriétaires précédents, dans un rose hallucinant agrémenté de fleurs. Les jeunes fermiers lui exprimaient leur dédain en le klaxonnant du haut de leurs tracteurs. Jack leur répondait d'un sourire en montant le volume de la radio, qui diffusait de la country.

Enfin, il fut prêt à écrire. Sa machine portative était sagement posée sur son bureau improvisé, près d'une haute pile de papier blanc et de plusieurs classeurs contenant ses notes et un manuscrit inachevé. Jack inventa tout un rituel pour son premier jour. Il se leva de bonne heure, se rasa devant la glace qu'il avait suspendue à un arbre, se prépara du café et une omelette au jambon, enfila un short et un tee-shirt propres, enfin s'installa dans sa simple cellule en bois. Gonflé d'espoir et de détermination, il saisit un classeur et sortit le manuscrit familier. Ah ! oui. « Le bateau entra dans le port... » Brièvement, il se demanda ce que Freya pouvait bien être en train de faire. Puis son image fut balayée par un enivrant torrent d'idées. Plaçant au-dessus des touches ses mains griffées par le labeur, il se mit à l'ouvrage...

Freya se trouvait à Chelsea, ayant passé l'après-midi à fureter dans des garages désaffectés et des entrepôts délabrés. Deux semaines plus tôt, Lola Preiss lui avait annoncé son intention de déménager sa galerie hors de Soho, quartier sur le point de devenir un éden pour créateurs de mode, avec des loyers en rapport. Plusieurs galeristes, parmi les plus malins, s'installaient à Chelsea, et Lola ne voulait pas rester à la traîne. Freya avait donc été chargée de lui dresser une liste des lieux les plus adaptés.

Il était plus de dix-sept heures. Inutile de retourner au travail. Elle resta au coin de la rue, hésitant à prendre un taxi pour rentrer chez elle. Mais le soleil brillait, et aujourd'hui la température avait assez baissé pour être agréable.

Elle marcha jusqu'au bout d'un vieux quai de chargement et contempla le fleuve, puis rebroussa chemin et se mit à flâner dans les petites rues bordées d'arbres, cherchant vaguement la station de métro. Tout lui était si familier – les cercles en fer forgé autour des arbres, le trottoir défoncé où elle trébuchait souvent, cet homme s'exerçant au base-ball avec son fils, les cris de joie des gosses qui sautaient autour d'un système d'arrosage, sur le terrain de jeu. Elle avait bel et bien l'impression d'être dans le fief de Jack. Espérant qu'il ne regarderait pas par la fenêtre. Elle n'avait aucune envie de le voir. Mais ce serait idiot de faire demi-tour. Tant qu'elle resterait de l'autre côté de la rue, elle serait en sécurité.

Des ouvriers encombraient ce trottoir-là avec des planches, des bétonnières et des sacs de sable. C'était triste de penser qu'une nouvelle maison allait être rénovée. Bientôt, le quartier serait plein de banquiers, et son charme en serait altéré. Mais en se rapprochant, sa vaine nostalgie fit place à la surprise. C'était la maison de Jack qu'on reconstruisait, et plus particulièrement son propre appartement qu'on vidait. Que se passait-il ?

Sans prendre la peine de réfléchir, elle s'élança et demanda aux ouvriers s'ils travaillaient pour M. Madison. Mais personne n'en savait rien, excepté le contremaître, qui était rentré chez lui de bonne heure – comme d'habitude.

Elle agrippa la grille et contempla la coquille vide de cet appartement qu'elle connaissait si bien. Le premier choc passé, elle comprit qu'il n'y avait rien d'étrange au déménagement de Jack. Il avait lui-même dit qu'il n'avait pas les moyens de rester. Le plus surprenant, c'était la soudaineté de sa décision. Elle se demanda où il était allé.

Perdue dans ses pensées, elle poursuivait sa route quand un borborygme, à la fois fruste et amical, attira son attention. C'était le vieil Italien, toujours en maillot de corps, qui était assis sur sa véranda et inclinait sa bière en guise de salutation.

Freya lui répondit d'un geste, puis s'approcha des marches et leva la tête, la main en visière.

— Vous vous rappelez mon ami Jack ? Un grand blond, la trentaine, il habitait dans l'appartement actuellement en travaux...

— Bien sûr.
— Vous savez ce qu'il est devenu ?
— Parti. Il a déménagé.
— Depuis combien de temps ?
— Trois ou quatre semaines.
— Vous savez où il est allé ? Vous lui avez parlé ?
— Je lui ai dit : « Vous partez ? » Et il m'a répondu : « Je quitte New York... »
— Quitter New York ? (Elle n'en revenait pas.) Mais pourquoi ? Pour aller où ?

Le vieillard la regarda d'un œil torve.

— Vous me prenez pour un médium ? Les gens vont et viennent. C'est ça, New York.

L'ayant poliment remercié, Freya continua sa route. C'était idiot de se sentir remuée. Quelle importance pour elle, de savoir où il était passé ? Jack était un fumier. Jamais elle ne pourrait lui pardonner. Elle ne voulait plus jamais le revoir et le lui avait d'ailleurs clairement dit.

Jamais. Ce mot parut se répercuter dans sa poitrine. De longs mois s'étendaient devant elle – juillet, août, septembre... Il reviendrait sans doute en septembre, pour reprendre ses cours.

Et si ce n'était pas le cas ? Si elle l'avait chassé pour de bon ? Elle ne se souvenait même pas du nom de sa ville natale. Oakville ? Oakland ?

Oh ! et puis quelle importance ? Descendant franchement du trottoir pour traverser la rue, elle faillit heurter un cycliste, qui zigzagua pour l'éviter et lui adressa un geste obscène. Freya se demanda ce qu'il avait fait de Rossinante. « Où es-tu ? » s'écria-t-elle, avec humeur, dans sa tête. Mais il n'y avait pas de réponse.

Jack avait ses habitudes à présent. Chaque jour, il se levait à l'aube avec les oiseaux, faisait sa toilette, s'habillait et s'acquittait des corvées quotidiennes. Puis il écrivait toute la journée jusqu'à cinq heures, après quoi il partait faire une longue marche ou nager, pêchant parfois une truite pour le dîner. Le soir, il s'installait au coin du feu pour se relire et prendre des notes en vue du lendemain. Enfin, il grimpait dans son hamac et s'endormait vers vingt-deux heures. C'était un peu ennuyeux, mais il se sentait en forme, plein d'énergie, et cette routine favorisait sa concentration. Lentement, les feuillets s'accumulaient sur son bureau.

Les samedis après-midi étaient des exceptions : ayant soigné sa présentation, il sautait dans la camionnette pour un bref retour à la civilisation. Il s'était tellement fait à la solitude que l'agitation du village l'excitait autant qu'une balade sur la Cinquième Avenue. (Hé ! une pizzéria ! des femmes ! la télé !) Tout prenait du temps, car les gens aimaient parler et il aurait été impoli de ne pas leur répondre. D'abord, il passait au bureau de poste voir s'il avait du courrier ; c'était rare, peu de gens connaissaient sa nouvelle adresse. Puis il allait faire ses courses. Dans la supérette, il ignorait résolument le présentoir à vin et bières (les alcools forts étaient interdits à la vente), tout comme il ignorait le regard que la caissière lui avait jeté en lui demandant s'il venait de s'installer en ville ou était juste de passage. (Du calme, mon vieux !) Une ou deux fois, devant le tourniquet à cartes postales, il avait songé à en envoyer une à Freya – un petit mot, un signal. Mais pour lui dire quoi ? « Je suis ici pour écrire mon livre. » Trop prétentieux. « Je pense à toi » – elle la déchirerait en morceaux. Après les commissions, alors qu'il n'était que six heures, il allait au *Barbecue and Pickin' Parlor* dévorer une montagne de poulets, côtelettes bœuf et porc, servis sur une plaque en bois en forme de cochon avec de la purée de maïs, des petits pains au lait et de la sauce. Puis il retournait en titubant à la camionnette et rentrait au chalet pour lire au coin du feu.

Aujourd'hui, il faisait très chaud, même si un nouveau voile bronze sur les flancs de la montagne annonçait l'automne. Garant son pick-up dans la grand-rue, Jack se hâta de retrouver l'ombre du bureau de poste et son cliquetant ventilateur. Il y eut l'habituel remue-ménage quand on se retourna sur lui. Il répondit avec un vague sourire cordial, ne se doutant pas du tout de ce qui l'attendait.

— Vous avez de la chance aujourd'hui, déclara l'employé au guichet.

On lui tendit trois lettres. Jack alla les lire dans un coin, curieusement mal à l'aise à l'idée que son père, Lauren et Candace avaient tous trois choisi de lui écrire au même moment. Il décida d'ouvrir la lettre de Candace en premier (papier à lettres lilas, avec son adresse à elle notée sur le rabat de son écriture à volutes). Décachetant l'enveloppe, il sortit ce qui était à l'évidence une longue et importante communication.

« Cher Jack, lut-il. J'ai peur que ces nouvelles ne soient pour toi un terrible choc... »

31

Trois mois plus tard.

— NE T'ÉNERVE PAS.
— Je ne m'énerve pas !... De quoi j'ai l'air ?
— Je te l'ai déjà dit : tu es très bien.
— Bien ? La dernière fois, tu avais dit *magnifique.*
— Tu es magnifique.
— Et avant, tu avais dit *fantastique*.
— Tu es magnifique et fantastique.
— Et ma coiffure ? Je déteste novembre : il y a tellement de vent à New York.
— Ta coiffure est parfaite. On est en taxi, tu te rappelles ?
— S'il ne venait pas ?
— Il viendra. Cesse de tripoter ton bouquet.
— C'est que j'ai été si méchante avec lui !
— Lui aussi a été horrible avec toi. Vous vous êtes pardonné. C'est ça l'amour.
— Je crois que je vais m'évanouir.
— Mais non.
— Je l'aime vraiment, tu sais.
— Je sais.
— Mon Dieu ! On est arrivées... tu as le Valium ?

On étouffait dans l'église et la fiancée était en retard. C'était la troisième fois que l'organiste interprétait

Jésus, que ma joie demeure. Jack joua avec son bouton de manchette et jeta un coup d'œil aux invités endimanchés, à ces visages qu'il connaissait depuis l'enfance. Des parfums de luxe tranchaient sur la lourde fragrance des lis blancs pleinement épanouis. Il avait chaud, se sentait comprimé dans cette tenue grotesque. Sa cravate faisait saillir sa mâchoire de façon agressive, comme s'il était sur le point de mener la dernière charge des Confédérés contre ces maudits Yankees.

Pourtant, il avait promis à Candace, et aussi à son père. Il fallait assumer.

— Allez, on respire à fond. Prête ?

— Toi d'abord.

— Ne fais pas l'enfant.

— Tu veux bien jeter un coup d'œil ?

La porte de l'église était entrouverte. Une modeste allée pavée de carreaux de couleur menait à travers des rangées de sièges, bondés d'invités parlant à voix basse. Tout au bout, un homme attendait, raide d'anxiété, contemplant une représentation particulièrement pittoresque de la crucifixion. Freya sourit. Michael tourna la tête, et sa face exprima tant de joie et de soulagement qu'elle en eut les larmes aux yeux.

— Nous sommes aujourd'hui rassemblés pour unir cet homme et cette femme par les liens sacrés du mariage...

Jack capta le regard de sa belle-mère. Elle lui fit un clin d'œil, et pendant un instant sa tension se relâcha. Lauren avait été l'avant-avant-dernière femme de son père. M. Madison n'avait jamais pris le mariage très au sérieux. Jack s'était souvent demandé s'il ferait de même.

Pourtant, cette cérémonie était si solennelle qu'il paraissait difficile de ne pas prendre le mariage au sérieux. Ce n'était pas du tout la même chose d'être ici, devant l'autel, et non parmi l'assistance.

— Candace Marie Twink, voulez-vous prendre cet homme pour époux...

Jack se ressaisit. Le grand moment arrivait. « Où était donc l'alliance ? »

— Michael Josiah Petersen, voulez-vous prendre cette femme pour épouse ? Jurez-vous de l'aimer, de la chérir...

— Oui.

Freya regarda ce visage, si fier et passionné. Elle ne lui avait jamais vu une telle flamme dans le regard, ni ce tendre sourire. Quelle chose étrange que l'amour. Et comme elle connaissait mal la nature humaine ! Elle aurait pourtant mis sa main à couper que ces deux êtres se détesteraient au premier coup d'œil ; en fait, ils s'étaient parfaitement adaptés l'un à l'autre, et cette complicité leur ouvrait la porte d'un nouvel avenir à deux. Cela semblait si facile. Si seulement...

— Je vous déclare mari et femme.

Un concert de sanglots éclata sans inhibition derrière elle. C'étaient la mère de Cat et les autres femmes de la famille. Les Italiens sont si émotifs. Une nappe de musique ruissela depuis la tribune d'orgue. Freya baissa la tête et jeta un coup d'œil fâché à ses beaux escarpins neufs. En ce moment, elle se sentait elle-même assez italienne.

— Félicitations, madame Madison.

Jack se pencha pour embrasser la mariée. Candace lui sourit, triomphante. Elle flottait pratiquement dans les airs, portée par un nuage de mousseline blanche – voile, traîne et d'autres choses qu'il n'aurait su nommer. Le piercing à la langue avait disparu.

De l'autre côté de la rue, la moitié d'Oaksboro

– celle qui n'avait pas été invitée – s'était massée sur le trottoir dans une débauche de feuilles jaune et rouge, ou se penchait par les fenêtres des façades en brique. Il était assez tard dans l'après-midi pour que la partie de football fût terminée, mais encore trop tôt pour commencer la soirée. Quoi de plus amusant que de s'attarder dans les derniers rayons du soleil de novembre, à mémoriser les moindres détails du dernier mariage Madison ?

— Allez les enfants ! (Jack tressaillit sous le ton de commandement de son père.) On rentre à la maison faire la fête !

— Chérie, comment pourrai-je jamais te remercier ? (Cat se jeta sur Freya, complètement ronde.) Tu as été merveilleuse.

— Mais non, j'ai juste...

— Si, elle a raison. (Michael lui pinça le coude avec approbation.) On n'aurait jamais réussi à organiser tout cela sans toi. (Il désigna la salle pleine d'invités, déjà lancés à l'assaut du buffet.) Tu as fait un superboulot.

— Fantastique ! renchérit Cat.

— Incroyable, ajouta Michael.

— Vous êtes bêtes. C'est moi qui vous remercie de m'avoir fait confiance. Je me suis bien amusée.

Freya sourit. Elle n'avait pas cessé de sourire depuis des mois et en avait mal aux joues.

Ils restaient plantés là, à se sourire béatement, quand Freya feignit de se rappeler quelque chose d'urgent à vérifier et les chassa en direction des invités. Elle les regarda s'éloigner avec une affection et un soulagement mélangés. Ce n'était pas le fait qu'ils se fussent épris l'un de l'autre qui la chagrinait. Ni la pensée que Cat s'était installée chez Michael et dormait dans ce lit tout récemment libéré. Cela ne l'avait pas ennuyée d'aider son amie à choisir sa tenue, à dresser sa liste de mariage, à commander les fleurs, à préparer la réception. Cela ne l'embêtait même pas d'être demoiselle d'honneur – du moment qu'on ne la forçait pas à porter une stupide couronne de fleurs. C'est seulement que c'était un peu... douloureux. Il y avait encore une vague gêne entre eux, même s'ils faisaient de leur mieux pour prétendre le contraire. L'histoire des pantalons raccourcis était devenue une blague désopilante. Ah ! ah ! Les révélations des secrets d'alcôve de Freya avaient été gommées des mémoires. Tout le monde en convenait : cela avait été un miracle que Cat ait pu bénéficier du billet d'opéra en trop.

Elle ne regrettait pas d'être retournée chez Cat, lors de cette terrible nuit, même s'il lui avait fallu rassembler tout son courage pour mettre son amour-propre de côté, et absoudre Cat et Michael. Elle était fière de sa conduite. En fait, elle s'était très très bien comportée depuis ces derniers mois. Professionnellement, elle avait le vent en poupe. Sur le plan privé, elle avait finalement signé un bail de longue durée pour un appartement à Tribeca qu'elle avait redécoré elle-même. Le mois dernier, elle y avait donné une grande fête pour Cat, Michael et leurs amis respectifs, frisant la crise cardiaque côté cuisine – sans parler de l'épreuve consistant à revoir les amis de Michael qui se souvenaient d'elle dans le rôle de la fiancée. C'était un bel appartement, avec un vrai concierge, du soleil et des vues dégagées ; il y avait même une chambre pour son père, qui viendrait la voir le mois prochain. Côté cœur, même si elle avait dit la vérité à Cat – et Cat avait critiqué Jack avec une vigueur tout à fait satisfaisante –, elle n'avait pas vraiment tourné la page. Mais c'eût été égoïste de remâcher son amertume quand Cat était si heureuse ; Freya avait fait un gros effort pour canaliser son énergie dans un sens positif.

Et elle était ravie. Elle avait adoré être happée dans

le giron de la famille Da Fillipo, si contente de marier enfin Cat. C'était drôle d'être l'âme de cette fête, qui avait si bien commencé. Les Italiens savaient s'amuser. Un petit orchestre jouait vaillamment dans son coin. Partout où le regard se posait, ce n'étaient que gâteaux suintant de crème, saupoudrés de sucre glace, imbibés de marsala, cloutés d'amandes et de fruits secs. Il y avait de grands saladiers pleins d'*asti spumante*, dont le niveau diminuait à une allure alarmante. La salle se trouvait au-dessus d'un restaurant du quartier italien, propriété du fils du beau-frère de Cat. Déjà il était plein d'oncles voraces et de tantes teintes en blond, d'enfants en costumes de velours et robes à volants.

Oups ! Mme Petersen, en bleu marine. Freya changea adroitement de cap. On avait décidé de nier tout rapport entre l'ex-fiancée qui s'était fait passer pour une femme de ménage mexicaine et l'Anglaise qui jouait les demoiselles d'honneur au mariage de Michael. Mme Petersen avait déjà assez souffert à l'idée de voir son fils chéri épouser une femme qu'elle ne connaissait même pas, à défaut de l'approuver : une femme active (féministe), une New-Yorkaise (dure), de plus de trente ans (plus vieille que Michael), d'origine italienne (catholique !). Même si Cat la traitait comme une reine, avait sollicité la faveur de l'appeler « mère » et ne cessait de louer son fils, Mme Petersen gardait une expression de martyre, qui se muait en air interloqué chaque fois qu'elle apercevait la meilleure amie de sa bru.

Freya se perdit dans la foule, buvant, bavardant et tâchant d'effacer le souvenir du dernier mariage auquel elle avait assisté. C'était la journée de Cat et de Michael, rien ne devait la gâcher. Un moment, elle les aperçut tous les deux : Cat parlait avec animation, à grand renfort de gestes, tandis que Michael la dévorait du regard, fasciné, comme si une déesse venait de descendre de son nuage.

Elle-même n'arrêtait pas de s'agiter, veillant à faire circuler les plateaux, à fournir des chaises aux plus âgés, et aidant à remplir les verres pour les toasts. Puis tout le monde se rassembla, quelqu'un tapa sur la table afin de réclamer le silence, et le père de la mariée fit un pas en avant. Son regard noir plana sur l'assistance.

— Je n'ai qu'une question, bougonna-t-il. Pourquoi a-t-elle attendu si longtemps ?

Après les discours, les événements se précipitèrent. On avait réservé un taxi pour conduire les jeunes mariés à l'aéroport ; ils allaient passer une semaine aux Caraïbes. Il fallait descendre les valises au rez-de-chaussée, payer l'orchestre. Freya remarqua la grand-mère de Cat assise toute seule, manifestement submergée par ce remue-ménage. Freya alla s'incliner devant elle.

— Puis-je vous apporter quelque chose ?

La vieille dame lui prit la main avec gratitude et la fit asseoir à son côté, contente d'avoir quelqu'un à qui parler. Avec un fort accent italien, elle déclara que la fête était merveilleuse, le marié très beau garçon, et Cat ravissante dans sa belle robe.

Tout en devisant avec la jeune femme, elle lui caressait la main. La sienne était toute petite et incroyablement frêle, sa peau douce comme un velours usé.

— Et vous, vous n'êtes pas mariée ?

La question prit Freya au dépourvu. Elle baissa les yeux sur ses doigts sans bagues, soudain tirée de la banalité confortable de ce bavardage.

— Non.

— Pas d'ami ?

— Non.

— Pourquoi ? Vous êtes si jolie.

Elle secoua la tête.

— Les hommes ne sont pas tout.

— Ça dépend de l'homme...

Le regard fané plongea dans le sien, perspicace.

— Vous n'avez jamais été amoureuse ?

Freya sentit sa lèvre trembler. « De grâce, arrêtez ! »

— Oh ! l'amour... Quel mot idiot !

La vieille dame sourit et lui tapota gentiment la main, comme si elles savaient bien l'une et l'autre que c'était un mensonge.

— La première fois que j'ai vu mon mari, c'était à ses fiançailles avec une autre. Mais ça ne m'a pas arrêtée. (Elle gloussa.) Une femme sait toujours. Et quand elle sait, elle doit agir.

— Mais... ce n'est pas toujours aussi simple, de savoir quoi faire.

Quittant son attitude désinvolte, Freya affronta franchement le regard de son interlocutrice.

Mme Da Fillipo lui étreignit la main et se pencha en avant.

— Il faut suivre son cœur. Il le faut. Gianni et moi étions mariés depuis cinquante-six ans. Il me manque tous les jours.

Sa figure aimable et ridée se rembrunit soudain. Freya avala sa salive avec difficulté.

— Oh, regardez ! s'écria-t-elle gaiement, en désignant Cat et Michael, qui étaient réapparus en tenue de vacances et faisaient leurs adieux.

Cat vint saluer sa grand-mère, et Freya lui abandonna alors son siège pour les laisser en tête à tête. Elle déambulait dans la foule, tâchant de recouvrer son équilibre intérieur, quand elle se retrouva face à face avec Michael.

— Très bien, ton discours...

Elle sourit.

Il écarta les bras pour l'étreindre avec chaleur.

— Promets-moi de m'inviter à ton mariage.

— Bien sûr, fit Freya, un peu raide.

Elle savait qu'il voulait être aimable, mais la remarque était mal choisie.

— Ne retiens pas ton souffle, ajouta-t-elle, s'efforçant de plaisanter.

Puis vint le moment de dire au revoir à Cat. Freya fut submergée par une sensation d'abandon et de solitude. Les vieilles amies qui vous connaissent par cœur sont difficilement remplaçables. Elle craignait que ce ne fût plus jamais pareil. Elle serra la jeune femme dans ses bras.

— Amuse-toi bien, lui dit-elle.

— Tu vas tellement me manquer !

— Tu es folle ! Et Michael, alors ?

Enfin, les jeunes mariés furent prêts à partir. Ils restèrent à la porte, les invités formant cercle autour d'eux.

— Adieu, tout le monde ! cria Cat.

Avec un théâtral mouvement du bras, elle lança quelque chose en l'air.

Le bouquet vola jusqu'au plafond, bien au-dessus de la tête de Freya, et y resta pendant de longues secondes. Puis il retomba dans un tourbillon de blanc crème, d'or et de bronze. Freya vit ses petits pétales accrocher la lumière et devenir une pluie d'étincelles. Il descendait, de plus en plus vite. Oh, non ! Il filait droit sur elle. De quoi aurait-elle l'air si elle laissait le bouquet de Cat s'écraser au sol ? Quelqu'un allait sûrement le rattraper. *S'il vous plaît*. Mais personne ne fit un geste. Au dernier moment, elle tendit la main et le saisit. « Aaaah..., soupira la foule. Bravo ! »

Freya contempla les tendres cœurs ouverts des fleurs. Comme elles étaient belles. Ses doigts se crispèrent sur les tiges. Puis elle éclata en sanglots.

Il y eut une rumeur de consternation. Freya cacha sa figure dans sa main. « Oh, non ! Non. Ne fais pas ça ! »

Mais impossible de contrôler les hoquets qui secouaient ses épaules et lui déchiraient la poitrine.

— Chérie, qu'y a-t-il ?

Soudain, les bras de Cat l'entouraient.

— Rien...

Tout le monde – *tout le monde* – la dévisageait. Elle gâchait le mariage de Cat. Comment osait-elle ?

— Dis-le-moi. Que se passe-t-il ?

— Je n'en sais rien... Va-t'en, s'il te plaît.

— Pas question de te laisser dans cet état. (La voix de Cat était basse et ferme.) Viens, on va trouver un coin tranquille pour parler.

Posant un bras protecteur autour de son amie, elle la guida vers l'embrasure de la porte, où Michael attendait, anxieux. Comme les deux jeunes femmes se dirigeaient vers les toilettes pour dames, les mariés échangèrent un regard. Michael hocha la tête. Il attendrait.

Cat la fit asseoir sur une poubelle retournée et s'accroupit.

— Qu'est-ce qu'il y a ? Qui t'a contrariée ?

— Personne.

— Attends, je te donne un Kleenex.

Elle se détourna pour fouiller dans son volumineux sac à main, rejetant des objets avant de trouver un étui de mouchoirs en papier, qu'elle déchira et tendit à son amie. Elle attendit que Freya se fût mouchée pour lui prendre les mains.

— Moi qui pensais que tu ne nous en voulais plus...

— Mais je ne vous en veux plus !

— On aurait peut-être dû attendre encore ?

— Non, non. Ça n'a rien à voir avec Michael.

— Alors, c'est quoi ?

Sa tête alla de droite à gauche. La vague de sentiments qui avait grossi en elle depuis le début de la journée – depuis des semaines, des mois – finit par déferler.

— C'est... Jack !

— Jack ?

Cat vacilla sur ses talons. Ses yeux étaient écarquillés. Ses cheveux, presque dressés sur sa tête.

— Tu parles bien de ce « saligaud de Jack » ?

— Ce n'est pas un saligaud !

— ... Qui a couché avec ta sœur ?

— Il ne l'a pas fait exprès.

Freya se moucha bruyamment.

— Ce bon à rien trop gâté qui vit de l'argent de son père ?

— Ce n'est pas sa faute si son père est riche. D'ailleurs, ce n'est plus le cas.

— L'écrivain raté ?

— C'est un *merveilleux* écrivain !

— Je ne comprends pas. (Cat fronça les sourcils.) Tu ne voulais plus jamais le revoir !

— Je sais... Mais je crois que c'était l'homme de ma vie.

— Oh ! chérie...

— Et maintenant, il est marié !

— Quoi ?

Elle se prit le front dans les mains.

— Jamais je ne le reverrai. Par ma faute.

Après ce fameux jour à Chelsea, sa fureur et son humiliation avaient commencé à s'estomper, remplacées par une dévorante curiosité. Où était-il, que faisait-il ? En septembre, elle avait été assez désespérée pour téléphoner au domicile des Madison, à Oaksboro (elle avait retrouvé le nom de la ville) – pas pour lui parler, bien sûr, juste pour voir s'il était là, et peut-être même entendre le son de sa voix. Mais c'était la gouvernante qui lui avait répondu. M. Madison était-il présent ? « Pas pour le moment, lui avait-on répondu, il est allé dîner avec sa fiancée... Mlle Twink. » Freya n'en avait pas cru ses oreilles. Elle refusait de le croire. De façon assez pitoyable, elle avait consulté la liste des journaux locaux sur Internet pour finir par découvrir l'annonce du mariage.

Quelqu'un toqua à la porte.

— *Caterina... aeroporto !... subito !... ?*

Cat se leva farouchement.

— Une minute ! dit-elle.

Freya réussit à l'imiter. Voyant son visage marbré dans la glace du lavabo, elle essaya de se ressaisir.

— Vas-y, Cat. C'est ton mariage.

— Je m'en fous, de mon mariage ! Ma meilleure amie a besoin de moi.

Elle l'embrassa.

— Oh ! Cat...

Ayant émis un vague sanglot en guise de rire, Freya reposa sa tête sur l'épaule de Cat et se laissa caresser les cheveux.

— Qu'est-ce que je vais devenir ? gémit-elle, le regard dans le vide.

Cat se recula légèrement pour la regarder dans les yeux.

— Oublie-le, chérie. Ce ne sont pas les hommes qui manquent ! À mon retour je t'en trouverai un sympa, tout comme tu m'as trouvé Michael.

— Je ne t'ai pas trouvé Michael ! fit Freya, riant à travers ses larmes.

Elles se donnèrent la main, en souriant.

On frappa de nouveau à la porte, plus doucement cette fois. Le battant s'entrouvrit.

— Chérie ? Le taxi est là. C'est quand tu veux...

— Je viens. (Cat fixa son amie avec un sourire radieux.) N'est-il pas merveilleux ? Et maintenant, passe-toi de l'eau sur le visage. Tu es affreuse.

Tandis que Freya obéissait docilement, Cat rangea

son sac à main : passeport, livres de poche, eau minérale, capsules de vitamines.

— Oh, regarde ! J'ai ramassé ça à la librairie.

— Quoi ?

— Hum... Cinquième Avenue... très chic... le 8 novembre... c'est-à-dire après-demain. Parfait !

— Qu'est-ce qui est parfait ?

Freya se retourna pour lire l'invitation et poussa un cri de protestation.

— Non !

— Mais si ! Tu ne vois pas ? C'est un signe.

— C'est mon anniversaire ! Je ne veux pas aller à un cocktail pour célibataires le soir de mon anniversaire !

— Tu avais prévu un truc ?

Freya ouvrit la bouche et la referma. Elle savait où elle aurait voulu être, mais c'était impossible à présent.

— Promets-moi d'y aller, ou je reste.

Elle avait l'air si autoritaire que Freya ne put réprimer un sourire.

— C'est promis.

— Fais-toi belle. Achète-toi quelque chose. Va chez la coiffeuse. Vois grand !

Freya poussa un miaulement lamentable.

— Tu vas te rendre à cette soirée. Et tu vas rencontrer l'homme idéal.

— Crois-tu ?

Freya fit la grimace.

— Oh ! chérie.

Le visage de Cat s'adoucit. Elle serra son amie dans une étreinte farouche.

— On ne sait jamais. Regarde, moi et Michael... Tout peut arriver.

32

JACK SORTIT DE L'IMMEUBLE et s'arrêta pour relever le col de son manteau. Il avait oublié combien le vent peut être féroce à New York. Pendant qu'il était à l'intérieur, le ciel était passé du gris au noir sale. Des lumières jaunes brillaient et clignotaient tout autour de lui. Il entendait les grincements et crissements significatifs d'une circulation engorgée. Des silhouettes passaient et repassaient, floues, comme en boucle. Jack goûta l'air pollué, en se demandant quoi faire. Il s'autorisa à consulter sa montre, même s'il connaissait l'heure, presque à la minute près. Une horloge interne tournait dans sa tête depuis des jours, des mois, avec un tic-tac de plus en plus fort et pressant, si bien qu'à présent il n'était plus fichu de penser à autre chose qu'à ce qui pourrait – *pourrait* – arriver ce soir.

Encore une heure à tuer. S'il prenait le métro, il serait à destination dans vingt minutes – et alors ? Rester assis tout seul dans une cafétéria ou un bar, à la merci de ses émotions étourdissantes, était impensable. Il décida de marcher. Enfonçant les mains dans ses poches, il se glissa parmi le flot des passants pour se diriger vers le sud, du pas implacable des New-Yorkais. Quelle joie de revoir New York ! Il se sentait revitalisé par cette foule compacte du lundi soir – jeunes et moins jeunes, d'une maigreur à la mode ou d'une obésité grotesque, noirs, blancs, bruns, élégantes en fourrure, sans-logis en survêtement taché. Il était amusé par les extravagances absurdes des vitrines – mallettes en crocodile, mules en cachemire, ours en peluche à mille dollars, cure-dents en argent, tous parés des motifs de dindes et de maïs évoquant Thanksgiving. Il aimait cette sensation d'être ici chez lui, d'appartenir à l'élite des durs à cuire.

Car, apparemment, d'après ce qu'Ella lui avait dit cet après-midi, il avait réussi sur un front, au moins. L'ayant regardé dans les yeux, elle avait posé une main respectueuse sur le manuscrit qu'il lui avait envoyé par la poste deux semaines plus tôt, et avait prononcé le mot « merveilleux ». Le meilleur roman de l'année. « Dramatique », « émouvant », « mémorable », « original ». Déjà, elle avait fait parvenir quelques pages à deux éditeurs ; l'un d'eux avait voulu signer un contrat d'office, mais cela pourrait être amusant de voir grimper les enchères. Le type de chez Knopf, qui n'aimait jamais rien, avait appelé spécialement pour se déclarer, en bâillant, disposé à jeter un coup d'œil. Même l'éditeur qui avait dénoncé le contrat de Jack faisait machine arrière après un changement de politique artistique. Elle n'avait pas songé à citer un chiffre pour l'avance, mais elle était sûre d'obtenir un montant « substantiel ».

Jack avait passé deux heures à lui demander de lui rappeler encore ce qu'elle aimait le plus – quelle scène, quelle phrase, la blague page 211 (super, non ?). Maintenant, en y songeant, n'avait-elle pas prononcé le mot « chef-d'œuvre » ? Non, en fait. Sa vanité le fit sourire. Le livre était bon, et il était allé jusqu'au bout. Cela suffisait. Personne ne pourrait plus le traiter de dilettante. Vers la fin, il avait travaillé pratiquement jour et nuit. Il y avait bien été obligé, pour finir à temps en raison du mariage.

Son pas ralentit à l'approche d'une librairie, l'un de

ces nouveaux palais voués à la littérature et à la caféine où l'on pouvait se perdre entre les rayons « Nouvelle Fiction » et « Voyages », et ressortir des heures plus tard avec des livres de poche tout neufs sur la théorie du chaos et la Révolution russe, le ventre plein de gâteau à la cannelle. Les vitrines étaient très éclairées et artistement présentées, ruisselant de livres aux appétissants emballages sur tous les sujets ; il s'arrêta pour le plaisir des yeux. L'une des vitrines était consacrée à un seul titre, un premier roman encensé par la critique et dont on avait fait une copieuse publicité. Les exemplaires formaient des amoncellements opulents, flanqués de citations gigantesques truffées des superlatifs habituels. La liste des best-sellers du *Times*, format affiche, montrait que le titre était en quatrième position.

— Attention, derrière !

Il entendit un cri et des cliquetis de bouteilles, alors qu'un livreur poussait un diable sur ses talons et le faisait pivoter en direction de l'entrée vitrée. La librairie devait avoir organisé une fiesta – lecture publique ou séance de dédicaces. Jack remonta son pantalon, se demandant que faire. (Un drôle de truc était arrivé à ses vêtements. Ses vestes étaient trop justes aux épaules, et ses pantalons, trop larges au point qu'il devait porter une ceinture serrée au dernier cran. Bizarre.)

Il consulta de nouveau sa montre, sentant ses côtes se contracter autour de ses poumons. Le long compte à rebours était presque terminé. La librairie pourrait offrir une distraction bienvenue pendant les vingt dernières minutes. Mais... et si elle était déjà en train de l'attendre ? Non, c'était trop optimiste. Il se dandinait sur place, indécis, tandis que son haleine formait des nuages miniatures dans l'air glacial.

33

— LE DÉTAIL, C'EST MA PARTIE, disait M. Complet bleu.

— Oh ! moi aussi ! déclara Mlle Tailleur gris.

— Si on allait quelque part, un soir, pour causer ?

— Avec plaisir. Voici ma carte. Vous pouvez m'appeler au bureau.

Ayant empoché le bristol, M. Complet bleu se détourna, mission accomplie, pour aller pêcher un nouveau poisson. Son regard survola la foule et passa au-dessus de Freya comme si elle était invisible. Rien d'étonnant : Freya n'était pas à sa place. Son allure signalait très clairement qu'elle n'était pas vraiment une trentenaire aux abois. Sa robe était sans manches et de coupe sévère, mais taillée dans le cuir le plus souple et entièrement boutonnée dans le dos ; elle portait de très hauts talons d'une couleur pourpre si fantastique qu'il aurait été criminel de ne pas les acheter. C'était une erreur. Toutes les autres arboraient des tailleurs stricts aux ourlets raisonnables et de jolis corsages blancs. Elles étaient si sûres d'elles-mêmes, si souriantes, d'une efficacité crispante ! Un mot, une carte, au suivant ; un mot, une carte, au suivant – comme si elles moissonnaient un champ, travaillaient à la pièce. Allaient-elles vraiment à ces rendez-vous, ou se contentaient-elles de collectionner les cartes en guise d'assurance contre la solitude ?

Freya prit une gorgée de vin tiède et fixa un point

dans le vague avec un léger sourire, comme si elle ne faisait pas partie de ce triste ramassis de célibataires mais se trouvait là en touriste, ou occupée à glaner des éléments d'information destinées à alimenter une amusante chronique pour magazine féminin. Quel cauchemar ! Elle songea à Cat, en train de se taper des cocktails avec l'homme aimé sous les palmiers, et eut envie de l'étrangler.

La fête, si on pouvait l'appeler ainsi, se déroulait au premier étage de la librairie, au rayon « Biologie » (quelle ironie !). L'éclairage était violent, la température étouffante. Freya n'était pas d'humeur à supporter cela.

Pourtant, elle avait promis à Cat... Redressant les épaules, elle affronta donc ces hordes bavardes. Bientôt, elle se retrouva à parler avec un type pas trop mal, à peu près de son âge. Il était aimable et bien élevé, mais tout ce qu'elle disait lui semblait bête ou ennuyeux, ou les deux. Tant de banalités ! Elle voyait bien que son attention se relâchait et qu'il commençait à regarder par-dessus son épaule. Pour finir, il s'excusa sous prétexte d'aller remplir son verre ; quelques instants plus tard, il riait à gorge déployée avec Mlle Tailleur gris et acceptait sa carte. Freya tourna autour de la foule, rassemblant son courage en vue d'une nouvelle tentative, saisissant des bribes de conversation.

— J'adore les romans – surtout les fictions.

— ... Non, mais j'ai vu le film.

— Il m'a dit que son écrivain préféré était Tom Clancy. Vous voyez le genre...

— Vous n'avez pas l'impression que Shakespeare a encore quelque chose à nous dire aujourd'hui ?

Si seulement Jack était là. Si seulement elle ne lui avait pas dit ces horreurs. Si seulement il n'était pas *marié*. Elle n'arrivait pas à comprendre pourquoi il avait épousé Candace. Était-elle enceinte ? Le père de Jack l'avait-il forcé ? Avait-il menacé de le déshériter ?

Le contact d'une main sur son coude la fit sursauter.

— Tiens, tiens, fit une voix familière. N'est-ce pas la femme qui confond son portable avec une calculette ?

C'était cet agent, Léo Brannigan, qui lui souriait de son air supérieur. Il portait la tenue détente de l'homme de médias : veste décontractée et tee-shirt immaculé.

— On dit que ces soirées sont super pour draguer.

— Oh ! je ne fais pas partie de ces gens-là ! (Cette simple idée lui arracha un rire strident.) J'étais entrée pour... euh, acheter un livre et... euh, c'était l'occasion de boire un verre à l'œil. C'est mon anniversaire, ajouta-t-elle, comme si c'était une explication.

— Tiens donc ?

Il n'avait pas l'air convaincu.

— Et vous ?... La pêche est bonne ?

— Moi ? (Ses sourcils bruns se froncèrent instantanément.) Plutôt mourir que d'être vu avec ces nuls ! Non, l'un de mes auteurs est en train de signer en bas et j'attends qu'il ait fini.

— Ce n'est pas... Jack, n'est-ce pas ?

— Qui ? Ah... *Jack*. Non. Si seulement ! Il a décidé de rester avec Ella Fogarty.

Freya hocha la tête. « Bravo, Jack. »

— Non, j'ai raté le coche avec lui. (Il lui lança un regard maussade, comme si c'était sa faute.) J'espère seulement qu'Ella saura lui décrocher un gros à-valoir. Ces éditeurs sont des requins.

— Hummmm...

Qu'est-ce qu'il racontait ?

— Le fait est que c'est excellent. Mieux que *Big Sky*. Ça pourrait faire un best-seller.

Freya s'efforça de ne pas faire les yeux ronds. Jack avait donc fini son livre ! Elle avala une gorgée de vin pour dissimuler sa surprise, s'étrangla, et on dut lui tapoter le dos.

— J'ai toujours su qu'il y arriverait ! hoqueta-t-elle.

— Ce n'était pas mon impression cet été. Même si j'essayais de l'attirer dans mes filets, je n'étais pas certain qu'il réussirait à percer un jour. Il avait l'air de flotter. Puis il lui est arrivé quelque chose, je ne sais pas quoi.

« Moi je sais », songea Freya. Son cœur se serra.

— Peut-être que c'est le mariage...

— Quelle connerie !

Candace, une inspiration ! Elle n'était pas capable de voir ses propres pieds. Surprenant le regard de Léo, elle ajouta :

— Enfin, je ne vois pas en quoi cela pourrait avoir influencé son écriture.

— Ce fut quand même une terrible claque !

— Ah bon ?

Le mariage, une claque ? Elle n'était vraiment pas en forme pour suivre une conversation, ce soir.

— De la part de son père...

— Quoi, vous voulez dire quand il lui a sucré sa rente ?

— Parce qu'il avait une rente ? Ah ! ces fils de famille ! Non, je veux dire, à cause de sa petite amie...

— Quelle petite amie ?

— Celle qu'il a épousée, bien sûr. (Le ton de Léo laissait entendre qu'elle était à moitié bouchée.) Quelle histoire formidable. Il y aurait de quoi faire un roman.

— Vous trouvez ?

Freya pencha la tête sur son épaule d'un air intelligent. Elle était complètement perdue.

— Et comment ! Vous présentez votre fiancée à votre père, et c'est lui qui l'épouse ! Quel cauchemar !

Freya le contempla bêtement, bouche bée. Il y avait un étrange bruit dans sa tête, comme quand un de ces puzzles en trois dimensions se met en place. La semaine même où elle s'était envolée pour l'Angleterre avec Jack, Candace était sortie avec le père de Jack. Le père de Jack aimait les femmes. Candace aimait l'argent. Candace voulait être quelqu'un. Freya reprit son souffle au moment où la splendide, la miraculeuse flèche de lucidité faisait mouche dans sa tête. Candace avait épousé Jack Madison Senior. Donc... *donc Jack n'était toujours pas marié !* Elle éclata d'un rire hystérique.

Léo la regardait comme si elle avait perdu l'esprit.

— Je trouve ça tellement drôle, expliqua-t-elle, en masquant de sa main un grand sourire puéril.

Il n'était pas marié !

— Vous êtes sans pitié, vous autres les femmes ! (Léo secoua la tête de dégoût.) Songez combien le pauvre a dû être perturbé.

— Qui ? Pourquoi ?

Elle ne parvenait pas à se concentrer avec toutes ces voix qui jacassaient dans sa tête. Jack n'était pas marié ! Il était libre ! Il avait même fini son livre ! Quel être fantastique !

— Ne dites pas n'importe quoi ! Il s'en fiche, évidemment ! C'est une pétasse... enfin, c'est ce que pensent certaines personnes.

— Je comprends... (Léo lui lança un regard en coin.) Je sais que vous avez vécu chez lui pendant quelque temps... Maintenant, la voie est libre, vous pouvez vous remettre en chasse.

Elle se rengorgea.

— Je n'ai jamais eu de vues sur lui, lui apprit-elle avec hauteur. On était seulement amis.

— Oh ! bien sûr...

— Et nous le sommes toujours ! insista-t-elle, piquée au vif.

— Vraiment ? Alors, comment se fait-il que vous

ne soyez pas avec lui, au lieu de traquer de pauvres célibataires ?

— Quoi ?

Elle était encore perdue.

— Vous ne m'avez pas dit que c'était votre anniversaire ?

— Oui, et alors ?

— Vous savez bien, le pari...

Freya le contempla, sidérée. Son cœur commençait à battre à grands coups.

— La partie de poker ? Il y a six mois ? Chez Jack ?

— *Le pari !* s'exclama Freya, si fort que l'assemblée se tut momentanément et que tout le monde la regarda.

Le 8 à huit heures... Oh ! mon Dieu, il devait être là-bas !

Agrippant le poignet de Léo, elle jeta un coup d'œil à sa montre, oubliant qu'elle en avait une en parfait état de marche. Neuf heures et quart. Il croirait qu'elle ne viendrait pas – qu'elle s'en fichait –, qu'elle était sincère en prétendant vouloir ne plus jamais le revoir. « Oh ! Jack, attends ! »

Merde, merde, merde. Elle s'apprêtait à s'élancer vers l'Escalator quand elle se retourna et jeta le bras autour du cou de Léo.

— Venez là, monsieur Dix-Pour-Cent.

Et elle lui plaqua une bise sonore.

Léo se frotta la joue, l'air soudain frappé par une lumineuse évidence.

— Vous êtes amoureuse de lui !

Mais Freya était déjà partie.

34

LE SERVEUR SAUTA SUR LE VERRE VIDE de Jack et lui lança un regard noir. Le client traînait depuis presque une heure devant deux Bloody Mary ; dehors, on faisait la queue pour une table. Une fois de plus, il lui demanda s'il devait déboucher le champagne ; une fois de plus, Jack lui dit d'attendre.

Pendant encore combien de temps ? Jack avait passé de nombreuses heures de sa vie à attendre des femmes. Même s'il n'avait toujours pas compris comment elles faisaient leur compte, il savait que n'importe quelle tâche leur demandait deux fois plus de temps que ce que l'âme masculine pouvait imaginer. En fait, d'un point de vue féminin, Freya était à peine en retard. Candace, par exemple, avait fait poireauter son pauvre père dans l'église quarante-cinq minutes – et cela pour son propre mariage. Mais elle avait fini par apparaître. Ils étaient partis ensemble pour une destination de rêve aux yeux d'une midinette : Las Vegas. Dans son genre, Candace Twink était une femme remarquable.

Il avait trouvé son petit mot par terre en rentrant d'Angleterre.

Saligaud ! Harry, ton voisin, m'a dit où tu étais parti et avec qui. J'ai toujours pensé qu'il y avait quelque chose entre toi et Elle. Enfin, chacun son goût. Je me respecte trop pour jouer les seconds rôles. Il est temps pour moi de me concentrer sur mes objectifs et de développer mes potentiels. Ne m'appelle pas.

Jack n'avait pas tout de suite compris que l'« objectif » en question était d'épouser son père. En fait, quand il avait ouvert les lettres de Candace, de Lauren et de son père, toutes sur le même sujet (celle de Lauren étant de loin la plus drôle), il avait failli rompre sa promesse de ne plus boire. Revenu de sa surprise, la nouvelle de ce mariage lui avait paru aller de soi. Nul doute que la chère Candace ferait de son mieux pour siphonner la fortune familiale. La rapide fabrication d'un bébé, preuve de la virilité intacte du « Vieux Jack », accélérerait le processus.

Certes, il lui faudrait encore un peu de temps pour se faire à l'idée de l'avoir pour belle-mère. Il avait hâte de tout raconter à Freya. Il savait combien elle trouverait cela hilarant. Mais elle n'était pas là.

Neuf heures et quart. Elle *devait* arriver. Il était venu ici avec un tel espoir, tout en se répétant de ne pas trop y compter. Chaque fois qu'on ouvrait la porte, il relevait la tête. Il s'était installé à l'une des meilleures tables dans un coin calme, à l'éclairage romantique. Il s'était plu à choisir le champagne (sec ? brut ? *rosé ?*) et l'avait aussitôt commandé, pour que la bouteille fût là à l'attendre dans le seau embué.

Ce soir, c'était la véritable date limite qu'il s'était fixée pendant des mois. Le *Valhalla*, le 8 à huit heures. Pendant tout l'été et jusqu'au début de l'automne, dans son pick-up où il écoutait des chansons d'amour country, il avait rêvé d'avoir l'occasion de lui dire à quel point il était navré et de lui prouver qu'il avait changé.

Il agrippa le rebord de la table, avec tant de force que les ongles de ses pouces en blanchirent. Il avait tant besoin de la voir.

Encore le serveur. Jack lui fit signe de s'en aller et regarda sa montre. Neuf heures et demie. De nouveau, il passa en revue les raisons pouvant expliquer ce retard. Mais trêve d'illusions. Elle n'était pas en retard : jamais elle n'avait eu l'intention de venir. La petite flamme d'espoir qui brûlait en lui vacilla une dernière fois et s'éteignit. O.K., c'était fini. Il avait compris. Plus jamais il ne l'embêterait.

Il jeta un coup d'œil au champagne, et à la gerbe de fleurs sur la chaise. Puis il fit signe au serveur d'apporter l'addition.

35

Où étaient-ils tous passés ? Incroyable. Des voitures filaient devant elle, tous feux allumés, carrosserie reflétant les lumières de la ville, mais pas un seul taxi. Minute ! En voici un. Zut ! pas en service. Freya scruta le boulevard. Il lui semblait en discerner un autre, arrêté au feu. Il passa au vert. Oui ! Descendant du trottoir, elle lui adressa des signes frénétiques. Le taxi alluma son feu clignotant. Merci, mon Dieu ! Puis, à son grand désespoir, il s'arrêta à une dizaine de mètres pour prendre quelqu'un d'autre. Freya brandit le poing sur son passage. Maintenant, le feu était repassé au rouge, endiguant une nouvelle vague de véhicules. Elle imagina Jack au restaurant, en train de l'attendre, l'œil sur sa montre, se demandant si elle allait venir. Malade d'impatience, elle tourna les talons et se mit à marcher.

Se faisait-elle des illusions ? Se rappellerait-il leur pari après si longtemps ? Et à supposer que oui, viendrait-il après toutes ces histoires ? Il était fort probable qu'il n'était pas à New York, pour commencer. Même s'il n'avait pas épousé Candace, il pouvait être en train de peloter une petite minette, là-bas au pays.

Toujours aucun taxi. Déjà neuf heures et demie. C'était sans espoir. Fallait-il renoncer ? Elle s'arrêta net, reprenant son souffle, indécise. Ses oreilles tintaient, noyant les bruits de la rue. Dans ce silence étouffé, aussi clairement que si la vieille Mme Da Fillipo s'était tenue juste à son côté, elle l'entendit prononcer ces paroles : « Une femme sait toujours. Et quand elle sait, elle doit agir. »

Elle se mit à courir, son long manteau se prenant dans ses jambes, ses hauts talons cliquetant sur le trottoir.

Un taxi ! Elle lui adressa un signe désespéré et il s'arrêta. Merci, merci, merci.

Elle s'adossa à la banquette, surprise par l'idée qu'elle venait d'admettre dans son esprit. Elle l'aimait ! Oui, et alors, évidemment qu'elle l'aimait ! Ne pensait-elle pas à lui depuis des mois ? Son rire lui manquait. Et sa compagnie. Certaines nuits, elle n'arrivait pas à dormir tant elle aspirait au contact de son corps.

Enfin ! La longue baie vitrée du restaurant. On faisait la queue à l'extérieur, des silhouettes emmitouflées dans leurs manteaux, tapant du pied. Freya régla la course et fonça vers l'entrée.

— Hé, vous ! À la queue !

— J'ai rendez-vous !

Elle se fraya un chemin, s'engouffrant dans le brouhaha de l'établissement à l'heure de pointe. La foule était agglutinée autour d'un long bar chromé : rires, parfums, le brillant des miroirs, le bruit des shakers à cocktails. Elle joua des coudes et marcha droit dans l'océan des tables, tournant la tête de tous côtés. Son cœur lui martelait les côtes. Où était-il ?

— Pardon, mademoiselle. Vous avez réservé ?

— J'ai rendez-vous, répéta-t-elle, avec un frisson de panique.

— Quel nom, je vous prie ?

Elle se retourna à regret.

— Madison, fit-elle, d'une voix légèrement stridente.

— Si vous voulez me suivre...

Freya accompagna le maître d'hôtel jusqu'à un lutrin

sculpté aux formes lisses, retint son souffle tout en regardant l'employé passer le doigt sur les pages de son registre. Arrivé en bas, il remonta lentement.

— Il est ici. J'en suis sûre, insista-t-elle, faisant taire une insidieuse petite voix lui soufflant qu'il n'était pas venu, qu'elle était une idiote.

— Madison ! Nous y voici.

Elle l'aurait bien embrassé.

— Mais la table était réservée pour huit heures. Je crois qu'il est parti.

Non !

— Vous en êtes certain ? Quelle table était-ce ?

L'homme tendit la main pour arrêter une jeune femme qui passait, une blonde élancée en robe noire.

— Suzie, cette dame avait rendez-vous avec M. Madison table douze. Tu te souviens s'il est déjà parti ? Suzie est chargée du vestiaire, expliqua-t-il.

Ladite Suzie regarda la cliente avec curiosité.

— Si je m'en souviens ! Il m'a donné des fleurs... splendides. Il n'en avait plus besoin, selon lui. Et il est sorti.

Freya la regarda sombrement, refusant de la croire.

— Un grand blond. Bel homme.

— Vous savez de quel côté il est allé ? Il a dit quelque chose ? Quand est-il parti ? Quel air avait-il ?

— Il y a peut-être vingt minutes. Il semblait assez déprimé.

Freya poussa un soupir de défaite.

— Bon, merci.

Elle rebroussa chemin en direction du bar et sortit en jouant des coudes. On faisait toujours la queue.

Jack était venu, et elle l'avait raté. Comment pourrait-elle jamais se justifier ? « Pardon, Jack, j'avais oublié. J'étais à un cocktail pour célibataires. » Ce n'était pas la première fois qu'elle le rejetait. Il penserait qu'elle l'avait fait exprès, qu'elle se moquait de lui.

C'était un orgueilleux. Il lui avait donné une dernière chance, et elle l'avait gâchée.

Elle eut un sanglot désespéré. Elle ne savait même pas comment le contacter. Il pouvait être n'importe où – *n'importe où !* – dans cette fourmilière humaine. Elle l'avait perdu, peut-être pour toujours.

Elle cligna les yeux, cligna encore. Quelque chose la titillait à l'extrême bord de son champ de vision, une lumière clignotante. Elle tourna la tête. De l'autre côté de la rue, une enseigne fluorescente. *La Mort aux trousses*. Le second « o » avait glissé et pendait à un câble, crachant des étincelles. Freya ouvrit de grands yeux. Un cinéma. *La Mort aux trousses* était l'un des films favoris de Jack.

Avant de réaliser ce qu'elle était en train de faire, elle descendit du trottoir et traversa la rue. L'endroit était tout délabré, probablement près d'être démoli. L'employée au guichet – chinoise, sans doute, ou coréenne – regardait une petite télévision portative en mangeant du pop-corn, assise derrière la vitre.

Freya pencha la tête vers l'étroite fente.

— Excusez-moi... quelqu'un a-t-il acheté un ticket il y a une demi-heure ? Un homme ?

La femme posa sur elle un regard las, sans cesser de ruminer.

— Vous vouloir entrer ?

— D'accord...

Freya sortit son portefeuille et tendit un billet. Qu'est-ce qui lui prenait ?

— Film presque fini, déclara la femme, en faisant glisser le petit bout de carton.

Freya l'ignora. Elle traversa le foyer miteux, attirée par la musique – des violons affolés et le fracas des tambours.

Ayant poussé les portes, elle s'arrêta, soudain aveuglée dans cette brusque obscurité. Sur l'écran, Cary

Grant s'accrochait à une paroi rocheuse d'une seule main ; de l'autre, il retenait une blonde suspendue dans le vide, près de chuter dans les sapins en contrebas.

Freya survola l'assistance, à mesure que ses yeux s'accoutumaient à la pénombre. Il y avait peut-être une dizaine de silhouettes éparpillées à travers les rangées. Aucune n'était Jack.

La figure angoissée de la blonde emplit l'écran.

« Je n'y arrive pas ! criait-elle, levant des yeux désespérés vers Cary Grant.

— Mais si. Allons, encore un petit effort...

— Je suis fatiguée... »

Freya se détourna pour repartir, dévastée. Quelle sottise de croire qu'elle pouvait le retrouver par le simple pouvoir de l'amour.

Hé, minute ! Quelqu'un était assis de l'autre côté, les jambes calées sur le siège de devant. Jack. Il portait un genre de lunettes d'étudiant. Freya crut que son cœur allait éclater. Elle fit le tour des sièges et descendit l'autre travée.

Sur l'écran, le couple était à présent enlacé sur la couchette supérieure d'un compartiment de train. La femme arborait un pyjama blanc.

« C'est bête, disait-elle.

— Je sais. Je suis sentimental... »

Freya atteignit la rangée où Jack était installé. Il ne l'avait pas encore aperçue. Son visage était sans défense, son expression, mélancolique. Elle se sentit fondre de tendresse et se mit à trembler.

Mais, quand elle prit la parole, sa voix était légère, presque taquine.

— Cette place est prise ?

Jack leva les yeux. L'étonnement et la joie envahirent sa figure. Il lui prit la main, comme pour ne plus la lâcher, et déplia le siège.

— Je la gardais pour vous, répondit-il en souriant.

Remerciements

Un grand merci à Susan Dull et à Maureen Freely, qui m'ont permis de recourir à leur savoir ; à Harriet Evans, de chez Penguin, dont les appels téléphoniques pleins d'entrain m'ont tellement stimulée ; et à mon excellente éditrice, Louise Moore, qui exige le meilleur, mais qui de son côté l'offre toujours.

Je dois énormément à ma mère pour sa compréhension et ses encouragements ; à ma belle-famille pour son soutien moral indéfectible ; à mes enfants, qui ont supporté d'être privés de vacances et d'attention maternelle ; et à ma sœur Tamie et son mari Paul, qui m'ont fait passer un merveilleux séjour dans leur appartement de Chelsea, à New York.

Enfin, mon mari, Adam – mon plus sévère critique et mon plus loyal défenseur –, est à jamais le premier dans mon cœur.

"Une rencontre fleurissante"

Le garçon d'à côté
Josie Lloyd & Emlyn Rees

Cela faisait quinze ans que Mickey et Fred ne s'étaient pas revus et voilà que tout d'un coup, ils tombent l'un sur l'autre dans un magasin de jouets. Elle, mère célibataire, la trentaine, tient une boutique de fleurs. Lui, branché de la tête aux pieds, dirige une boîte d'informatique. Tout les oppose, et pourtant, enfants, ils avaient été les meilleurs amis du monde et avaient connu ensemble leurs premiers émois amoureux. Aujourd'hui, les sentiments de Mickey n'ont pas changé. Et les souvenirs qu'elle ravive risquent de bouleverser la vie de Fred, et les projets de mariages de ce dernier avec la belle Rebecca...

(Pocket n°12152)

Il y a toujours un Pocket à découvrir

"Jamais deux sans choix"

Le choix de Simon

John Ramster

Simon Lyndon, trente ans, dirige une agence de voyages à Brighton, en Angleterre. Homosexuel, il n'a jamais réussi à trouver l'amour, et éprouve un grand besoin de stabilité affective. Malheureusement, les seules personnes qu'il aime sont ses amis proches, tous hétérosexuels. Un soir, Ruth, son adjointe à l'agence, l'invite à dîner. Et – oh, surprise ! – Simon se sent attiré par elle. Mais, celle-ci part le lendemain pour Manchester et laisse Simon face à ses incertitudes…

(Pocket n°11272)

Il y a toujours un Pocket à découvrir

"Révolution dans la jet-set"

Même Superwoman a appris à voler

Saskia Mulder

À vingt-huit ans, Chloé a décidé de changer de vie : finis les cocktails branchés, les voyages en jet privé et autres fêtes désenchantées, désormais elle veut connaître l'existence de « madame Tout-le-Monde ». Car il faut le dire, Chloé fait partie de ces personnes pour qui une carte de crédit signifie solution à tous vos ennuis. Déterminée à changer, elle élabore son plan d'attaque : primo, gagner sa vie, secundo, se faire des amis « normaux », enfin tertio, pourquoi pas trouver un homme – un vrai – avec lequel passer ses jours et ses nuits… ?

(Pocket n°12025)

Il y a toujours un Pocket à découvrir

Achevé d'imprimer sur les presses de

BUSSIÈRE
GROUPE CPI

à Saint-Amand-Montrond (Cher)
en mai 2004

POCKET - 12, avenue d'Italie - 75627 Paris Cedex 13
Tél. : 01-44-16-05-00

— N° d'imp. : 42541. —
Dépôt légal : juin 2004.

Imprimé en France